福州闽都文化研究会简介

福州闽都文化研究会是经中共福州市委批准，并经民政部门审批成立的具有独立法人的社团组织，是以挖掘、研究、弘扬优秀闽都文化为己任的研究机构。该会自2011年成立以来编撰、出版了一系列刊物及学术专著，先后举办了"闽都文化论坛"等一系列有影响的活动，为推动闽都文化繁荣发展做出了积极贡献。

《严复研究论文选编》编委会名单

闽都文化丛书

福州闽都文化研究会

严复研究论文选编

福州闽都文化研究会 编

海峡出版发行集团｜海峡文艺出版社

图书在版编目(CIP)数据

严复研究论文选编/福州闽都文化研究会编. —
福州:海峡文艺出版社,2024.2
ISBN 978-7-5550-3543-5

Ⅰ.①严… Ⅱ.①福… Ⅲ.①严复(1853—
1921)—人物研究—文集 Ⅳ.①K825.1—53

中国国家版本馆 CIP 数据核字(2023)第 220474 号

严复研究论文选编

福州闽都文化研究会 编

出 版 人 林 滨
责任编辑 林可莘
出版发行 海峡文艺出版社
经 销 福建新华发行(集团)有限责任公司
社 址 福州市东水路 76 号 14 层
发 行 部 0591—87536797
印 刷 福州凯达印务有限公司
地 址 福州市金山红江路 2 号浦上工业园 B 区 47 号楼
开 本 720 毫米×1010 毫米 1/16
字 数 260 千字
印 张 17.5
版 次 2024 年 2 月第 1 版
印 次 2024 年 2 月第 1 次印刷
书 号 ISBN 978-7-5550-3543-5
定 价 68.00 元

如发现印装质量问题,请寄承印厂调换

前　言

  2024年1月8日是严复170周年诞辰。严复是我国近代著名的思想家、翻译家、教育家，也是中国近代史上最具影响力的文化人之一。严复是福州人，早年曾就读福州船政学堂，后赴英国留学。回国后致力于推动中国的现代化进程，翻译了大量西方著作，如《天演论》《穆勒名学》等，成为中国近代思想启蒙的重要人物。可以说，中国人比较深入和全面地了解西方政治制度和文化，正是从严复开始的。因此，他被誉为"中国西学第一人"。毛泽东同志称赞严复是中国共产党成立之前"向西方寻求真理的一派人物"，习近平同志评价严复是"中国近代思想文化史上里程碑式的巨人"。

  这位旧学邃密、新知深沉的文化学者满怀热忱，倾注一生心力探索救国救民的道路，他主张变法维新，为警醒国人而发出"不变法则必亡"的时代最强音。甲午海战失败后，严复痛定思痛，接连发表《论世变之亟》《原强》《辟韩》等一系列政论文章，在深入反思之后，提出"鼓民力、开民智、新民德"的救世方略。1897年，严复翻译的《天演论》在刊物连载后成书出版。《天演论》以"物竞天择、适者生存"作为救亡图存的理论依据，在当时的中国社会产生了巨大影响。他所引介的西方思想，在一代青年中烙下了不可磨灭的印记。严复是文化学者，也是翻译家、出版家和教育家。他创办了《国闻报》，系统地介绍西方民主和科学，宣传维新变法思想，将西方的进化论、社会学、经济学、政治学、哲学和自然科学系统介绍到中国。在《天演论》的"译例言"中严复提出"信达雅"的翻译原则，对后世翻译工作产生深远影响。"教育救国论"也是严复的一个突出思想特点。他身体力行，先后担任过上海复旦公学校长、安庆高等师范校长等职。在北洋水师学堂任教期间，他悉心培养了中国近代第一批海军人才，被时人推崇为"实开北方风气之先，立中国军舰之本"。1912年5月，京师大学堂改称北京大学，严复出任首任校长，倡导"兼收并蓄，广纳众流，已成其大"的办学方针，成就莘莘学子。

1920年严复叶落归根回到故乡福州，居住在郎官巷，直到翌年逝世，后长眠于这片他挚爱的故乡土地。

严复去世已逾百年，但他为后人留下了巨大的精神财富。

闽都文化研究会自创办以来，即重视对严复思想的研究，多次召开严复学术研讨会，并在《闽都文化》刊物上开辟专栏，从多个方面介绍严复。《严复研究论文选编》便是遴选其中的若干佳作汇编成书，以飨读者。

福州闽都文化研究会

2023年10月

目　录

严译《天演论》与"沙聚之邦"的社会问题

——在"闽都文化与中国现代化"学术研讨会上的发言

汪毅夫

摘　要　本文就作者早年研究《天演论》的论文进行检讨和自我批评，并认为，严译《天演论》实际上也是严复的论著，严复介绍了赫胥黎《进化论与伦理学及其他论文》的要义，也介绍了严复本人和其他学人的相关意见，《天演论》是一部内容宏富的学术著作；《天演论》介绍的赫胥黎关于用情感来强化社会结合的理论，以及近代中国思想界从《天演论》获得的危机感、使命感、责任感、认同感、道德感等乃是强化社会结合的凝聚力，完全切合于近代中国在社会结合方面的问题。

关键词　严复　《天演论》　情感　社会结合　自我批评追求学术进步

闽都先贤严复译述的《天演论》是我最为倾心的学术著作之一。

多年以前，我曾发表《〈天演论〉：从赫胥黎、严复到鲁迅》[1]《〈天演论〉思辨录》[2]和《〈天演论〉札记》[3]等研究《天演论》的论文。

多年以后，我作为老年学者检讨旧论，知其虽有可以持论不移的部分，亦有应当自我批评的问题。我愿不断追求学术进步。

---

[1]　汪毅夫：《鲁迅与新思潮》，陕西人民教育出版社1996年版。
[2]　汪毅夫：《中国文化与闽台社会》，海峡文艺出版社1997年版。
[3]　汪毅夫：《闽台历史社会与民俗文化》，鹭江出版社2000年版。

我们知道,《天演论》是严复以"意译"和随文附加按语("复案")之法、据英国人赫胥黎的《进化论与伦理学及其他论文》一书译述的。因此,鲁迅尝谓:"严又陵究竟是'做'过赫胥黎《天演论》的,的确与众不同。"①

实际上,严译《天演论》包含了严复的智慧和学识,是严复的译著,亦是严复的论著。

作为译著,《天演论》完整地介绍了赫胥黎原著的要义。

我曾概括赫胥黎原著的要义:

> 赫胥黎在书中描述了世界进化的三种模式:宇宙过程、园艺过程和伦理过程。按照赫胥黎的解释,宇宙过程指"在自然状态中引起物种进化的过程",其"倾向是调整植物生命类型以适应现时的条件";园艺过程指"在人为状态中引起变种进化的过程",其"倾向是调整条件以满足园丁所希望培养的生命类型的需要"。质言之,日晒霜冻,风蚀虫啄,草木因"天工"存绝有别,是宇宙过程;温室育秧,棚架扶藤,瓜果缘"人事"硕大有加,是园艺过程。这"物种进化"和"变种进化"都是达尔文阐述过的内容,属于生物进化论的范畴。至于"伦理过程",则是一个"情感的进化"与"社会结合的逐渐强化"同步的过程。赫胥黎解释说,人具有一种天赋的"自我肯定"的倾向("简单说来,就是只愿望做他们所喜欢的工作,而丝毫不去考虑他们所在的社会的福利"),这种倾向的力量是"在与外界自然状态的斗争中取胜的基本条件之一,但是如果任其在内部自由发展,也就成了破坏社会的必然因素"。因此,赫胥黎主张借助人的"情感"即人际关系上的"同情心"来实行"自我约束"、强化社会结合。在这个意义上,赫胥黎称"自我约束"为"伦理过程的要素"、称"同情心"为"社会的看守人",并且同意将伦理过程表述

---

① 鲁迅:《随感录二十五》,引自《鲁迅全集》第1册,人民文学出版社1982年版,第295页。

为"我们从利己到献身的进步过程"。①

并且认定：

> 严复在《天演论》里将赫胥黎描述和论述的宇宙过程、园艺过程和伦理过程分别译为"天行""人治"和"治化"，并且基本准确地译述了赫胥黎就宇宙过程（"天行"）、园艺过程（"人治"）和伦理过程（"治化"）阐述的主要观点，略谓："天行人治，常相毁而不相成固矣。然人治之所以有功，即在反此天行之故。何以明之？天行者以物竞为功，而人治则以使物不竞为的；天行者倡其化物之机，设为已然之境，物各争存，宜者自立。且由是而立者强，强皆昌；不立者弱，弱乃灭亡。皆悬至信之格，而听万类之自己。至于人治则不然，立其所祈向之物，尽吾力焉为致所宜，以辅相匡翼之，俾克自存，以可久可大也"；又谓："刑章国宪，未必惧也，而斤斤然以乡里月旦为情，美恶毁誉，至无定也，而礼俗既成之后，则通国不敢畔其范围。人宁受饥寒之苦，不忍舍生。而愧情中兴，其计短者至于自杀。凡此皆感通之机，人所甚异于禽兽者也。感通之机神，斯群之道立矣……人心常德，皆本之能相感通而后有，于是是心之中，常有物焉以为之宰，字曰天良。天良者，保群之主，所以制自营之私，不使过用使败群者也"。

宇宙过程（"天行"）之说所讲述的"物种进化"和园艺过程（"人治"）之说所讲述的"变种进化"都是达尔文阐释过的内容，属于生物进化论的范畴。至于伦理过程（"治化"）之说，则是赫胥黎《进化论与伦理学》的基本理论，它包括两个观点：加强社会结合（"合群"或"保群"）；用情感（"天良"或"感通"）来强化社会结合。②

---

① 汪毅夫：《鲁迅与新思潮》，陕西人民教育出版社1996年版，第2页、第5页。
② 汪毅夫：《中国文化与闽台社会》，海峡文艺出版社1997年版，第198页、第200页。

《天演论》作为严复的译著，确实符合"赫胥黎氏之指趣，得严子乃益明"①的评价。

《天演论》作为严复的论著，主要是透过书中随文附加的按语（"复案"）来阐述严复的意见、引述其他学人如古人班固（"班孟坚曰：不能（仁）爱则不能群，不能群则不胜物，不胜物则养不足。群而不足，争心将作"）、西人斯宾塞（"太平公例曰：人得自由而以他人之自由为界。斯宾塞《群谊》一篇，为释是例而作也"）的相关言论。

我在旧论里将《天演论》仅仅作为译著来评估，得出了不当的判断：

> 作为翻译家，严复不愿"直译"，也不满足于通过"意译"来表达对赫胥黎原著的理解，他还要痛快淋漓地发表对赫胥黎原著的见解；当严复如此这般，可怜的赫胥黎已先"于乙未夏化去"（按：乙未为1895年），他再不能说些什么了。"伦理过程"之说（这正是"赫胥黎氏之指趣"）因了严复的译述，在中国行将不远矣。②

这是应当自我检讨、自我批评的。

严译《天演论》介绍了赫胥黎《进化论与伦理学及其他论文》的要义，也介绍了严复本人及其他学人的相关意见，是一部内容宏富的学术著作。近代中国思想界从中得到的是"怵焉知变"的危机感、"自强保种"的使命感、"合群"即强化社会结全的责任感、对"众人目光心力所趋注者"即共同目标的认同感、"勿以善小而不为，勿以恶小而为之"的道德感。

危机感、使命感、责任感、认同感、道德感等都属于情感。

鲁迅曾以"沙聚之邦"③和"一盘散沙"④来描述近代中国在社会结合方面的问题。

① 吴汝纶：《天演论·序》。
② 汪毅夫：《鲁迅与新思潮》，陕西人民教育出版社1996年版，第2页、第5页。
③ 鲁迅：《文化偏至论》，引自《鲁迅全集》第1册，第56页。
④ 鲁迅：《沙》，引自《鲁迅全集》第4册，第549页。

严译《天演论》所介绍的赫胥黎关于用情感来强化社会结合的理论，以及近代中国思想界从中获得的危机感、使命感、责任感、道德感等乃是强化社会结合的凝聚力，完全切合于近代中国在社会结合方面的问题。

1996年，我在《〈天演论〉思辨录》一文指出：

> 《天演论》问世后的一百年里，"情感"乃是一百年谈论不完的话题。在五四运动时期，凡是正面宣扬"爱的哲学"和情感力量的作品如冰心等人的作品，正面揭露人际隔膜和情感危机的作品中如叶圣陶的《隔膜》、鲁迅有关"围观"场面的众多作品，都成了名篇，都拥有很多的读者。在今天，人们经常谈论和呼吁的"爱心""正义感""责任感""使命感""荣誉感"等，也正是"情感"！今日的中国，已有充分必要条件来治理社会，用高尚的情感来强化社会结合。①

这是我自以为应当持论不移的部分，谨以此作为本文的结语。

---

① 汪毅夫：《中国文化与闽台社会》，海峡文艺出版社 1997 年版，第 198 页、第 200 页。

侯官新学述论

汪征鲁　薛　菁

摘　要　侯官新学，广义而言，是指在福建的自然地理与社会历史文化背景下，在两宋以来闽学的浸润与观照下，以及清朝末季这一地区中西文化之交流激荡中，诞生出来的一个文化学派；狭义而言，侯官新学特指严复的新学思想。严复之侯官新学是晚清新学的集大成者，其以进化论为世界观和方法论，以"三民论"为救国方略，以"民主"和"自由"为价值取向，为中国传统社会的现代化转型奠定了思想理论基础，是五四新文化运动之先驱。

关键词　侯官　新学　侯官新学

一、晚清新学之演化序列

现代学术界对于中国学术思想的发展常常以先秦子学、两汉经学、魏晋玄学、隋唐佛学、宋明理学、晚清（近代）新学为主流学术思潮。[①]

新学作为晚清学术思想的主流，是中国学术文化发展的历史形态，是在中国社会由传统农业文明向近代工业文明转型的历史进程中，中国传统学术文化的近代化转型。18世纪中叶，西方世界的资本主义势力跨海而来，他们企图用基督教、贸易、鸦片，但最后是用坚船利炮，打开

[①]　自20世纪80年代以来，有学者提出"明清实学"的概念，认为"明清实学"是"宋明理学和近代新学之间的桥梁"。（中国人民大学葛荣晋教授语。见其著《明清实学简论》）

中国古老帝国的大门。腐朽的清政府在西方新兴势力面前望风披靡，中国面临政治和文化的双重危机。于是，中国先进的知识分子，开始学习西方以自强。正是在西学与中学最初的碰撞中产生了新学。因此，晚清新学或近代新学是在第一次鸦片战争以后，西学东渐，中国民族危机加深的历史条件下，中国传统文化在融会西方文化的基础上形成的一种新的学术文化类型。简言之，晚清新学是中国社会近代化的产物，是中学的近代化形态。

何谓新学？从字义上看，"新"原义为"伐木"。《说文·斤部》曰："新，取木也。"章炳麟《论承用"维新"二字之荒谬》云："且彼亦知'新'之为义乎？衣之始裁为之'初'，木之始伐谓之'新'。"

据史可稽，"新学"一词最早出现在汉代。《汉书·张禹传》载："新学小生，乱道误人，宜无信用，以经义断之。""新学"在此意为初学者。可见，新与旧在当时只是相对而言，二者只是时间次序的区别，并无褒贬之义。西汉以降，儒家思想被定于一尊，大凡趋"新"的学术思想均有可能动摇儒家正统，难免有"失正"之嫌而为世人所不齿。如南北朝时期的南朝梁代刘勰《文心雕龙·定势》所言："新学之锐，则逐奇而失正。"宋人亦称王安石的经学为"新学"。此处的"新"明显带有讥讽之意。足见汉代以后中国人的观念中并不喜"新"，甚至恶"新"、厌"新"。

戊戌变法时期，康有为为了反对古文经学，著《新学伪经考》，以"新学"指称汉末王莽新朝时的古文经学以示轻蔑。① 然而，出其意料的是，维新运动时期，守旧派人士以同样的口吻称康有为倡导的学派为"新学"，以示鄙薄、嘲弄。令守旧派人士意想不到的是，被他们戏称的"新学"自19世纪末以来，却作为一个标示晚清学术基本特征的名词风行于世，"求新"成为当时的社会风尚，光绪皇帝支持的"维新变法"，慈禧太后推行的"新政"，无不以"新"作幌，新学遂成为晚清学术之主流。王国维在述及中国三百年学术文化之变迁时说："国初之学大，乾嘉之

---

① 所谓"'伪学'者，谓《周礼》《逸礼》《左传》及诗之毛传，凡西汉末刘歆所力争立博士者。'新学'者，谓新莽之学"。（梁启超：《清代学术概论》，东方出版社1996年版，第70页）

学精，道咸以将之学新。"①梁启超在其著《中国近三百年学术史》中亦云："有清一代，初期为程朱陆王之争，次期则为汉宋之争，末期为新旧之争。"

综观晚清新学体系的建构，它是一个动态的历史发展过程，随着西学东渐、晚清士大夫对西方文化认知水平的深化，其内涵渐次丰富、完善。一般而言，学术界将晚清东渐之西学分为三个层面，即器物层面，亦为物质文化，如坚船利炮；制度层面，亦为制度文化，如议会制度；价值观层面，亦为精神文化，如世界观和方法论。此亦为中国现代化次第演进的三个阶段。由此，我们认为，第一次鸦片战争以后，林则徐、魏源"师夷长技以制夷"思想的提出，是为新学之滥觞。之后，新学的发展主要表现为三种类型之演进或三个阶段，其又与按地域文化角度划分的三个学派暗合，即张之洞的"南皮新学"、康有为（及其弟子梁启超、谭嗣同）的"南海新学"、严复的"侯官新学"。具体而言，南皮新学亦即器物层面之新学，亦即"中学为体，西学为用"；南海新学亦即政治体制层面之新学，亦即戊戌变法之学；侯官新学亦即价值观、方法论层面之新学，亦即晚清新学之集大成者。

二、侯官新学体系之义界

侯官，古旧县名，是福建第一个县治。侯官，本作"候官"，原系汉代官名，都尉下属，后演变为地名。东汉末年置，治今福建省福州市，隶属会稽郡南部都尉，因南部都尉治侯官县，亦称侯官都尉。三国时，为了与上郡张掖的侯官相区别，福州又被称作"东部侯官"，简称侯官。《三国志》卷57《虞翻传》中有"翻追随营护，到东部侯官。侯官长闭城不受"的记载。西晋时，侯官属晋安郡。隋开皇九年（589）改为原丰县，开皇十二年（592）易名闽县。唐武德六年（623）析闽县复置侯官县。由唐至清，侯官县与闽县同时并存，两县同城，两县同为福州、福州路、福州府治所，侯官县辖州、路、府治西境，今南街以西，南门兜以南，

---

① 王国维：《沈乙庵先生七十寿序》，《王国维遗书》第4册，《观堂集林》卷13。

鼓楼以北隶侯官，三坊七巷即属侯官县。晚清以来，福州名人辈出，"睁眼看世界的第一人"的林则徐、首任船政大臣沈葆桢、近代中国"西学第一人"的严复等均为侯官人，故有"晚清风流数（出）侯官"的说法。在这里，人们即以"侯官"代指福州。此外，众所周知，严复以翻译西方著作著称于世，被称为侯官严先生或严侯官。在翻译中，严复或常常加入大量的"按语"以阐发自己的政治主张，有的按语之长，超过译文；或结合中国时局对原文进行损益、改造。这样一来，严复的译著已经不是原著的翻版。为此，严复自己在原稿本中也不云"笔译"，而是题曰"侯官严复学"。其意显然，严复将自己所译著作，称为"严复学"或"侯官学"。因此，我们以侯官新学指称以严复为代表的新学最高阶段，当是允当的，正如严复自称其学为"侯官严复学"。

当然，侯官新学中的"侯官"不仅仅是一个地域概念，更是一个人文学术概念，是一个以地域命名的思想流派。广义而言，侯官新学是指在福建的自然地理与社会历史文化背景下，在两宋以来闽学的浸润与观照下，以及清朝末季这一地区中西文化之交流激荡中，诞生出来的一个文化学派。应当看到，一方面它是晚清以来，福州乃至福建地区爱国志士为挽救民族危机、探求救国真理、主动向西方学习，致力于中西文化交流的士大夫群体的思想结晶。另一方面，它也是西方传教士在福建地区传播基督教和西方文化以及创办教育、开展慈善活动所取得重要的社会效果催生下的产物。这就决定了侯官新学学理的先进性与方法的守中性。狭义而言，侯官新学特指严复的新学思想，它是晚清新学体系的重要组成部分，也是晚清新学的极致。本文所论，为狭义之侯官新学。

三、严复个人经历与侯官新学体系之创建

严复（1854—1921），福建侯官（今福州）人，籍称严侯官。

严复"早慧，嗜为文"①，"词采富逸"②，从小随其父学《三字经》《百

---

① 《清史稿》卷486《严复传》。
② 陈宝琛：《清故资政大夫海军协都统严君墓志铭》，转引自王栻主编：《严复集》第5册，中华书局1986年版，第1541页。

家姓》《千字文》等蒙学读物。7岁始入私塾读书，先后"从师数人"①，其中对严复早年影响至深者非黄少岩②莫属。正是师从黄宗彝的这段时间里，严复之国学造诣、忧国忧民和刚直不阿之秉性，乃至后来对西方科学的热情，在"某种程度上反映了他的老师糅合'汉学'与'宋学'价值的苦心"③。有学者甚至认为，"严复后来对西方科学的热情，是建立在直接（虽属初步涉及）与真正的自然科学的方法和资料相关的基础之上的，而并非建立在与'科学'这一口号的模糊不清的联系之上。在这里，西方科学要求的精确性和能力训练与严复原有的严谨的治学态度结合了起来。这种严谨的治学态度可能来自他早年受到的'汉学'家治学方法的训练。"④

严复14岁时，其父因抢救霍乱病人受到传染，不治而亡，父死家贫，严复"不再从师"。正值严复生存陷入窘境之时，适逢这年冬天福州马尾船政学堂招生。严复入学考试的作文受到船政大臣沈葆桢的激赏，以第一名的优异成绩被录取入船政学堂⑤，严复的命运从此发生逆转。

福州船政学堂又称"求是堂艺局"，因校址在马尾，也称作马尾船政学堂。其作为清末最早的海军学校享有"近代海军摇篮"之美誉，是"中国海军人才之嚆矢"⑥。该学堂分制造和驾驶两个专业，分别由法、英两国专家为学员授课。相对于船政局坐落的方位，制造专业的学舍在前，故称前学堂；因习法文，又称法国学堂；驾驶专业的学舍在后，故称后学堂；因习英文，又称英国学堂。

1867年1月6日，严复进入船政后学堂学习驾驶，所习课程主要有：英文、算术、几何、代数、解析几何、割锥、平三角、弧三角、代积微、

---

① 严璩：《侯官严先生年谱》，转引自《严复集》第5册，第1545页。
② 黄少岩（字布衣，又名黄昌彝、黄宗彝）"为闽之宿儒。其为学汉宋并重，著有《闽方言》一书"。（严璩：《侯官严先生年谱》，转引自王栻主编：《严复集》第5册，第1545页）
③ ［美］本杰明·史华兹著，叶凤美译：《寻求富强：严复与西方》，江苏人民出版社1996年版，第22页。
④ ［美］本杰明·史华兹著，叶凤美译：《寻求富强：严复与西方》，第24页。
⑤ 严璩：《侯官严先生年谱》，转引自《严复集》第5册，第1546页。
⑥ 《清史稿》卷107《选举志二·学校下》。

动静重学、水重学、电磁学、光学、音学、热学、化学、地质学、天文学、航海术等。①这些课程将严复带入了一个全新的知识领域，他开始系统接受西方自然科学的教育和熏陶，对西学逐渐有了更全面、更客观的认识，打下了坚实的近代自然科学知识的基础。此外，后学堂由英国人主持，教育体制悉按英国海军学校成规，教师用英语授课，使用英语原版教材。这一教育背景决定了严复一生的功业。从此，"英文是他汲取西方思想的媒介。英国成为他理想国家的范本。英国人的思想支配了他的思想发展"②。

值得一提的是，在船政学堂的5年里，严复并未中断传统文化的教育，《圣谕广训》《孝经》仍是学生们的课外读物。由此可见，严复接受正规的传统教育虽在14岁时中辍，但事实上，他终其一生都未停止过对中国古籍的研读。从英国学成归国后，又师从桐城派大师吴汝纶研习古文，不仅西学造诣深，而且国学根柢亦深，因此，他所译西方学术著作均以古文笔法译出，文笔灵动活脱，典雅畅达，"以瑰辞达奥旨"③。严复能成为中西文化比较之第一人，正是源于他中西合璧的知识结构。梁启超曾评论道："严又陵（复），他是欧洲留学生出身，本国文学亦优长，专翻译英国功利主义派书籍，成一家之言。"④

1877年3月31日，24岁的严复在华、洋监督李凤苞、日意格的率领下，与船政学堂驾驶班同窗12名学员赴英国学习。在学期间，严复等人主要"肄习高等算学、格致、海军战术、海战、公法及建筑海军炮台诸学术"⑤。所有课程都以练习水师兵法为旨归。而严复"于管驾官应知学问以外，更能探本溯源"⑥，且"于西学已有窥寻"⑦。他说："格物致知之学，寻常日用皆寓至理，深求其故，而知其用之无穷，其微妙处不可

① 严璩：《侯官严先生年谱》，转引自《严复集》第5册，第1546页。
② ［美］本杰明·史华兹著，叶凤美译：《寻求富强：严复与西方》，第24页。
③ 《清史稿》卷486《严复传》。
④ 梁启超：《中国近三百年学术史》，东方出版社1996年版，第37页。
⑤ 严璩：《侯官严先生年谱》，转引自《严复集》第5册，第1547页。
⑥ 薛福成：《出使四国日记》，湖南人民出版社1981年版，第143页。
⑦ 《郭嵩焘日记》第3卷，湖南人民出版社1982年版，第907页。

端倪，而其理实共喻也。"①

不仅如此，面对英国的富强和中国积贫积弱的现状之间的差距，严复开始探寻西方富强的奥秘，关注中外国情的差异。在专业课学习之余，他"尝入（英）法庭，观其听狱，归邸数日，如有所失"。他认为：

> 刑狱者，中西至不可同之一事也……英国与诸欧之所以富强，公理日伸，其端在此一事……夫中国刑狱之平，至于虞廷之皋陶，极矣。然皆以贵治贱。以贵治贱，故仁可以为民父母，而暴亦可为豺狼。若夫公听平观，其被刑也，如其法而正，民终不可以是为天直，以责其上，使虽欲不如是而不能也。是故天下虽极治，其刑罚终不能以必中，而侥幸之人，或可与法相遁。此上下之所以交失，而民德之所以终古不蒸也。夫民德不蒸，虽有尧舜为之君，其治亦苟且而已。②

为此，严复后来提出了"新民德"之重要性。

1878年6月，严复等6人均以优异成绩完成了英国海军学院的学业。在郭嵩焘③的帮助下，方伯谦、何心川、叶祖珪、林永升、萨镇冰等5人到英国皇家海军船舰上实习，而严复则因被中国政府业已安排为教职，继续在格林尼治海军学院再学一年，④严复因此成为唯一没有上舰实习的海军留学生。这一偶然的安排对严复一生的命运起了决定性的作用，它意味着严复以后不可能像其他同学一样依据自己的专业方向跻身海军行列，而是作为一名教师从事学术研究，培养海军将才。严复自1880年起就在北洋水师学堂供职，长达20年之久，而他的同学却大都在海军界

---

① 《郭嵩焘日记》第3卷，第518页。
② 严复：《〈法意〉按语》，《严复集》第4册，第969页。
③ 郭嵩焘（1818—1891，湖南湘阴人）是中国历史上出使西方第一人，中国首任驻英公使，被认为是"当时最能了解西学的人"。严复敏锐的见识和出众的才华深得郭嵩焘的赏识，与之结为"忘年交"，"时引与论析中西学问在同异，穷日夕弗休"。
④ General Correspondence, F.O.17/768，转引自孙应祥：《严复年谱》，福建人民出版社2003年版，第36页。

担任舰长等职，严复则由军事拓展到对社会问题的关注，人生路径与他的同学大相径庭。此外，在英国多待一年，使得严复对已经倾心的西方政治、经济、文化等相关社会问题有了进一步研习的机会，为其日后从事西方社会科学研究，借助译著表达自己的思想奠定了坚实的基础。

在留下来的一年里，严复多次应郭嵩焘之邀参观考察了法国天文馆、巴黎各项市政工程、万国博览会、凡尔赛宫等，对西洋文明有了进一步的感性认识，深深体会到"西洋胜处，在事事有条理"①。不仅如此，严复的英文水平在留英期间已练就得炉火纯青，为他回国后大量阅读和译介斯宾塞、赫胥黎、达尔文、亚当·斯密、边沁、孟德斯鸠等西方艰深的学术思想著作提供了必不可少的条件。也正是有了这一本领，严复对西方社会了解之全面，西学造诣之精深，不仅远非李鸿章、张之洞等洋务派人物可比，就是那些在甲午战争前曾经到过欧洲的早期维新派人士如王韬、何启、郑观应之辈以及甲午战争后领导整个维新运动的康梁新学家们，也都不能望其项背。②由此也注定了严复是晚清新学思想家行列中对西学认识最深的一位，他能够直入西方文化之堂奥，深得个中三昧，最终漂洋过海，将之植根中土。当年唐僧玄奘不惮万里荒漠赴印度取得真经，严复犹如近代"海上玄奘"，远涉万里重洋，为死气沉沉的近代中国取来资本主义的天火。就其理论而言，侯官新学无疑是新学思想体系中最成熟、最系统同时也是最富创新性的一支。

1895年，甲午战败，中国面临亡国灭种的严重危机。战争的惨败，令严复受到极大刺激，感到"今日之世变，盖自秦以来未有若斯之亟也"③。而"中国今日之事，正坐平日学问之非，与士大夫心术之坏，由今之道，无变今之俗，虽管、葛复生，亦无能为力也"。于是，他"腐心切齿"，"宁负发狂之名，决不能喔咿嚅唲，更蹈作伪无耻之故辙"④，

① 《郭嵩焘日记》第3卷，第568页。
② 王栻：《严复与严译名著》，商务印书馆编：《论严复与严译名著》，商务印书馆1982年版，第4页。
③ 严复：《论世变之亟》，《严复集》第1册，第1页。
④ 严复：《救亡决论》，《严复集》第1册，第53页。

决意同爱国志士一道走上"变今"维新之路，积极从事爱国救亡的变法维新活动。

从1895年起，严复在天津《直报》上发表了一系列政论文章，这些文章清楚地"表明了严复当时对世界的整个看法，也清楚地表明了严复的全部观点，这些观点正是他以后几年里致力于翻译的基础"，"实际上构成了严复全部译著的绪论"①。与其他维新思想家不同，严复是借助西方先进理论，通过译著西方学术思想和政治学说以警世，诚如他自己所言："意欲本之格致新理，溯源竟委，发明富强之事，造端于民。"②

此后的十余年间，严复专心致力于翻译西方资产阶级著名学者的著作，以翻译为职志，成为"介绍近世思想的第一人"③。正是在大量译介西方名著的过程中，严复形成了自己的思想理论体系，亦其自己所谓的"侯官严复学"，即是本书所谓的侯官新学。

四、侯官新学之内涵

（一）以社会进化论为核心的世界观与方法论

与张之洞、康梁的新学不同，严复侯官新学的理论基础是西方进化论。④虽然在戊戌变法时期，严复与康有为一样，政治上主张变法维新，但其表现形式却与康氏迥异。康有为主要是假借中国传统文化的形式，搞"托古改制"，严复则是直接诉诸西方近代科学文化，通过译介西方近代的学术文化经典，介绍和宣传西方新兴的资本主义的世界观、方法论和价值观，并在这一过程中形成了自己改造中国传统社会，亦即中国传统社会现代化转型的理想与主张。

1.以自然科学为本的思想

正是严复的教育经历和他以自然科学为基础的知识结构，使得他具

---

① ［美］本杰明·史华兹著，叶凤美译：《寻求富强：严复与西方》，第37—38页。
② 严复：《与梁启超书》，《严复集》第3册，第514页。
③ 申报馆《最近之五十年》，转引自商务印书馆编：《论严复与严译名著》，商务印书馆1982年版，第41页。
④ 张之洞南皮新学的理论基础是中国传统的儒家学说，是"中体西用"论；康梁南海新学的理论基础是"公羊三世说"和《孔子改制考》《新学伪经考》。

有了与同时代思想家们迥然而异的素质——他是用自然科学的眼光去观察社会，依据自然科学的公理去探求中国富强之道。在严复看来，西方自17世纪以来的强盛莫不与培根开创的实证科学之风气有关。他说：

> （西洋）制器之备，可求其本于奈端（牛顿）；舟车之神，可推原于瓦德（瓦特）；用电之利，则法拉第之功也；民生之寿，则哈尔斐（哈维）之业也。而二百年学运昌明，又不得不以柏庚（培根）氏之摧陷廓清之功为称首。[①]

> 名、数、质、力，四者皆科学也。其通理公例，经纬万端，而西政之善，即本斯而立。[②]

在严复眼里，科学并不是一般的技艺，其为"通理公例"，亦即具有世界观的意义，也就是我们今天所谓的科学哲学；其又为"经纬万端"，亦即具有方法论的意义，也就是我们今天所谓的自然科学方法论。

相比之下，中国之不昌正在于反科学而动，即其所谓的"中国之政，所以日形其绌，不足争存者，亦坐不本科学，而与通理公例违行故耳"[③]。因此，中国救亡图强之关键在于以科学为本。严复认为："中国此后教育，在在宜著意科学，使学者之心虑沈潜，浸渍于因果实证之间，庶他日学成，有疗病起弱之实力，能破旧学之拘挛，而其干图新也审，则真中国之幸福矣！"[④]唯有科学"可以转变吾人之心习，而挽救吾数千年学术之流弊"[⑤]。

不仅如此，严复还特别强调试验、印证、归纳在科学认识中的作用。他说：

---

① 严复：《原强修订稿》，《严复集》第1册，第29页。
② 严复：《与〈外交报〉主人书》，《严复集》第3册，第559页。
③ 严复：《与〈外交报〉主人书》，《严复集》第3册，第559页。
④ 严复：《与〈外交报〉主人书》，《严复集》第3册，第565页。
⑤ 严复：《论今日教育应以物理科学为当务之急》，《严复集》第2册，第284页。

于格物穷理之用，其途术不过二端。一曰内导，一曰外导，此二者不是学人所独用，乃人人自有生之初所同用者，用之，而后智识日辟者也。内导者，合异事而观其同，而得其公例。粗而言之，今有一小儿，不知火之烫人也，今日见烛，手触之而烂；明日又见炉，足践之而又烂；至于第三次，无论何地，见此炎炎而光，烘烘而热者，即知其能伤人而不敢触。且苟欲伤人，且举以触之。此用内导之最浅者，其所得公例，便是火能烫人一语。其所以举火伤物者，即是外导术。盖外导术，于意中皆有一例。次一案，二一断，火能烫人是例，吾所持者是火是案，故必烫人是断。合例、案、断三者，于名学中成一联珠，及以伤人而人果伤，则试验印证之事矣。故曰印证愈多，理愈坚确也。名学析之至细如此，然人日用之而不知。须知格致所用之术，质而言之，不过如此。特其事尤精，因有推究精微之用，如化学、力学，如天、地、人、动、植诸学多内导。至于名、数诸学，则多外导。学至外导，则可据已然已知以推未然未知者，此民智最深时也。①

（西学格致）一理之明，一法之立，必验之物物事事而皆然，而后定之为不易。其所验也贵多，故博大；其收效也必恒，故悠久；其究极也，必道通为一，左右逢原，故高明。方其治之也，成见必不可居，饰词必不可用，不敢丝毫主张，不得稍行武断，必勤必耐，必公必虚，而后有以造其至精之域，践其至实之途。②

据此可见，严复是通过突出自然科学的功用，强调西方近代科学中逻辑、实证的方法，建构其思想体系，这正是侯官新学灵魂之所在。而进化论本身就是生物科学，所谓社会进化论就是以生物进化论为基础的。

---

① 严复：《西学门径功用》，《严复集》第1册，第94页。
② 严复：《救亡决论》，《严复集》第1册，第45页。

2.以进化论为核心的世界观与方法论

严复是进化论的信奉者，早在1859年3月他就在天津《直报》上发表了《原强》一文，详细介绍了达尔文及其生物进化论。之后，他又介绍了斯宾塞的社会进化论。值得注意的是，严复在介绍达尔文的生物进化论时，已明显受到斯宾塞的社会进化论的影响，其所谓"其始也，种与种争，及其成群成国，则群与群争，国与国争。而弱者当为强肉，愚者当为智役焉"[①]，即可从中窥出严复介绍进化论之用意在于救亡图存。应该说，在严复接触到的西方学者中，斯宾塞是对他影响最大的一位，也是严复最推崇的一位。他说："有斯宾塞尔者，以天演自然言化，著书造论，贯天地人而一理之。此亦晚近之绝作也。"[②]他甚至将斯宾塞在《正义论》中阐述的"合群保种"原则视为中国"合群保种"之金科玉律，而对斯宾塞的社会有机体论严复更是推崇备至。因此，有学者称"严氏之学本于斯宾塞尔"[③]。蔡元培也指出："严复最佩服的是斯宾塞尔的群学。"[④]因为，在严复看来，斯宾塞的思想"不仅仅是在解释社会，而且还能提供一个改造社会的方案……在甲午中日危机之前的几年里，严复在斯宾塞的体系中已发现了西方'成功'的秘密的线索"[⑤]。

然而，严复最终既没有翻译达尔文的《物种起源》，也没有翻译斯宾塞的《生物学理论》，而是选择了赫胥黎的《进化论与伦理学》，为何？个中缘由一如严复自己所言：斯氏的著作"其文繁衍奥博，不可猝译"[⑥]，"以其书之深广，而学者之难得其津涯也"[⑦]。另者，斯宾塞所谓"任天而治"的思想不甚切合严复译书之意。而达尔文的《物种起源》，是一本纯粹的学术著作，其所谓生物学的研究对于中国人的知识结构而言，难于为

①　严复：《原强》，《严复集》第1册，第5页。
②　严复：《〈天演论〉自序》，《严复集》第5册，第1320页。
③　胡汉民：《述侯官严氏最近政见》，《民报》1905年第2号。
④　蔡元培《五十年来中国之哲学》，高平叔编：《蔡元培全集》第4卷，中华书局1984年版，第352页。
⑤　［美］本杰明·史华兹著，叶凤美译：《寻求富强：严复与西方》，第33页。
⑥　严复：《天演论》导言二，《广义》《严复集》第5册，第1327页。
⑦　严复：《译〈群学肆言〉自序》，《严复集》第1册，第123页。

广大知识分子所接受，而且其内容与中国现实政治的需要相去甚远，亦不合严复译书之动机。赫胥黎则不然，赫氏是达尔文主义的忠实捍卫者，毕其一生都在宣传进化论。他的这部著作以简洁、生动的语言阐述了达尔文主义的主要原理，篇幅不大，文意又易于驾驭，尤其是赫氏主张在天演的规律中，人不能被动接受自然进化，而应该充分发挥人的主观能动性，"与天争胜"，奋力图强，颇中严复之下怀。因此，严复在《译〈天演论〉自序》中说："赫胥黎氏此书之恉，本以救斯宾塞任天为治之末流，其中所论，与吾古人有甚合者。且于自强保种之事，反复三致意焉。"①

毋庸置疑，严复的进化论思想是将达尔文、赫胥黎、斯宾塞的进化论思想与19世纪末20世纪初的中国现实相结合的产物，是中国化的进化论。他推崇斯宾塞的思想，却选择翻译赫胥黎的著作，表明了严复的匠心独具。他在翻译过程中通过大量"按语"（《天演论》一书约5.7万字，严复的"按语"约1.9万字，占全书的三分之一篇幅）加入自己的思想，重新"做"了一本《天演论》，表明严复之用心良苦。鲁迅说："严又陵究竟是'做'过《天演论》的，的确与众不同：是一个19世纪末年中国感觉敏锐的人。"②因此，严复的贡献不在于他翻译了《天演论》，而在于他将进化论思想与19世纪末20世纪初的中国国情相结合，对进化论的选择和创新，《天演论》不过是严复借以阐述自己思想的一个载体，"说《天演论》是将赫胥黎原著和严复为反赫胥黎而对斯宾塞主要观点进行的阐述相结合的意译本，是一点也不过分的"③。换言之，严复是在介绍赫胥黎的观点时，借助斯宾塞的观点驳正赫胥黎以阐明自己的思想。因此，严复翻译《天演论》与其说是在介绍赫胥黎，毋宁说是在推重斯宾塞；与其说是在宣传进化论，毋宁说是创构他自己的哲学体系。他翻译《天演论》，无非是为了强调进化是一种不可抗拒的客观的普遍规律，强调国家民族生存竞争的意义。他说：

---

① 严复：《〈天演论〉自序》，《严复集》第5册，第1321页。
② 《鲁迅全集》第1卷，人民文学出版社1981年版，第295页。
③ ［美］本杰明·史华兹著，叶凤美译：《寻求富强：严复与西方》，第93页。

天演之事，不独见于动植二品中也。实则一切民物之事，与大宇之内日局诸体，远至于不可计数之恒星，本之未始有始以前，极之莫终有终以往，乃无一焉非天之所演也。①

人欲图存，必用其才力心思，以与是妨生者为斗，负者日退，而胜者日昌……天演公例，自草木虫鱼，以至人类，所随之可察者。②

物类之生乳者至多，存在至寡，存亡之间，间不容发，其种愈下，其存弥难。③

可见天演、进化是宇宙、自然界与人类社会的普遍规律，这构成了19世纪末20世纪初西方资本主义的主流世界观，也是严复终生服膺的世界观，而世界观与方法论是同一事物的两个方面，也就是说二者是可以彼此转化的。

总之，严复对宇宙总的看法是进化论，对人类社会总的看法是社会进化论，这一理论又成了他认识世界、改造世界最根本的方法。他正是以社会进化论来论证中国传统社会现代化转型的必然性与路径。严复还高度重视自然科学，把自然科学的一般方法提高到世界观与方法论的层面。以其深厚的自然科学功底，将西方社会科学的原理和进化论改造成为中国政治变革的理论，是严复对晚清思想界的最大贡献，也是对整个20世纪思想界的贡献。凡受到天演论影响的人，如康有为、梁启超、孙中山、陈独秀、李大钊等，无不以进化论作为自己的世界观和方法论。诚如孙中山所云："自达尔文书出后，则进化之学，一旦豁然开朗，大发光明，而世界思想为之一变，从此各种学术皆归于进化矣。"④

---

① 严复：《天演论》，《严复集》第5册，第1326—1327页。
② 严复：《天演论》，《严复集》第5册，第1351—1352页。
③ 严复：《天演论》，《严复集》第5册，第1331页。
④ 《孙中山选集》，人民出版社1984年版，第515页。

（二）社会历史观与"三民论"的救国方略

作为中国近代史上重要的思想家，严复在国家理论上首次提出了"主权在民"的思想。严复以为：

> 国者，斯民之公产也；王侯将相者，通国之仆隶也。[①]

> 斯民也，固斯天下之真主也。[②]

> 秦以来之为君，正所谓大盗窃国者耳。[③]

可见，严复以为国家者，即民之国家；不是皇帝为天子，而是民为真主；中国封建专制主义是盗窃了民之国家。

据此，严复认为，国家的建设最根本的就是民之建设，民的兴盛就是国家的兴盛。在这方面，他深受斯宾塞社会有机体理论的影响，以为国家犹如一个生物的有机体，其优劣强弱与治乱盛衰均取决于国家之个体——"民"。他说：

> 一群之成，其体用功能，无异生物之一体，小大虽异，官治相准。知吾身之所生，则知群之所以立矣；知寿命之所以弥永，则知国脉之所以灵长矣。一身之内，形神相资；一群之中，力德相备。身贵自由，国贵自主。生之与群，相似如此。此其故无他，二者皆有官之品而已矣。[④]

> 一国犹之一身也，脉络贯通，官体相救，故击其头则四支皆应，

---

① 严复：《辟韩》，《严复集》第1册，第36页。
② 严复：《辟韩》，《严复集》第1册，第36页。
③ 严复：《辟韩》，《严复集》第1册，第35页。
④ 严复：《原强修订稿》，《严复集》第1册，第17—18页。

刺其腹则举体知亡。^①

很显然，斯氏所谓的"民"不是抽象的民，而是个体人的汇积。因此，他在介绍斯宾塞的社会进化论时，尤为推重斯宾氏的"群学"。他说：

> 人之有异于禽兽者，以其能群也。^②

> 盖群者人之积也，而人者官品之魁也。欲明生生之机，则必治生学；欲治感应之妙，则必治心学，夫而后可以及群学也。且一群之成，其体用功能无异生物之一体，小大虽异，官治相准。知吾身之所在，则知群之所以立矣；知寿命之所以弥永，则知国脉之所以灵长也。一身之内，形神相资；一群之中力德相备。身贵自由，国贵自主。生之与群，相与如此。^③

在这里，严复以为，所谓的"民""群"系由具体的个人、生物的个人组成的，故其群也具有生物性，即其所谓的"盖群者人之积也，而人者官品之魁也"。而且个体的性质与群体的性质是相辅相成的，即所谓的"身贵自由，国贵自主。生之与群，相与如此"。

既然主权在民，民即国家，那么，国之富强就是民之富强，人之富强，唯有民强方是治本。所谓"本"，即民智、民力、民德三者也。他说：

> 盖生民之大要三，而强弱存亡莫不视此：一曰血气体力之强，二曰聪明智虑之强，三曰德行仁义之强。是以西洋观化言治之家，莫不以民力、民智、民德三者断民种之高下，未有三者备而民生不优，亦未有三者备而国威不奋者也。^④

---

① 严复：《原强修订稿》，《严复集》第1册，第19页。
② 严复：《原强》，《严复集》第1册，第6页。
③ 严复：《原强修订稿》，《严复集》第1册，第17页。
④ 严复：《原强修订稿》，《严复集》第1册，第18页。

第由是而观之，则及今而图自强，非标本并治焉，固不可也……果使民智日开，民力日奋，民德日和，则上虽不治其标，而标将自立。①

而当时中国的情势则是"民智已下矣，民德已衰矣，民力已困矣"②。为此，严复提出"三民论"为其治国方略。他说：

是以今日要政，统于三端：一曰鼓民力，二曰开民智，三曰新民德。夫为一弱于群强之间，政之所施，固常有标本缓急之可论。唯是使三者诚进，则其治标而标立；三者不进，则其标虽治，终亦无功；此舍本言标者之所以无当也。③

关于"鼓民力、开民智、新民德"，严复又条分缕析，述之甚详。
第一，"鼓民力"。严复说：

今者论一国富强之效，而以其民之手足体力为之基……西洋言治之家，莫不以此为最急。历考中西史传所垂，以至今世五洲五十六国之间，贫富弱强之异，莫不于此焉肇分。周之希腊，汉之罗马，唐之突厥，晚近之峨特一种，莫不以壮佼长大，耐苦善战，称雄一时。而中土畴昔分争之代，亦皆以三河六郡为取天下先资。顾今人或谓自火器盛行，懦夫执靶，其效如将士惟均，此赵无所识知之论也。不知古今器行虽异，而有待于骁猛坚毅之气则同。且自脑学大明，莫不知形神相知，志气相动，有最胜之精神而后有最胜之智略。是以君子小人劳心劳力之事，均非气体健壮者不为功。此其理吾古人知之，故庠序校塾，不忘武事，壶勺之仪，射御之教，

---

① 严复：《原强》，《严复集》第1册，第14页。
② 严复：《原强》，《严复集》第1册，第13页。
③ 严复：《原强修订稿》，《严复集》第1册，第27页。

凡所以练民筋骸，鼓民血气者也。而孔孟二子皆有魁杰之姿。彼古之希腊、罗马人亦知之，故其阿克德美（柏拉图所创学塾）之中，莫不有津蒙那知安（此言练身院）属焉，而柏拉图乃以骈胁著号。至于近世，则欧罗化（巴）国，尤鳃鳃然以人种日下为忧，操狭隘形骸，不遗余力。①

要使民有健康的体魄和坚毅的精神，必须要革除吸食鸦片和女子缠足之陋习。在严复看来，"中国礼俗……害效最著者，莫若吸食鸦片、女子缠足二事"②，"是鸦片、缠足二事不早为之所，则变法者，皆空言而已矣"③。

第二，"开民智"。此为三民中最重要者，关乎救亡图存之根本。所谓"民智者，富强之原。此悬诸日月不刊之论也"④。

严复认为，西方诸国之所以强盛，在于民智之开。其云：

> 洎乎二百年来，民智益开，教化大进，奋其智勇，经略全球。红人、黑人、棕色人与之相遇。始则与之角逐，继则为之奴隶，终则归于泯灭。⑤

> 盖泰西言治之家，皆谓善治如草木，而民智如土田。民智既开，则下令如流水之源，善政不期举而自举，且一举莫能废。不然则虽有善政，迁地弗良。淮橘成枳。一也；人存政举，人亡政息，极其能事，不过成一治一乱之局。二也。此皆各国所历试历验者。⑥

---

① 严复：《原强修订稿》，《严复集》第1册，第27—28页。
② 严复：《原强修订稿》，《严复集》第1册，第28页。
③ 严复：《原强修订稿》，《严复集》，第1册，第29页。
④ 严复：《原强修订稿》，《严复集》第1册，第29页。
⑤ 严复：《保种余义》，《严复集》第1册，第86页。
⑥ 严复：《天演论》，《导言八乌托邦》"案语"，《严复集》第5册，第1339—1340页。

民智既开之后，则知非明道则无以计功，非正谊则无以谋利。功利何足病，问所以致之之道何如耳，故西人谓此为开明自营。开明自营，于道义必不背也。①

民智不开，不变亡，即变亦亡。②

反观中国，则是"人民智慧，蒙蔽弇陋，至于此极，虽圣人生今，殆亦无能为力也"③。因此，中国欲"开民智"唯有学西学，舍此别无他途。他说：

是故欲开民智，非讲西学不可；欲讲实学，非另立选举之法，别开用人之涂，而变八股、试帖、策论诸科不可。④

为了倡导西学，严复第一次从哲学认识论和方法论的高度对中西文化进行比较，并利用自然科学经验归纳法的方法论对中国旧学包括宋学义理、汉学考据、辞章等加以批判，论证开民智与倡导西学之关系。

他认为中西文化之差异根本在于有无自由。他说：

夫自由一言，真中国历古圣贤所深畏，而从未尝立以为教者也。彼西人之言曰：唯天生民，各具赋畀，得自由者乃为全受。故人人各得自由，国国各得自由，第务令毋相侵损而已。侵人自由者，斯为逆天理，残人道。其杀人、伤人及盗蚀人财物，皆侵人自由之极至也。故侵人自由，虽国君不能，而其刑禁章条，要皆为此设耳。中国理道与西法自由最相似者，曰恕，曰絜矩。然谓之相似则可，谓之真同则大不可也。何则？中国恕与絜矩，专以待人及物而言。

---

① 严复：《天演论》，《论十六群治》"案语"，《严复集》第5册，第1395页。
② 严复：《与张元济书》，《严复集》第3册，第539页。
③ 严复：《救亡决论》，《严复集》第1册，第47—48页。
④ 严复：《原强修订稿》，《严复集》第1册，第30页。

而西人自由，则于及物之中，而实寓所以实我者也。自由既异，于是群异丛然于生。粗举一二言之：则如中国最重三纲，而西人首明平等；中国亲亲，而西人尚贤；中国以孝治天下，而西人以公治天下；中国尊主，而西人隆民；中国贵一道而同风。而西人喜党居而州处；中国多忌讳而西人多讥评。至于财用也，中国重节流，而西人重开源；中国追淳朴，而西人求欢虞。其接物也，中国美谦屈，而西人务发舒；中国尚节文，而西人乐简易。其为学也，中国夸多识，而西人尊新知。其于灾祸也，中国委天数，而西人持人力。若斯之论，举有与中国之理相抗，以并存于两间，而吾实未敢遽分其优绌也。①

这里，严复对中西之世界观、方法论、价值取向及民风习俗逐一做了比较。其虽含蓄地说"吾实未敢遽分其优绌"，然就其行文的语气，其是坚定地扬西而贬中的，即坚定地肯定西方资产阶级新兴的世界观、方法论、价值取向。

与此同时，他指斥汉学之考据、辞章为"无用"之学，②宋学义理为"无实"之学，③认为中国传统的学术、政教于当前的改革毫无裨益，甚至有害，强调今日中国之变法"莫亟于废八股"④。他说：

> 中土之学，必求古训。古人之非，既不能明，即古人之是，亦不知其所以是。记诵词章既已误，训诂注疏又甚拘，江河日下，以致于今日之经义八股，则适足以破坏人材。⑤

> 夫八股非自能害国也，害在使天下无人才……（其）有大害三。

① 严复：《论世变之亟》，《严复集》第 1 册，第 2—3 页。
② 严复：《救亡决论》，《严复集》第 1 册，第 44 页。
③ 严复：《救亡决论》，《严复集》第 1 册，第 44 页。
④ 严复：《救亡决论》，《严复集》第 1 册，第 40 页。
⑤ 严复：《原强修订稿》，《严复集》第 1 册，第 29 页。

其一害曰：锢智慧……其二害曰：坏人心术……其三害曰：滋游手……中国以文字一门专属之士而西洋则所谓四民之众，降而至于妇女走卒之伦，原无不识字知书之人类。且四民并重，从未尝以士独尊。独我华人，始翘然以知书自异耳。至于西洋理财之家，且谓农工商贾皆能开天地自然之利，自养之外，有以养人，独士枵然，开口待哺。是故士者，固民之蠹也。唯其蠹民，帮其先士也，必务精，而最忌广；广则无所事事，而为游手之民弊也，为乱，为贫，为弱。①

如此，则中国当时之开民智，关键是废旧的教育体制，行新的教育体制。新的教育体制则当以自然科学、实业、外语等来教育国人。在当时而言，这些内容其实就是西学。其云：

以中国前此知育之事，未得其方，是以民智不蒸，而国亦因之贫弱……欲救此弊，必假物理科学为之。然欲为之有效，其教授之法又当讲求，不可如前之治旧学。道在必使学者之心与实物径按，而自用其明，不得徒资而食，因人学语。②

言今日之教育，所以救国，而祛往日学界之弊者，诚莫如实业之有功。盖往日之教育笃古，实业之教育法今；往日之教育求逸，实业之教育习劳；往日之教育成分利之人才，实业之教育充生利之民力。第须知实业之教育，其扼要不在学堂，而在出学堂办事之阅历。以学堂所课授者，不过根柢之学，增广知识，这他日立事阶梯云尔。③

发蒙之始，自以求能读书写字为先。然于此时，便当教以观物之法，观物以审详不苟为主。欲其如是，莫若教之作画……再进则

① 严复：《救亡决论》，《严复集》第 1 册，第 40—42 页。
② 严复：《论今日教育应以物理科学为当务之急》，《严复集》第 1 册，第 285 页。
③ 严复：《论小学教课书亟宜审定》，《严复集》第 1 册，第 206 页。

物理、算学、历史、舆地，以次分时皆可授课。稍长则可读书经……至于十五以后，则必宜使习西文，英、法、德、意择一可……西文既通，无异入新世界，前此教育虽有缺憾，皆可得此为之补苴。大抵二十世纪之中国人，不如是者，不得谓之成学。假使中无间断，其人早则二十四、五，迟则三十可望大成，为八面应敌之才。他日入世，达为王侯将相，隐为师农工商，皆可为社会所托庇。①

显然，严复所谓的新教育，在于中西学相结合，其中又是以西学为主的内容来培养人才，在教育中注重实验观察，注重社会实践，注重能力的培养。

第三，"新民德"。"至于新民德之事，尤为三者之最难。"②严复引英国哲学家培根的话说："世间无物为大，人为大；人中无物为大，心为大。故生人之事，以炼心积智为第一要义。"③严复以为，若无民智、民力、民德，仅仅在政体、器物上学习西方是不会成功的。他说：

> 夫海禁既开以还，中国仿行西法也，亦不少矣：总署，一也；船政，二也；招商局，三也；制造局，四也；海军，五也；海军衙门，六也；矿务，七也；学堂，八也；铁道，九也；纺织，十也；电报，十一也；出使，十二也。凡此皆西洋至美之制，以富以强之机，而迁地弗良，若亡若存，辄有淮橘为枳之叹。公司者，西洋之大力也。而中国二人联财则相为欺而已矣是何以故？民智既不足与与之，面民力民德以旨足以举其事故也。④

这里所谓的中国人之"相为欺而已矣"，显然是民德不彰之故。

---

① 严复：《论今日教育应以物理科学为当务之急》，《严复集》第2册，第285—286页。
② 严复：《原强》，《严复集》第1册，第30页。
③ 严复：《西学门径功用》，《严复集》第1册，第93页。
④ 严复：《原强》，《严复集》第1册，第15页。

严复认为，在当时中国最需彰显的"德"是大公无私，其又集中表现为爱国主义。其云：

今日中国之事，其可为太息流者，亦已多矣。而人心涣散，各顾其私，无护念同种、忠君、爱国之诚，最可哀痛。①

曩者甲午之海防也，水底碰雷与开花子弹，有以铁滓沙泥代药者。洋报议论，谓吾民以数金锱铢之利，虽使其国破军杀将失地丧师不顾，则中国今日之败衄，他日之危亡，不可谓不幸矣。②

吾国公家之事，往往任之以官。官之手足耳目，有限者也。考绩之所不及，财力之所不供，彼于所官之土，固无爱也；而著籍之民，又限于法，虽欲完治其地而不能。若百千年之后，遂成心习，人各顾私……商旅以之不通，材产以之不盛，盗贼以之潜滋，教育以之荒陋，守围之不坚，疾疫则时起。而最病者，则通国之民不知公德为底物，爱国为何语，遂使泰西邦，群呼支那为苦力之国。③

当时中国人之缺乏公德、公心与爱国主义，其关键在于自私自利，而泰西诸国的情况则与中国迥异。严复说：

彼西洋所以能使其民皆若有深私至爱与其国与主，而赴公战如私仇者……无他，私之以为已有而已矣。④

法令始于下院，是民各奉其所自主之约，而非率上之制也；宰相以下，皆由一国所推择。是官者，民之所设以厘百工，而非徒尊

---

① 严复：《拟上皇帝书》，《严复集》第 1 册，第 73 页。
② 严复：《原强修订稿》，《严复集》第 1 册，第 30 页。
③ 严复：《〈法意〉案语》，《严复》第 4 册，第 985 页。
④ 严复：《原强修订稿》，《严复集》第 1 册，第 1 页。

奉仰戴者也，抚我虐我，皆非所论者矣。出赋以庇工，无异自营其田宅；趋死以杀敌，无异自卫其家室。吾每闻英人之言英，法人之言法，以至各国之人之言共所生之国土，闻其名字，若我曹闻其父母之名字，皆纯挚固结，若有无穷之爱也者。①

这里介绍了西人的爱国主义及其产生的原因，即西人是国家的主人，其当家作主。这正是当时中西最大最深刻的差别。

而欲令中国之民以中国有如一己之私，亦即有大公无私的品德与精神，就要还政于民，使民成为国家的主人。即其所谓：

> 是故居今之日，欲进吾民之德，于以合力同志，联一气而御外仇，则非有道焉使各私中国不可也……设议院于京师，而令天下郡县各举其守宰。是道也，欲民之忠爱必由此，欲教化之行必由此，欲地利之尽必由此，欲道路之辟、商务之兴必由此，欲民束身自好争濯磨于善必由此。②

这实质上就是说，只有仿效泰西各国建立资产阶级的民主国家，民才能忠爱，教化才能大行，国家才会因之富强。

综上所述，严复的社会历史观就是国家的本体是民，主权在民。当然作为一个渐进的改革派，严复后来在这个问题上认为对"主权在民"不可操之过急，需要有一个君主立宪的渐进过程。他通过对中西学术政教的比较研究，认识到近代西学优于传统中学，将学习西学与中国救亡图存联系起来。所谓："一言救亡，舍西学格致而不可。"③其对西学之介绍与宣传重在世界观、方法论与价值观的层面，这就获得了西学本质与精髓。他还特别注重西学中的自然科学。他在东、西学比较研究视角下，对中国的传统学术政教做了全方位的批判，对中国封建主义的价值观的

① 严复：《原强修订稿》，《严复集》第1册，第31页。
② 严复：《原强修订稿》，《严复集》第1册，第31—32页。
③ 严复：《救亡决论》，《严复集》第1册，第46页。

批判尤力。从其社会历史观出发，他指出"鼓民力、开民智、新民德"是国家富强、社会进步的根本所在，首开中国近代关注国民性问题之先河，成为近代中国重塑国民性思潮之滥觞。此后梁启超的"新民论"，陈独秀在五四运动时期倡导的新道德运动，孙中山提倡的"心理建设"，鲁迅对国民性的探讨等等，无不启端于严复的"三民论"思想。德智体全面发展亦成为当代中国之教育思想。诚如著名学者王尔敏说："三育观念是19世纪由西方介绍过来的，重要的介绍人物就是严复。1895年严复介绍德智体的动机，并不是为了教育，而是揭示强国国民的基本条件。"[①]更重要的是，严复的"三民论"思想第一次从文化根源上全面批判和反省了中国传统文化的劣根性，弥补了近代以来中国人在寻求富强的道路上只注重器物、制度等客体近代化，而忽略了主体人的近代化这一重大缺陷，从而将中国的社会政治变革运动推向更深层次，成为五四运动之先驱。

（三）"以自由为体，以民主为用"[②]的价值取向

西方资本主义发生伊始，其根本的价值观或价值取向就是：平等、博爱、自由。而其中最根本的，也就是最具资本主义特异性的便是平等与自由。如在中国封建主义的意识形态的儒家思想中有可能提出"泛爱众""恻隐之心人皆有之"等思想，但对"平等""自由"则是讳莫如深的。而"民主"即为"平等"的同义语。故言"自由""民主"为资本主义的核心价值体系。

严复是通过对中国封建专制的批判和对当时盛行的"中学为体，西学为用"的理论范式之批判来为"自由为体，民主为用"开辟道路的。

1. 关于对中国封建专制的批判

封建主义专制是资本主义民主管理与自由的对立面，或者说是民主与自由之大敌，否定了前者，后者才能成立，打倒了前者，后者才能施行。对中国封建主义专制，严复是深恶痛绝，抨击、批判不遗余力。他说：

---

① 王尔敏：《中国近代思想史续集》，中国社会科学文献出版社2005年版，第139页。

② 严复：《原强》，《严复集》第1册，第11页。

夫自秦以来，为中国之君者，皆其尤强梗者也，最能欺夺者也。①

秦以来之为君，正所谓大盗窃国者也。国窃谁？转向窃之于民而已。既已窃之矣，又惴惴然恐其主或觉而复之也，于是其法与令蝟毛而起，质而论之，其十八九所以坏民力，散民之力，漓民之德者也。②

这里讲了三点：一为秦以降之君主之为国，是窃民之国；二为君主的性质是尤为强硬者、能欺夺者；三为其法令是残害民的。

此外，严复还从理论上阐述了封建君主制产生的原因、性质及历史地位。其云：

（在人类社会中）有其相欺，有其相夺，有其相梗，有其祸害，而民既为是粟米丝麻、作器皿、通货财与凡相生相养之事矣，今又使之操其刑焉以锄，主其斗斛、权衡以信，造为城郭、甲兵焉以守，则其势不能。于是通功易事，择其公且贤者，立而为君。其意固曰：吾耕矣织矣，工矣贾矣，又使其自卫其性命财产焉，则废吾事。何若使子专力于所以为卫者，以其有强梗欺夺祸害也。有其强梗欺夺患害也者，化未尽而民未尽善也。是故君也者，与天下之不善而同存，不以天下之善而对待也。③

（若社会无相欺相夺之祸害）又安用此高高在上者，腴我以生，出令令我，责所出而诛罚。时而抚我为后，时而虐我为仇也哉？故曰：君臣之论，盖出于不得已也！唯其不得已，故不足以为道

① 严复：《辟韩》，《严复集》第1册，第34页。
② 严复：《辟韩》，《严复集》第1册，第35—36页。
③ 严复：《辟韩》，《严复集》第1册，第34页。

之原。①

这两段话有五个观点似可注意：一为封建君主制国家或君主是因为人类社会产生矛盾和纷争后才应运而生的，是社会分工的结果；二为君主最初是由民择立的；三为君主制下的君主及官吏的职能在于保护国家与民，缓和或消除各种社会矛盾和纷争；四为君主是因为天下有不善而得以存在的，也就是说是一种暂存的社会现象；五为封建君主制仅仅是不得已的权宜之举，而不是"道之原"，即根本的法则或原理。

严复对封建专制主义彻底的批判，不仅为当时统治集团中的保守派所忌恨，而且为新学营垒中的主流派即"中体西用"论者所不容。如张之洞就大光其火。他指令屠守仁撰《辨辟韩书》在《时务报》上发表，痛斥严复"溺于异学，纯任胸臆，义理则以是为非，文辞则以辞害意，乖戾矛盾之端，不胜枚举"②。

2.关于对"中学为体，西学为用"的理论范式之批判

众所周知，在严复之前，新学阵营的主流思想或核心思想是"中学为体，西学为用"之理论范式。这一理论范式的实质是，坚持中国传统儒学所倡导的世界观、方法论、价值观，仅仅在器物的层面，后来还演进到政体、教育的层面吸收西学，强调学习西学应以中学为根柢，以"有益于中国，无损于圣教"为前提。如不突破这一理论范式，中国近代社会就无法借鉴和融入西方资本主义的世界观、方法论、价值观，中国传统社会现代化的转型也就不可能实现。严复要贯彻他的侯官新学的主张，就不能不批判"中体西用"这一理论范式。他的所谓"以自由为体，以民主为用"这一范式，从某种意义上正是针对"中体西用"说提出的，二者是针锋相对的。他说：

> 体用者，即一物而言之也。有牛之体，则有负重之用；有马之

---

① 严复：《辟韩》，《严复集》第1册，第34页。
② 苏舆编：《翼教丛编》，上海书店出版社2002年版，第73页。

体，则有致远之用。未闻以牛为体，以马为用者也。中西学之为异也，如其种人之面目然，不可强谓似也。故中学有中学之体用，西学有西学之体用，分之则并力，合之则两亡。议者必欲合之而以为一物，且一体而一用之，斯文义违舛，固已名之不可言矣，乌望言之而可行乎？

这是讲体、用的统一性，即不能机械地割裂体用。体是本体，是事物的本质和结构；用是功能，是这一本质与结构所起的作用或功能。有什么"体"就会发生什么"用"，而且在一定的条件下"体""用"会相互转化。

基于这一认识，严复对那种把科学当作末、艺的观点也进行了批判，强调科学的基础作用、本体作用。他以为：

政本而艺末也，愈所谓颠倒错乱者矣。且其所谓艺者，非指科学乎？名、数、质、力四者皆科学也。其通理公例，经纬万端，而西政之善者，即本斯而立。故赫胥黎氏有言："西国之政，尚未能悉准科学而出之也。使其能之，其致治且不至此。"中国之政，所以日形其绌，不足以争存者，亦坐不本科学，而与通理公例违行故耳。是故以科学为艺，则西艺实西政之本……且西艺又何可为末乎？无论天文地质之奥殫，略举偏端则医药通乎治功，农矿所以相养，下至车兵冶，一皆富强之实资，迩者中国亦尝仪袭而取之矣，而其所以无效者，正坐为之政者，于其艺学一无所通，不通而欲执其本，此国财所以糜，而民生之所以病也。

在这里，严复强调科学亦为建国富强之本。而践行"中体西用"的洋务运动之所以失败，恰恰在于"为之政者"没有科学知识。今天看来，科学技术不仅仅是最重要的生产力，是最先进的生产力，而且科学技术本身也升华出世界观、方法论，甚至价值观。严复当时就持有这种观点确实难能可贵。

严复还批判了机械论的"中主西辅"的观点。他以为：

> 若夫言中学而以西学辅所不足者，骤而聆之，亦若大中至正之
> 说矣。措之于事又不然也。往者中国有武备而无火器，尝取火器以
> 辅所不足者矣；有城市而无警察，亦将取警察以辅所不足者矣。顾
> 使由今之道，无变今之俗，是辅所不足者，果得之而遂足乎？有火
> 器遂能战乎？有警察者遂能理乎？此其效验，当人人所能逆推，而
> 无假深论者矣……一国之政教学术，如其具官之物体欤？有其元首
> 脊腹，而后有其六府四支；有其质干根荄，而后有其枝叶华实。使
> 所取以辅者与所主者绝不同物，将无异取骥之四蹏，以附牛之项领，
> 从而责千里焉，固不可得，而田陇之功，又以废也。晚近世言变法
> 者，大抵不揣其本，而欲支节为之，及其无功，辄自诧怪。[①]

这是说，事物是一个整体，一个系统，不是零敲碎打的拼凑就能改
变其整体的机能。而且，改变要从本质上改变，要有机地改变。也就是
说，中国传统社会的现代化过程是一种本质的变革，有机的变革。

正是基于以上的立场与认识，严复最终摈弃了"中体西用"的理论
范式，创造性地提出了"自由为体，民主为用"理论范式，揭示了资本
主义的核心价值体系。

关于自由，他认为：

> 民之自由，天所畀也。[②]

> 自由之盛，政理之平，殆与其富为比例。[③]

> 故今日之治，莫贵乎崇尚自由。自由则物各得其所致，而天择

---

① 以上三段引文均见《与〈外交报〉主人书》，《严复集》第 3 册，第 558—560 页。
② 严复：《辟韩》，《严复集》第 1 册，第 35 页。
③ 严复：《〈法意〉按语》，《严复集》第 4 册，第 983 页。

之用存其最宜，太平之盛可不期而自至。①

这三段话，讲了三层意思：一为自由是天赋的；二为自由与政治昌明与国家与人民的富裕是成比例的；三为人之自由符合物竞天择之规律，也是国家昌盛的必由之路。

关于民权与民主，他认为：

> 吾未见其民之不自由，其国可以自由也；其民无权者，其国可以有权。且世之黜民权者，亦既主变法矣，吾不知以无权而不自由之民，何以能孤行其道以变其夫有所受之法也……故民权者，不可毁者也。必欲毁之，其权将横行而为祸愈烈者也。毁民权者，天下之至愚也。②

> 民主者，治制之盛也。③

> 国之所以常处于安，民之所以常免十暴者，亦恃制而已，非恃其人之仁也。恃其欲为不仁而不可得也，权在我者也。使彼而能吾仁，即亦可以吾不仁，权在彼者。在我者，自由之民也；在彼者，所胜之民也。必在我，不在彼，此之谓民权。彼所胜者，尚安得有权也哉！④

"民权"与"民主"这两个概念是有相通之处的，即"民之权利"与"民之主张"，有权利的主张才是可施行的主张，有主张的权利才是有内容的权利，二者相辅相成，互为体用。在资本主义社会，民权的原权利，就是人权，就是天赋人权，其最简单也是最根本的表现形式是在国家领

① 严复：《〈老子〉评语》，《严复集》第 4 册，第 1082 页。
② 严复：《〈原富〉按语》，《严复集》第 4 册，第 917—918 页。
③ 严复：《〈法意〉按语》，《严复集》第 4 册，第 957 页。
④ 严复：《〈法意〉按语》，《严复集》第 4 册，第 972 页。

导人选举、最重大决定之表决上，成年人一律平等的、一人一票的表决权。可以说其他的民权与民主是从这一原权利上派生出来的。

上引三段话的意思是：一为如前所述，严复以为民是国的本体，所以民之不自由就是国之不自由，民之无权就是国之无权。若民之不自由、之无权，某些人即使变法也注定要失败；而且毁民权者，必将导致人民的反抗。二为民主体制是最好的治理国家之体制。三为国之安定、民之安康，有赖于民主、民权体制。若权在自由之民，可以使不仁而为仁；若权在个别统治者，他可以行仁政，也可以行不仁政。四为专制主义一无是处。

据上述可知，严复提出的"以自由为体，以民主为用"的思想，是针对一度为西学主流派所提出的"中学为体，西学为用"之理论范式之反动。如同"中体西用"范式一样，这既是一个体用范式，又是一个文化范式，一个政治体制范式，还更是一个价值体系范式。"以自由为体，以民主为用"这一提法深得资本主义价值体系之精髓。自由是对个人而言，民主是对社会而言；自由是人的精神，民主是社会的体制。二者互为体用，又互为转化。

总括上述，严复之侯官新学作为新学的殿军，是新学的集大成者，是在张之洞的南皮新学、康有为的南海新学的基础上，最终摆脱了旧学的羁绊，全面引进了西方资产阶级的世界观、方法论和价值观，或者说是在世界观、方法论和价值观层面进行了中西文化的融合。这为中国传统社会的现代化转型奠定了思想理论基础，或思想理论基础的重要部分。这一思想理论的社会实践就是后来发生五四新文化运动。五四运动所倡导的科学、民主，与侯官新学所倡导的科学、自由、民主是一脉相承的，是同质同源的。

当然，严复后来在政治上站在了五四运动的对立面，在文化上有"回归"中国传统文化的倾向，这是由于其渐进与改良的方法论与五四运动在方法上的激进所不容。其中也包含了在西方资本主义思潮、马克思主义思潮风靡中，中、西学地位易势的情况下，如何保护国粹、如何使已融入中国社会的西方资本主义思想体系进一步中国化的思考与努力。这些问题拟于之后深入研究。

走向富强与丛林法则：严复思想再估计

马 勇

摘 要 鉴于甲午战争的失败，愤怒的严复向中国人转译了达尔文、赫胥黎的《天演论》"物竞天择，适者生存"思想，认为中国人只有适应了丛林法则，方才有可能在弱肉强食的近代世界赢得地位。严复的这些思想其实是对先前几十年洋务新政的背书，从思想史的渊源上说是激活了传统中国最不待见的霸道政治，在促使中国走向富强的同时，也激活了唯利主义、功利主义，给近代中国带来了正反两个方面作用。

关键词 严复 进化论 物竞天择，适者生存 丛林法则

在甲午战争中，有一个虽在北洋政府任职，但没有参加战争；自己虽然没有参加战争，但在战场上浴血奋战献出生命的人中，却有不少是他的同学或学生，这个人就是严复。他既在战局中却又在战局外。在局外，他不是一个纯粹的旁观者，他的愤怒、哀号和呼唤，来自真真切切的生命体验和感受；在局中，他对中国的失败、北洋水师的倾覆有深刻的反省，着力寻找这其中的奥秘，并试图为未来中国搭建一条通道，那就是走进丛林，遵从丛林法则，彻底放弃王道政治，紧紧抓住霸道政治，用力去说话，而不是用道德示范，物竞天择，适者生存。中国人终于在生死存亡的关键时刻接受了严复提供的进化论，此后一百多年，不论中国在政治上发生怎样的变化，中国人始终没有怀疑，壮大自身走上富强，是唯一的正途。

从西方到东方：严复的困惑与不顺

严复之所以在甲午战争爆发后能够敏锐地提出这样的思想主张，而且深刻影响此后一百多年的中国历史进程，是因为他在那之前差不多三十年的时间里，孜孜不倦地探究西方走向富强的根源、背景与动力，这为他后来的思想展开准备了基础和条件。

严复生于1854年，至甲午战争爆发，刚刚度过不惑之年。他的出生地和早年成长的地方是福建福州，那里可是中国东南沿海最重要的港口之一，即便在中原王朝闭关锁国的年代，那里似乎始终没有中断与域外的贸易往来和文化交流。所以，近代中国早期的洋务人才、海军人才多来自福建，来自福州，这大概也可从一个方面证明那里的开放程度。

长达十余年的太平军运动被平息后，清廷有条件静下心来考虑建设与发展了，于是鉴于过去二十多年内外战争经验教训，闽浙总督左宗棠于1866年6月给清廷上了一个奏折，建议在福州设立船政局，发展近代海军。朝廷接受了左宗棠的建议，但很快将他派往陕甘，因为那里又发生了回民起义。

接替左宗棠创办福州船政局的是原江西巡抚沈葆桢。沈葆桢是林则徐的女婿，也是福建侯官人，与严复是老乡。

沈葆桢接受福州船政事务后，立即为求是堂艺局组织一次招生考试，严复就是在这次考试中以第一名的成绩脱颖而出的。求是堂艺局一年后更名为船政学堂，严复也自然成为船政学堂的学生。

在进入船政学堂之前，严复已经追随几位当地名儒读过几年书。按照乃父意思，他应该在科举道路上一步一步爬行，直至鲤鱼跳龙门，光宗耀祖。然而不幸的是，他的父亲在1866年那场霍乱中去世，家境突变，严复只好放弃原来的梦想，进入这所不仅不要钱，还会给点补贴的学堂学习海军。

不论严复对成为海军是否有兴趣，福州船政学堂那段经历对他来说都是非常难忘的。这段生活使严复第一次走出先前狭小的人际圈子，融入一种社会的集体生活中。更重要的是，船政学堂完全按照西方近代海军制度进行设置和管理，所学内容重在英语和自然科学，学习方法也不像传统学问那样从书本到书本，而是注意实践，在战船上练习掌握战船。所以短短几年时间，严复不仅在生活习惯上有了很大改变，而且在行为方式、思维方式上，也似乎更加倾向于西方化。

福州船政学堂请有不少西洋教官，然而在中国本土学习西洋文化总是显得有一层隔膜，要戳破这层隔膜，就必须派遣学生到西方去，到人家的土地上直接体验。清廷既然已经下定决心要学习西方，走上富强，那么就必须走出这一步。1872年，经容闳建议，曾国藩、李鸿章支持，清廷同意选派詹天佑等30名幼童赴美留学，这是近代中国向外派遣留学生的开始。中国文化从盛唐以来的输出国变为输入国，不过中国由此也真正步入世界的轨道，尽管后来有过不少反复和曲折。

幼童出国留学只是中国走向世界的第一步。紧接着，沈葆桢就以福州船政大臣的名义建议朝廷以幼童赴美成例，派遣福州船政学堂学生分赴英法两国深造。朝廷很快批准了沈葆桢的建议，严复、刘步蟾、林泰曾、蒋超英、方伯谦、何心川、林永升、叶祖珪、萨镇冰、黄建勋、江懋祉、林颖启等驾驶专业的30名学员被选送至英法两国继续学习海军。1877年3月31日，他们在留学生监督李凤苞率领下，放洋长行。

严复这一批留学生与赴美留学的幼童不同，他们已经在国内接受了十多年的系统教育，英语等语言工具也较幼童更齐备，所以他们到了欧洲之后并没有幼童进入美国之后的惊奇和震撼，比如一些幼童很快开始信仰了西方宗教，引起清廷极大不安。严复这些人只是在通过自己的实地考察，验证他们先前所学的书本知识是否可靠，探究书本中无法表达的文明精神。

根据安排，严复和方伯谦、何心川、萨镇冰、林永升、叶祖珪等6人进入英国格林尼次海军学院继续海军学习，学习内容主要是技术层面的，诸如测绘海图、防守港口、行军布阵等，对于这些内容，由于严复他们在国内已有相当根基，学起来并不感到困难。

正常的专业学习之外，严复更关注西方社会发展和政治体制，探究西方究竟在哪些方面与中国不一样、何以然，见贤思齐，取长补短，也就知道中国应该在哪些方面向西方学习，在哪些方面应该有根本改变。所以严复在英国留学那几年，尽最大可能了解英国社会，研究西方文化，到议院观察议员们怎样议政，到法庭观察审判官怎样判案，使他渐渐领悟到，西方诸国之所以在短短几百年走过人类历史上千年道路，逐渐富强，公理日伸，其根本点是西方人建立了一个能够保证社会公平正义的司法制度和政治制度。

大约是因为严复不像是一个专业的海军将领，或者说他不安心于当一个海军将领，他的思考总是带有一种政治家哲学家的味道，因而他的上司特别是驻英法公使郭嵩焘觉得让严复当个海军将领颇为可惜，于是有意识安排他多学点海军技术层面之外的知识，以便将来返回国内担任教学职责，培养更多的海军人才。

在郭嵩焘等人格外关照下，严复是那一批出国学习的12名海军学员中唯一没有到军舰上实习的人，他节省下来的这些时间，主要用于补习海军教官应该知道的学问，以为将来传授生徒之资。①

1879年暑假，严复结束了在格林尼次海军学院的学业，按照学院计划，应该到英国军舰实习一年，然而正在这时严复接到奉调回国的命令，于是结束了在英国两年多的留学生涯，于同年9月返回母校福州船政学堂当教习。一年后，奉调至天津参与创办北洋水师学堂，开始了他的教书生涯。

北洋水师学堂是北洋大臣兼直隶总督李鸿章于1880年8月19日奏请朝廷创办的，校址位于天津城东八里、大直沽东北的东机器局旁，1881年落成，所以严复加盟也就算是北洋水师学堂元老级的人物了。

学堂创办之初的总办是吴赞诚，吴赞诚先前曾任福州船政大臣，而严复回国任教母校，其实就是吴赞诚动议的，所以他在就任北洋水师学堂总办的同时，将严复一并带到天津担任教习，由此亦可看到他们两人应该有着不错的关系，严复在那最初的一段时间里应该心情不错。

还有一种说法是，严复的才华深得陈宝琛赏识，以为器识闳通，天

---

① 薛福成：《出使英法意比四国日记》，岳麓书社1985年版，第143页。

资高朗,陈宝琛将严复推荐给李鸿章,于是李鸿章下令将严复调到刚筹备的北洋水师学堂。陈宝琛也是严复的老乡,而这个说法又是李鸿章的女婿张佩纶在日记里记下来的,应该有几分可信。所以,在某种程度上说,严复从福州船政学堂来到了北洋,其实就成了李鸿章的部属,成了李鸿章的人。

或许正是这样一种比较特殊的背景和人际关系,严复在北洋那些年大约对李鸿章有很高的期待,总希望能够像他的那些福州船政学堂的同学或留学英国的同学一样,受到李鸿章的关爱栽培与提携。然而,严复在北洋水师学堂十几年,辛辛苦苦兢兢业业,从教习做到总教习,大约相当于后来的教务长,主管整个学堂的日常事务,但在行政级别上却一直上不去,在大清官僚体系中只是一个中层官员而已,较他那些在军界的同学甚至学生,似乎都低了一点。所以到了甲午战争前几年,我们看到一个非常奇怪的现象,对中西学术都有很深研究的严复,却用了大量时间去复读,先后四次参加科举考试。

参加科举考试,也不是一件丢人的事。问题是严复老先生以四十多岁的高龄参加考试,竟然无法金榜题名,你说这能不让他格外郁闷吗?所以他当时就对早年误入歧途学习西方文化表示后悔,说是"当年误习旁行书,举世相视如髦蛮"①。似乎假如让他重新选择,他可能还会按照乃父的期待在科举的道路上慢慢爬行,而不是像现在这样有学问没学历。

伟大如严复者,其实也有一种酸葡萄心理,他确实有学问,也确实奋斗了,但是就是考不上,于是他在后来就非常尖刻地批判这个考试制度,认为这个制度设计本身有问题,而不是我严复不行。

严复的认识当然是对的,但是严复自1885年第一次回乡参加考试,至1893年第四次回乡考试,前后花了那么多精力,结果还是考不上,你说他的心情怎么能好呢?严复为什么执着地要考试,要通过考试证明自己呢?这除了他这个"海归"有学问没学历外,其实主要的还是因为他

---

① 《严复集》,中华书局1986年版,第361页。

在北洋当差不是那么顺心，而这一点对他在甲午战争后思想演变也产生了非常微妙的作用。

严复在北洋十几年，把自己当成李鸿章的人，也确实兢兢业业做好自己的事情，在本职工作上似乎还没有什么失误。问题是在中国当时的政治体制下，像严复这样的小吏靠的不是工作业绩，而是与上司的关系，而严复在这一点上似乎由于自己的学识和清高，与李鸿章的那些门下客处得并不是太好，至少并不太密切，即便李鸿章对严复没有什么负面看法，也不会积极主动提升严复的地位，所以严复在北洋艰难度日。因此后来他在李鸿章因甲午战败而成众矢之的时，也有点落井下石的味道，痛批李鸿章，甚至通过关系谋划转投张之洞。

李鸿章没有像重视严复的那些海军同学那样对待严复，据说也不是什么人从中使坏，而是严复自己行为有点失检。李鸿章平生最痛恨就是吸食鸦片，而严复就是好那么一口，且终生不戒。[1]就凭着这一条，严复都很难让李鸿章这样的上司看上。

性格决定命运。严复大概就不是一个当官的命，他爬到了水师学堂总办，也算是校长的位置了，但这实际上还不是一个正经的官位。而且严复不知道自己没有当官的命，他总是在和自己的命抗争，总是希望弄个正经的官当当。然而他的性格与官场格格不入，所以他后来除了应付学堂日常事务外，将许多精力用在读书上，这大约应了中国古人"无聊便读书"的宿命。

走向富强：西方发展的动力

严复在北洋水师学堂默默忍受这煎熬，用他自己的话去形容，那就是味同嚼蜡，真的有点干不下去了。不过，天无绝人之路。正当严复在北洋当差苦闷无比的时候，中日甲午战争不期而至。这场战争不仅改变了中国历史进程，而且整个改变了严复的人生道路。

中日两国面对西方压力，几乎同时做出学习西方的反应，只是两国

---

[1] 《与四弟观澜书》，《严复集》，第730页。

学习西方的力度不同。中国有着悠久的历史传统，不认为西方近代以来的东西具有绝对的价值，而是认为那些东西都是西方工业化的产物，是末而不是本，在根本立足点上，中国不比西方差，中国所缺少的只是末。所以中国从走上现代化道路的那一天开始，就是既要学习西方，又时刻挑剔西方，总觉得西方的东西并不完美。

日本则不同。日本过去千年中以中国文明马首是瞻，从来没有怀疑过中国文明的价值和有用性，然而面对西方压力时，日本人发觉时易世变，先前很灵光的中国文明似乎已经严重落伍，无法面对西方文明的挑战。于是，日本毫不犹疑转身向西，脱亚入欧，发誓要在远东建立一个西方国家。一百多年之后看，日本确实在远东建立了一个很西方的国家。

当然，在中日甲午战争爆发的时候，日本的西化运动也才只有二十多年的时间，离真正的西方化还有很远的路要走。所以，这时的日本离后来意义上的世界化还有很远的距离，带有浓厚的封建和军事霸权的遗留，日本此时只是相信了西方近代以来的丛林法则，物竞天择，适者生存。此时的日本是世界宴席上的迟到者，它发觉自己的迟到，不是向大家道歉来迟了，而是贪婪地要补上因迟到而少吃到的东西，于是日本人在19世纪晚期对土地、资源、市场的期待，要远比那些老牌资本主义更贪婪，胃口更大。

特殊的地理环境制约着日本的发展，但其日益增长的野心促动着日本向大陆膨胀，而要迈上大陆，就必须征服中国台湾地区和朝鲜半岛，这是日本踏上大陆，与列强在欧亚大陆进行全面竞争的关键。朝鲜半岛和中国台湾地区，从中国的立场看，是一道天然屏障，但从日本的立场看，那就是阻止日本人登陆的第一岛链。

日本当然不甘心被锁住，所以日本在近代历史上多次设法挑战中国，找到机会就想冲上大陆，占领中国台湾地区和朝鲜半岛。日本对中国的一举一动密切关注，寻找一切可能的机会实现其疯狂的梦想。

1894年，当日本因朝鲜内部发生暴乱，要求清政府按照10年前与日本政府的约定，同时出兵平叛时，清政府就显得很不乐意了。这一方面是因为朝鲜与南部藩属还是不太一样，日本如果占领了朝鲜，就意味着大清国的首都直接暴露在日本的战争范围内，两地距离太近了；另一方面，30年的发展与积累使清政府态度强硬，以为凭借号称世界第六或第八的北洋海军，灭掉小小的日本易如反掌。没料到中国军队根本不是日本军队的对手，中国海军在丰岛海战中吃了大亏，损失惨重。紧接着，以淮军为主体的清军在朝鲜陆地上几乎不堪一击。待到9月17日，中日两国海军又在黄海决战，邓世昌、林永升等壮烈殉国，北洋海军蒙受巨大损失。

严复没有想到中国军队是这样不堪一击，时局竟然在短短的时间里发生这样的根本转折。根据严复得到的消息，自朝鲜战火点燃后，告急电报日数十至。李鸿章自知此次危机可能不那么容易化解，于是也精心布局，认真应对。9月12日，命总兵刘盛休铭军十二营开往朝鲜，提供增援。按照计划，刘盛休部将从鸭绿江之大东沟登岸，丁汝昌率"定远""镇远""济远""靖远""致远""经远""来远"等11艘战舰自大连至大东沟，护送铭军前往朝鲜。9月16日，日本舰队司令海军中将伊东祐亨亦率11艘战舰到了大东沟。第二天，双方自中午12时战至下午5时许，日军大胜，清军大败，"致远""经远""超勇""扬威"4舰沉没，"广甲"亦毁，管带邓世昌等战死，剩余的战舰力尽而退，撤至旅顺。

对于大东沟海战的失败，作为北洋水师学堂总教习，严复当然有自己的关切和判断。他根据随军助战的德国人汉纳根提供的情况做出判断，认为是北洋军械局张士珩在战前不肯给各舰配置足额的弹药，致使中国战舰到了对打时，根本不能应手，错失战机，否则大东沟之战至少可以击沉日舰7艘或更多。

对于北洋的腐败，严复非常痛心，他在写给友人的信中表示小人之贻误军国大局，真的不可小视。张士珩是李鸿章的外甥，他之所以敢于贪赃，无疑是自恃有这样的后台和大背景。这种事情，如果在平常不出事也就罢了，一旦到了战时，出了大事故，即便是亲儿子也保不住。所以在战后追究责任时，张士珩被诉盗卖军火罪，非法得利数十万两赃款，而且更可恶的是，张士珩的买家竟然还是日本人。北洋如此腐败，焉有不败之理？这怎能不让严复愤怒？

严复将愤怒的矛头引向李鸿章。他认为，中国之所以在这场战争中一再被动，均源于李鸿章用人有误。最初是听信武断独行的袁世凯，对朝鲜时局、日本战略判断有误，致使中日不得不诉诸武力；其次，信其婿张佩伦对淮军内部人际关系的分析，一门心思想让听话的同乡卫汝贵挑大梁，命其率骑兵、步兵六千人进驻平壤。原本准备在那里进行一场会战或决战，然而卫汝贵不仅不积极抗敌，反而贪污军粮军饷，致使全军大哗。待到快要与日军进行决战时，卫汝贵竟然一路狂奔逃亡沈阳。再者，严复认为，李鸿章更不应该重用其外甥张士珩，李鸿章对自己的外甥究竟是什么样的德行，不能说一点不知情，对于张士珩的贪婪应该有所了解，这样重用私人，结果张士珩贪赃枉法，致使军火短缺，炮台皆不足以毙敌。李鸿章以自己一生的官职，徇此四五个私人的情面，从而使国家蒙此大难，李鸿章除了以死谢国，还有什么颜面苟活于这个世界上呢？

由甲午战争前期失败，严复大约彻底改变了对李鸿章的看法，他似乎不再像过去那样对李鸿章有什么期待，所以在战争进行中，他就向陈宝琛提出一个重要建议，希望陈宝琛致信张之洞，劝其抓紧筹款，尽量多地向西方国家订购军火，以便北洋不支，李鸿章不支，张之洞能够迅速取代李鸿章，掌控大局，挽回颓势。[1]严复由愤怒转为失望，由失望开始为国家也为自己寻找退路，准备离开北洋，转投南洋，追随两江总督兼南洋大臣张之洞。

当战争依然在持续进行，严复对战争及其相关事务的演变发展依然给予密切关注，并随时给予点评，只是这种点评并不公开，而是在朋友圈中说说。

严复认为，中日战争发展到今天这种样子，已经远远超出最初的预料，平壤溃败后，东三省已成无险可扼之区。现在东三省将失，门户荡

---

① 《与陈宝琛书》（1894年9月23日），《严复集》，第498页。

然，京师一无可恃，从各省征集来的新兵毫无训练，与原有的八旗、绿营一样，不过是一群乌合之众。这简直就是拿战争当儿戏，真的不知道这艘中国之船将漂流向何方。

对于朝廷的动向，严复高度关注，但很少认同。严复指出，朝廷在战争尚未发动时，一味听从那些不负责任的主战言论，因而一再责备李鸿章不积极备战，一味主和。现在到了不得不和的时候，朝廷又显得惊慌失措。根据严复的看法，局势之所以弄到现在这样尴尬的局面，主要在于朝廷君臣上下平时对洋务、外交绝不留意，致使临事之顷，如瞽人坠窖井，茫然没有头绪不知出处何在。中国之所以在这场战争中一错再错，处处被动，不是日本人智慧高超、手段高明，实中国人谋之不臧，既错误地估计了形势，又错误地制订了计划，战前以为中国真的很强大，自我虚张声势，以为战胜日本易如反掌。战争爆发后，朝廷又是一错再错，所用必非人，所为必非事。而朝廷内部那些空谈高论的人尤其可笑，他们一再弹劾李鸿章，大事小事胡说八道，捕风捉影，无一语中其要害。结果这就使李鸿章更加蔑视天下之无人，推诿挟制，已经没有任何办法对其约束了，李鸿章从此成为朝廷的真正主宰，谓战固我战，和亦我和，假如朝廷真敢对李鸿章动手，那么问题可能更大，中国甚至可能会因此而发生大变故。现在战争愈不可收拾，而李鸿章之意气愈益发舒，愈觉得自己了不起。这在严复看来，才是中国的真正悲剧。一场甲午战争，彻底改变了严复对李鸿章的看法，这显然与其李鸿章部属的身份很不相称，大约由此亦就注定了其后来的思想进路。

严复比较独特的言论在他的朋友圈子里引起了相当反响，因而究竟中国应该怎么办，似乎大家也都愿意听听严复的不同意见。10月3日中午，李鸿章的翻译兼机要秘书，也是严复的老同学罗丰禄专门跑来谈时事，表示想听听严复对于时局变动的看法。严复说话直来直去，毫不掩饰，他认为在目前情形下，最大的要着就是"治标"，就是救急。他表示，假如他位于一省督抚之位的话，那么他能做的就是借洋债，募洋将，购洋械，想方设法打败日本，至少也要尽最大限度减少中国的损失。

对于严复的这些说法，罗丰禄表示认同，但马上又说，如果真的有人能这样做，也非李鸿章莫属。罗丰禄对李鸿章虔诚崇拜和高度迷信，所以他无法想象离开李鸿章的中国会怎样。

与罗丰禄的判断似乎不一样，或者根本相反，严复认为，李鸿章表面上看是洋务新政的领导者，其实他的洋务新政，是不求洋务真才，借洋债则洋人不信，募洋将则对这些洋将的能力根本不知，购洋械则被各种各样的贪官污吏从中侵蚀，所以他们即便能够有救急治标之心，也无挽救危局拯救中国的能力和条件。

战场的连续溃败使朝廷惊慌失措，失败主义思想在朝野持续蔓延，许多人认为中国军队特别是北洋海军既然这样不堪一击，大清国指望着北洋海军重振雄风似乎毫无希望。因而有许多人认为既然迟早都会失败，迟早都要议和，那就不如早和，及时止损。宁愿现在吃点亏，事后认真振作，或许还能失之东隅，收之桑榆，大清或许不致就此沉沦，就此陷入万劫不复之境地。

对于这种失败主义情绪，严复给予严厉驳斥，认为所谓事后认真振作的想法不外乎苟延残喘，偷活草间而已。事后振作，恐必难期。为什么这样说呢？因为中国吃亏根本不是从现在开始的，中国从一开始似乎就走上了一条错误的路径，所以在这条错误的路径上，中国不可能有根本改变。严复认同这样的看法：后病深于前病，后著不及前著。这就是中国目前的困境。由此，严复不自觉地想到易代更革之事，想到或许还有更危险的事情发生，有着悠久历史文化传统的中国难道就此发生根本转折，四千余年文化传统难道就此扫地以尽？严复的困惑越来越严重。

按照严复现在的心情，他已经无法继续认同李鸿章在这场战争中的所作所为，他的看法甚至与李鸿章的主张刚好相反，严复甚至意识到自己无法继续在北洋待下去，所以他一再通过陈宝琛了解张之洞的动向，暗示自己对张之洞的好感和仰慕，这显然是准备弃北洋而转投南洋。①

随着战局的发展，严复的心情越来越沉重，对李鸿章的批评也越来越严厉。10月25日，日军第一军击败宋庆所部刘盛休军，占安东九连城。

---

① 《与陈宝琛书》（1894年10月3日），《严复集》，第501页。

宋庆率部退守凤凰城，刘盛休所部败走岫岩，凤凰城无险可守。三天后，中国军队继续败退，日军不攻而占凤凰城。11月6日，日军第二军相继攻陷金州、复州。

日军连战告捷，中国军队步步退守，九连、凤凰二城连连陷落，日军在旦暮间轻取金、复二州。中国在战略上越来越被动，而日军则如鱼得水，越战越勇，日军北向则与从东而来的日军合围袭击奉天，南下则直接威胁旅顺口。旅顺口原本为清军重要防地，然而现在其地驻军已被调离，防守显然不足。更重要的是，留守在那里的清军船坞总办道员、营务总办龚照玙在严复看来原本就是一个市井小人，他不可能为国家为战局不顾一切地坚守在那里。后来的事情证实了严复的判断，龚照玙还没有看到日本人的进攻，但闻金州失守，竟然置诸军于不顾，乘鱼雷快艇仓皇逃亡烟台。严复认为，旅顺不守，则北洋海军不败自废，而且门户既失，堂奥自惊，日军无须长驱就可轻取京师。中国大局到了11月初，实际上已经岌岌可危。

岌岌可危的战局牵动着严复的神经，深化他对中国之所以一败再败而不觉悟的认识。他认为，自中日战争爆发以来，中国的问题日渐暴露，所练军队基本上不能用于实战，要说半年来的战绩，中国军队自开战以来，也只有大东沟一战还能差强人意，多少维护了中国军人的荣誉。推求厥咎，中国在战场上连连失误，大半皆坐失先着，绸缪之不讲，调度之乖方，李鸿章真是无法辞其责。这是严复对李鸿章此时的一个基本看法。

但是对于那些乘机弹劾李鸿章的人，严复也无法认同。11月7日，他在友人处得见一份10月5日张謇、文廷式等科道诸公弹劾李鸿章的奏折，其目的就是要将李鸿章赶下台，大致说日本不足为中国患，事势危殆，皆因李鸿章昏庸骄蹇，丧心误国，若将李鸿章罢免转而提升湘楚诸人若刘坤一，则中日之战局必然发生根本转变。对于这样一种盲目的乐观，严复不愿苟同。他的看法是，朝廷怎样处置李鸿章，可能都不算过，因为李鸿章在这场战争中所负的责任实在太大，而张謇和文廷式这样的指责则不足以服其心，且刘坤一究竟是怎样一个人，这是大家都知道的，真的让他取代李鸿章负起战争全局的责任，可能还不如李鸿章，其结果不足以夷大难，徒增一曹人献丑而已。

在严复看来，中国在这场战争中一再失误一再惨败的根源不在军事布局和谋略，而在制度、在用人，国家多年来习惯了用旧方法、旧手段提拔人才，而绝不留神济事之才，在很多情况下和很大程度上，朝廷实行的是一种逆淘汰的人才选拔机制，徒以高爵重柄分授庸奴，而那些拥有真才实学真本事的人，可能因不跑官、不买官、不闹官等原因而沦落草野或民间。于是，当战争爆发了，环顾朝野上下，朝廷内外，22个行省无一可用之人，以此亡国，谁曰不宜？朝廷最近委派恭亲王督办军务，显然是对李鸿章的军事布局有所不满，有所调整，但是京师士大夫对于时务茫然懵然，不知中国问题病根所在，徒自头痛说头，脚痛说脚，没有定见，没有立场。现在虽然清国不想打了，也打不了了，我欲求和，而日人则以为时机未到，不愿答应。中国只好束手待死，一筹莫施。中国出路究竟何在？严复还是把所有期望都压在张之洞身上，以为张之洞有总督两江之命，力完气新，极足有为，果其措施得宜，则或许是中国的未来希望，只是张之洞此时也必须谨慎从事，拼命踏踏实实做去，或有望头，不然随风而靡，又是一个过路人。

严复对张之洞的期待有着不可明说的意思，那就是离开北洋转投南洋。这层意思严复没有说破，但他在信中的一再流露和提示，似乎已被陈宝琛所理解，陈宝琛肯定将严复的这层意思向张之洞做了转达。张之洞大约也有一定的表示，所以严复又在回复陈宝琛的信中竭力赞赏张之洞，以为张之洞素为公忠体国之人，想必在未来一定会有一番经纬。但他又谦虚地表示自己爱莫能助，请陈宝琛不要太多地说到自己了。这种暗示其实很明显，就是要让陈宝琛予以引荐。[①]

走进丛林：一个影响深远的倡导

严复对战局进展已彻底失望，他不相信李鸿章有能力扭转时局，也

---

① 《与陈宝琛》（1894 年 11 月 7 日），《严复集》，第 502 页。

不相信朝廷中场换人易帅，以刘坤一取代李鸿章能够扭转颓势，眼见奉天省城和旅顺口将旦夕沦陷，陆军见敌即溃，经战即败，大清国似乎已经毫无还手之力，只能束手待毙。听说朝廷又将仿前朝旧例，到偏远的西北荒野巡幸狩猎，任命恭亲王督办军务，在严复看来不过是重演1860年英法联军攻打北京的故事，让恭亲王重玩三十多年前"鬼子六"的故技，留守京城，与鬼子交涉。此时的中国，京官议论纷纷，皇上愈发没有主见，要和则强敌不肯，要战则臣下不能。据说皇上时时痛苦，看来做天子也不是一件容易事。在这种情形下，翁同龢还唆使文廷式、张謇一班文人名士弹劾李鸿章，影响朝廷。

对于李鸿章，严复当然痛恨其颟顸误国，但对于翁同龢、文廷式、张謇等人力主中场换人，严复也认为是个并不好的主张。因为在他看来，中国失败的根本原因并不在于排兵布阵，而在于制度，在于军事体制、文化体制都没有随着社会变化而更新而重建。他说，大家不知当年湘军、淮军打"长毛"，平捻匪，主要是以贼法子平贼，那些贼法子无论怎样高明，都不足以当西洋节制之师，即东洋日本得西洋练兵之余绪，对付欺负我清军已有余。从更深层原因来说，中国今日之所以走到这个地步，正因为平日学问之非与士大夫心术之坏。因此，中国如果不能从文化体制上下真功夫，如果不能给中国文明注入新的因素，那么即便管仲、诸葛孔明复生，也无能为力，何况庸庸如刘坤一之辈乎？

由此认识，严复在关注战局关注朝廷动向的同时，更多关注怎样从根本上重建中国体制，怎样弥补中国文化的缺陷，怎样重构一个新文明，为中国寻找一条走向世界的坦途。所以到了1894年11月初，当中国转向与日本求和后，严复逐渐放弃对日常事务的关注，拿出更多时间阅读西洋书籍，似乎有了不少新鲜感受和认识，日趋觉得世间唯有此种是真实事业。在这种阅读思考中，严复的思路愈发清晰。严复的初步判断是，西人笃实，不尚夸张，而中国人非深通其文字者，是很难弄明白西学精华的，且西学讲究驯实，不尚空谈，不可顿悟，要想将这些学问弄明白，必须下狠功夫，秩序以进，层累阶级，而后以通其微。[①]于是，严复在甲午战争的强烈刺激下，转身向西寻找救国救民的真理，并以西学为根据作狮子吼，唤醒国人。

有了这样的想法，严复就少了许多顾忌，而且他虽然人还在北洋，但其心思早已转向南洋；他虽然还是李鸿章的部属，但已经能够更加大胆地批评李鸿章，这大约因为陈宝琛从中沟通，张之洞可能已经对严复有所表示，只是正式的手续还没有来得及办理而已，[②]所以他在这个特殊的历史时期大胆放言高论，不经意成就了一个名震全国的意见领袖。

1895年2月4日，严复在天津《直报》开始连载发表他毕生第一篇政论文章《论世变之亟》，探讨中国在经历了30年洋务发展，经济实力、军事实力和国家动员能力都有大幅度提升后，为什么不仅没有打败东邻日本这个小岛国，反而被其所制，这其中的奥妙究竟何在？

严复认为，中日之战对中国具有非同寻常的意义，在某种程度上说是自秦朝以来中国历史的大转折大转变。这个转变对中国究竟意味着什么，严复表示并不知道，但他愿意推测的是，这个转变其实就是中国冥冥之中不可捉摸的"运会"。所以说中日此次构难，究其由来，也并不是一朝一夕之演变，而是由来已久，是中国传统文化的必然结果。

根据严复的看法，中国在甲午战争中的失败，有着多重复杂原因，但最主要的原因无疑是中国人的思想传统，这个传统在过去或许是有效的，但当面对西方文化的冲击时，则显得力道不够，着力点不同，因而结果也就不一样。严复曾明白指出，中西文化有着显著不同，其最大者，莫过于中国人好古而忽今，西方人力今以胜古；中国人以一治一乱一盛一衰为天行人事之自然，西方人则以日进无疆，既胜不可复衰，既治不可复乱，为学术政治教化之极则。由于严复对中西学术都有很深的研究和理解，所以他可能是近代中国最早将中西文化进行对比研究的先驱。他的这些价值判断正确与否当然还可以继续讨论，但其将中西文化视为

---

① 《与长子严璩书》（1894年11月8日），《严复集》，第780页。
② 《与四弟观澜书》（1895年1月15日），《严复集》，第731页。

相对的两个极端，可能还是开启了后来的一系列讨论。

中西文明的差别是一个客观存在，当中西并不交通或者说交通并不紧密的时候，人们并不能看出其问题。然而到了近代，到了世界经济日趋一体化的时候，中西之间在文化上的差异如果不能得到很好的调适，就极有可能影响中西政治、经济、文化等方面的交流。

近代以来，中西文化之间的交流已有很多年了，从1840年算起，中西之间的交流也有半个多世纪了，只是这个半个多世纪，由于中国人始终有被打败的悲情，所以中国人并没有很好地认识到西方文明的长处和弱点，所提出的许多问题实际上都是似是而非，并不能切中西学的根本精神。严复指出，与中国人讨论西方政治，常常苦于难言其真。由于中国人存彼我之见，不察事实，辄言中国为礼仪之邦，西方为野蛮未开化之区。这显然是一种文化偏见，是一种文明自大和傲慢。其实，说到底，又是一种文化自卑，因为总是担心别人瞧不起自己，所以自己给自己鼓劲，或者像鲁迅后来所描述的那样，是一种文化上的自慰。

按照严复的看法，中国在过去几十年没有看到西方文明的精神本质，是一种悲情遮蔽了中国人的眼睛，中国人错误地认为西方文明的强大就是其物质文明的超前，只是西方人较中国人更会算计而已，更为机巧而已，而在精神层面上，西方人还是过去那些等待中国教化的夷狄。严复强调，这种看法是根本错误的，其错误主要的就是只看到了西方的强大这种表象，不知这些东西只不过是形而下之粗迹，即便西方在科学上怎样进步，怎样精致，这依然不是西方文明的本质，不是西方文明的命脉所在。西方文明的命脉，简单而言就是两句话：于学术则黜伪而崇真，于政刑则屈己以为公。

严复指出，西方人所信奉的于学术则黜伪而崇真，于政刑则屈己以为公，这道理并不复杂，其最初起点与中国人的道理也并无二致，中国人也是这样说这样做。中西之间的差别，只是西洋人按照这两条去做，往往通行无阻，而中国人在这两条上总是不能坚持到底。我们不能说中国人在学术上黜真而崇伪，在政刑上屈公以为私，但在事实上，中国人在学术上似乎从来缺少一种求真的追求，在政治法律上也从来没有像西方人那样从制度层面遏制人的私欲、贪欲。对于这样一种差异，严复也有一个简单明了的判断，那就是一句话，就是自由不自由决定了两者之间的差异。

自由是西方社会发展进步的根本要义，也是中国社会长期停滞不前的根本滞碍。从这种观点去分析中西社会文化，便很容易看出二者之间所存在的巨大差异。严复指出，不管中国古圣人为中国社会发展做出多少贡献，都必须指出，这些圣人从来就没有告诉中国人最值得珍视的东西就是"自由"二字。中国圣贤对于"自由"二字深怀恐惧，未尝以此去启发教育自己的国民。而西方人则不然。西方人坚信自由是每一个人的权利，故人人各得自由，国国各得自由，而且严格禁止对他人自由予以任何侵害。侵人自由者，总是被视为逆天理，贼人道。其杀人、伤人，及盗窃侵蚀他人财物者，都属于侵害他人自由。所以，在西方国家，即便贵为天子，也不能随便侵害百姓自由。西方法律之设，其主旨就是要防止侵害他人权利的事件发生。

按照严复的分析，中国传统道理中也不能说没有与西方自由理念相类似或相近似的概念，最接近的概念大约就是儒家伦理所说的恕，或者说絜矩。当然，严复格外强调，不论是恕，还是絜矩，只能说与西方人的自由理念大致相近有所相似，如果说完全相同，可以对译，那显然是不对的。因为，中国传统中的恕与絜矩，专以待人及物而言，而西方人所说的自由，则于及物之中，而实包含有"我"的意思。自由既异，于是群异从然而生，于是看出中西道理的重大分野或区别：

中国人最重"三纲"，而西方人首明平等；

中国亲亲，西方人尚贤；

中国以孝治天下，西方人以平等治天下；

中国尊主，西方人隆民；

中国贵一道而同风，什么东西都要天下一致，西方人喜党居而州处，充分尊重个性，尊重不同；

中国多忌讳，很少发表不同看法，西方人重讥评，总是有不同看法才发言。

即便在经济生活层面，中西之间的差别也非常明显：

> 中国重节流，西人重开源；
> 中国追淳朴，西人求欢愉。

在待人接物方面：

> 中国美谦屈，抑制个性，尽量不出头，西方人务发舒，最大限度张扬个性；
> 中国尚节文，讲究繁文缛节，西方人乐简易，不愿玩那些虚的东西假招式。

至于在学术上，中西差别也非常大：

> 中国夸多识，赞美记忆，赞美博学，西方尊新知，强调创造，鼓励创新。

其与灾祸，中西不同在于：

> 中国委天数，总是将人为失误归于天灾，怪罪天不佑我中华，西方人恃人力，总是将天灾视为人力尚未达到，但并不是永远不能达到，所以西方人总是要与自然争高低。

严复的这些分析和分别，或许也有不那么严谨、不那么可信之处，但是一百多年过去了，我们应该实事求是地说，这些差别并没有因为中国在世界一体化上迈出一系列重要步伐而缩小而改变，更不要说扭转了。差别当然并不意味着优劣，但在一个凭借实力说话的丛林世界，力量就是一切。

基于对中西文明差异的认识，严复在《论世变之亟》中格外告诫中国人无论如何不能再用传统中国的夷狄眼光去看待西方，今天的夷狄不仅不是过去的夷狄，而且他们可能还代表着人类进步的大方向，中国应该老老实实、恭恭敬敬地学习西方，这样才能克服中国在重新步入世界民族之林的尴尬和不适，才能转祸而为福，才能建设一个真正意义上的强大国家。严复强调，在当今日世界，不能看清西洋富强的效用，那真是一个瞎子，是视而不见，熟视无睹；假如认为中国可以不讲富强，可以安于贫困，那更是一个浑人。而要讲富强，还去强调中体，强调西用，担心西洋之术对中国的负面作用，这实际上也是一种不负责任的胡说。严复指出，西洋之术只是西方人的创造，并不是西方人的私有，而是人类的共同财富，任何国家任何民族，都可以借用这些东西寻求富强，走向富强。[1]这不仅是未来中国一条不需讨论的必由之路，也是人类发展的一个必经环节。

基于甲午战败的强烈刺激，严复在发表了《论世变之亟》之后，一发不可收，根本不再顾及自己体制内的地位和身份，连续发表一系列文章，猛烈抨击中国旧传统，评判中国旧文化，呼唤维新，呼唤救国，为中国搭建一条通往富强文明的康庄大道，那就是严复独具思想创造的"三民"主义，即开民智、新民德、鼓民力。

严复"三民"主义的提出，主要见于其《原强》，其理论上的依据，就是西方近代的格致新理，就是达尔文的进化论，尤其是斯宾塞的群学，即社会达尔文主义。从这个意义上说，不论严译《天演论》开始于哪一年，但从思想史的意义上进行观察，当严复1895年发表《原强》时，其实已经深受社会达尔文主义的影响，已经在考虑借用社会达尔文主义的丛林法则去拯救中国。

在严复看来，中国的问题虽然千头万绪，但是归根结底只是一个"人"的问题。中国至于今日，其积弱不振之势，不待智者而后明，深耻

---

① 《论世变之亟》，《严复集》，第4页。

大辱，不可讳言。日本以寥寥数舰之舟师，区区数万之众，一战而剪清国最亲之番邦，再战而陪都戒严告急，三战而夺清国最坚固之海口，四战而覆清国30年国力建成的北洋海军。现在，和议不成，而京畿且有旦暮之警。清国之所以沦落到如此惨境，是清国民不知兵而将帅乏才，是人才短缺所造成的。这才是问题的根本与关键。

严复指出，对于人才匮乏，皇上也曾赫然震怒，也曾发奋调整，然而由于清国特殊的政治架构，内之则殿阁宰相以至六部九卿，外之至全国22行省督抚将军，乃无一人足以胜任御侮之重任。深山猛虎，徒虚论耳。于是战争进行不足一年，胜败判然。中国之所以沦落到如此地步，在严复看来，就是人才短缺，中国如果继续先前的思路，求人才于有位之人，那无疑缘木以求鱼，是根本不可能的。

中国问题的复杂性还在于，过去的中国如果朝廷无有用之人，或许能够从草莽中求到，或许有人才有将帅遗留在民间。现在的中国，久已不同于往昔，不仅是朝中无人，即便是草莽原野，也已无可征可用之才了。何以如此，在严复看来，主要是时移世异，先前中国读书人所追求的孔孟之道、礼仪之治，已经严重不合于现在中国的时事需求了。即便在战场上，过去的冷兵器时代的许多战法早被淘汰，而清国依然以这种东西训练士兵、要求将帅，焉有不败之理。更可悲的是，与西方近代国家相比，我国民智已下，民德已衰，民气已困，虽有圣人复出用世，没有数十年上百年上下同德，克服痼疾，学习西方，从基础做起，也无法保证中国能够在后起条件下赶上西方，与世界同步。岁月悠悠，四邻眈眈，中国再稍微耽搁，恐怕也就要步印度、波兰等后尘，成为西方殖民地。

在许多人看来，严复的描写或许夸大了中国的危机，但在严复看来，怀有这种看法的人本身就是井底之蛙，不知外部情形。严复之所以有这样清醒深刻的危机意识，是因为他从世界眼光全球视野去观察中国处境，当许多中国人还继续陶醉在昔日辉煌时，严复就看到了中国问题，看到中国与西方日益扩大的差距。他指出，今日的西方，远不是过去的夷狄，这不是西方国家积累了多少财富，练了多少强兵，而是西方国家建立了一套良性制度，自其自由平等观之，西方国家则不像中国有那么多忌讳、烦苛与壅蔽，西方人在一种良性政治体制下，人人得以行其意，申其言，上下之势不相悬，君不甚尊，民不甚贱，君民犹如联为一体，上下同心，君民一致，因而也就形成战无不胜的团体力量，人知其职，不督而办，事至纤悉，莫不备举，进退作息，未或失节，无间远迩，朝令夕改，而百姓不以为烦，其根本原因，就是西方近代国家建立了一套制度，有一套完整的办事规则。

严复强调，西方国家建立了这套制度和办事规则，也不是圣人制作凭空想象，而是基于一种学术的考量，有着学理上的依据。而西方近代学术，一一求之实事实理，层累阶级，以造于至大至精之域，推求其故，严复认为也就只是一句话，即西方学术的根基，是以自由为体，以民主为用。中国社会如果不能接纳吸收西方文明"以自由为体，以民主为用"的根本精神，不能建造与西方社会一样或者说相近的社会形态，那么怎能指望中国有办法有可能与西方在同一竞技场上一决雌雄，分出胜负呢？这就是斯宾塞社会有机体理论的精华，就是社会达尔文主义的基本原则。

基于社会达尔文主义基本原则，严复认为当时的中国不能头痛医头，脚痛医脚，必须标本兼治：不治其标，则无以救目前之溃败；不治其本，则虽治其标，而不久亦将自废。这就是严复标本兼治的基本看法。

标是什么呢？严复认为，就是收大权，练军实，如俄国那样建立一个强大的中央政权和强大的军队。至于其本，严复认为就是民智、民力和民德。他的判断和推理是，果使民智日开，民力日奋，民德日和，则上虽不治其标，而标将自立。为什么这样说呢？道理很简单，那就是丛林法则，就是物竞天择，适者生存。

至于在民德、民智和民力这三者之中，严复认为一定要分出先后或轻重缓急，而民智为最急。所谓富强，不外乎就是利民，就是提升人民的生活品质，而提升人民的生活品质，更多的时候并不是从外部强加给人民，而必自民自能自利始。能自利自能自由始；能自由自能自治始，能自治者，必其能恕，能用絜矩之道者。简单说来，就是中国人只有实现了自治，才能获取自由；只有获取了自由，才能实现自利；只有实现了自利，才能使国家走向富强，才能自立于世界民族之林，使国家成为一个正常国家，使人民成为正常的人民，才不会被西方人视为异类视为怪物。①

基于这种思想认识，严复在发表《原强》之后，又发表了一篇真正意义上的战斗檄文即《辟韩》，对传统中国知识人高度崇拜的中古圣人韩愈给予严厉批判，以为韩愈所宣扬的圣人观、君主观、臣民观等都有很多问题，从现代学术立场看，都是违反人性违反人伦，是一种非道德的观念，也是一种严重阻碍社会进步的思想主张，不合乎近代政治的自由平等理念，是一种愚民政治。严复认为，君主的设立只是社会发展中一个不得已的措施，因为在一个社会中，总是会发生相互欺诈、相互掠夺之类的事情，而一般百姓虽然是社会产品的直接生产者，但他们的个体力量不足以抵御外来掠夺和欺诈，于是人们择其公且贤者，立而为君。其意不外乎就是让这些君主出面保护这些百姓平和的生产、平和的生活，是人们选择了君主，用劳动养活了君主，而不是相反。

在严复看来，西方近代国家不断走向强盛，主要在于西方社会不断逐渐尊重人民的选择，其民尊且贵；而中国社会之所以不断走向衰微，主要也就在于中国社会太不尊重人民的选择和尊严，中国之民，其卑且贱。那么用这样不同的两群人去打仗，其结果不言而喻，西方人为公产公利而战，中国人为其主而斗。驱赶一群奴隶去和贵人决斗，怎能不望风披靡，一溃千里呢？中国之所以在甲午战争中一败涂地，其根源就在于一般中国人不知为谁、为何而战。

中国人的奴隶性是渐渐养成的，而在这渐渐养成的过程中，以八股文为主要特征和主要内容的科举教育体制又是近代中国一切罪恶的根源。严复根据自己的切身体验，在稍后发表的《救亡决论》中明白表示，天下理之最明而势所必至者，如今日中国不变法则必亡是已。然则要变法，究竟从哪里着手呢？曰：莫急于废八股。严复指出，不是说八股本

---

① 《原强》，《严复集》，第14页。

身害了国家害了朝廷，而是八股盛行使天下无人才。八股之害，根据严复的归纳，至少有这样几个方面：一是锢智慧，二是坏心术，三是滋游手。任何一个国家如果有这三条中的任何一条，差不多都要亡国，而中国竟然三者兼有，那真是一个奇迹，所以近代中国逐渐走向衰落走向失败，也就不足为奇了。今天要救国要救亡，那么第一步就应该痛除八股而大讲西学。①这就是严复在甲午战争后得出的结论，所以严复在后来也就被视为近代中国向西方寻找真理的重要代表人物。

严复的这些看法在1895年的中国思想界无疑是震天惊雷，引发国人对传统对科举制度的怀疑和思考，许多对中国未来充满关爱的读书人慢慢意识到，严复对中国文明的批判，对西洋文明的推崇可能是对的，现在的中国所面对的就是一个弱肉强食的丛林，东西洋各国已经完成他们最原始的资本积累，他们需要外部市场，中国必然成为争逐的猎物。在这种情况下，中国只有遵循优胜劣败、适者生存的丛林法则，只有暂时放弃中国人的王道理想，走向富强，用"力"而不是"理"去和东西洋各国说话。这一点对后来中国影响太大了，以至于严复本人稍后都觉得自己的这些说法是不是有点太过了，是不是离人类应该遵守的一些底线太远了，所以他在后来很长时间似乎有点悔意，于是喋喋不休谈论中国传统和东方文明的现代价值，期待人们对他先前的鼓吹有个比较柔性的理解和全面的认识。

---

① 《救亡决论》，《严复集》，第54页。

严复论中国与世界的关系

李红岩

福建学者赵麟斌认为，闽都文化以闽越文化为其源，闽都学术为其根，船政文化为其魂，宗教文化、民俗文化、重商文化乃是流淌于这棵文化大树里的经脉，它们一起构筑了固守传统与开拓进取兼并，坚持特性与包容并蓄具备的闽都文化精神。由此观点引申，笔者以为闽都文化呈现出鲜明的二元统一特征。敢于犯难冒险、一往无前的开拓精神与心系故里、叶落归根的乡土意识相统一，走向世界、四海为家的开放精神与宁死不渝、建设乡邦的爱国主义相统一，海纳百川、包容世界的国际视野与文脉传承、坚守传统的文化情怀相统一，代表了闽都文化的精神特质。从实践品格看，传统与当下、乡土与世界、坚守与吸纳、外拓与内敛，在闽都文化中得到了最恰当的体现。将这些特性予以理论概括、提升，必将对建设世界情怀与中华特色相统一的当代中国文化大有裨益，特别是对处理好当代文明与传统文化的关系富有借鉴意义。

作为从闽都走出来的启蒙大师，严复一生之行事与思想，堪称凝聚了闽都文化的精华。

我们每一位中国人，实际上都或多或少地享受着严复先生所带来的恩惠。正是严复，让中国人晓得历史是进化的，从而改变了中国历史哲学一向以上古三代为黄金时代的复古史观。严复不仅影响了整整一代中国人，而且改变了历史面貌，造福于当代。他勇敢地站在历史前列，代表着历史的前进方向，反映着时代精神，推动了历史进步。严复已经成为一个文化的图腾与符号。他代表的既是整整一代中国的先进分子，也是中国道路的正确方向。站在闽都文化的立场，我们应该张扬严复的历史地位；站在中华民族的立场，同样应该牢记严复的历史贡献。严复的许多论断，并没有过时，至今依然具有强烈的可借鉴的现实价值。当然，严复不是没有值得商榷、见仁见智，甚至可批评的地方。对此，学术界是有不同的见解的。但是，为了建设当下的祖国，我们更应该把目光放在严复那些值得国人感念的方面，应该侧重于阐述严复对今天具有怎样的积极价值，而不该把重点放在严复曾经怎样不是或错误上面。这是积极的态度，是有利于国家建设的态度。30多年来，学术界在严复研究上的总趋向，是日益增加"同情的理解"，日益重视严复那些"惟此老成，瞻言百里"的积极价值。不过大体来说，人们对严复的感念还不太够，"同情的理解"还不很充分。

30岁以前，严复已经成为19世纪70年代前后最通晓世界大势的中国人之一。他不仅在西方老师的教导下接受了西方的自然科学知识训练，而且以一名海军后备军官的身份，驰骋于东亚海疆，求学于英伦，经受海天波涛的洗练，习览欧洲文明，养成了一副宏大的时空观。

作为梁启超等人的前辈，通晓英文的青年才俊，见过大世面的后起之秀，善于观察与发现、勤于思考与记录的青年军官与留学生，富有使命感的"气性狂易"①的严复，在文武两个方面，均是近代中国不折不扣的启蒙家。严复启蒙思想的特色，以往较集中于分析其"内治"思想，这是完全应该的。因为，在严复看来，中国之所以积弱，其原因大体可以三七开，七分由于内治，三分缘于外患。这一思想，颇有后人所谓"内因决定外因"的方法论特征。不过，严复启蒙思想很明显地表现出一个特质，即无论分析内治，抑或看待外患，均从当时世界战略格局的大势或中外国家关系出发。他是当时中国最具有国际眼光的战略观察家之一，从不单纯立足于中国的内部因素来论中国。因此，集中于甲午到戊戌时期，他分析中国的国家走向与政治抉择，既基于爱国主义的基本立场，

---

① 郭嵩焘语，见《郭嵩焘日记》第3卷，第570页。按接替郭嵩焘的曾纪泽与郭嵩焘有同感。他到英国后就发现，严复有一股"狂骄矜张之气"，"自负颇甚"。这说明，青年严复朝气蓬勃，尚未被腐朽的清朝官气所熏染，也是其关心国事、具有责任感的反映。

也具有国际主义的维度。他既是从中国的现实需要出发，同时又将中国作为当时国际格局中的重要成员，提出了中国必须为世界发展负责，并本着这种对世界负责任的立场来选择自己发展道路的思想。可以这样说，严复在戊戌前后，已经具有世界格局平衡的思想，并就如何保持这种平衡，如何发挥中国这一"极"的作用，发表了当时中国最前沿的思想成果。严复思想的伟大与先进，于此可见一斑。

在众所周知的《拟上皇帝书》中，严复发问：为什么中国这样一个具有悠久文化传统的大国，在世界进程中落后了呢？他认为，主要是中国自己不争气，重要表现就是对外部世界浑然不知。他说，中国的外患，其实在明末就已经开始显露，但没有人在意，以至于一再取辱。"中国之所以不振者，坐不知外情、不求自奋已耳。"这是严复给中国人道明的一个沉痛教训，即闭关锁国必然落伍。经历了改革开放的巨大成功，人们应当会更真切地认识到严复所道明的这一教训的沉痛。

反之，严复敏锐地发现，外国对中国的事情，研究得却很透彻。他说，当时的"各国之势"，即世界格局已经发生根本性的改变，因而"与古之战国异"。"古之战国务并兼"，即推行赤裸裸的"霸权"。"而今之各国谨平权"，亦即文化与意识形态成为国际关系的主导或先导。因此，不分青红皂白的战争逻辑，不再是国家关系的主流。"此所以宋、卫、中山不存于七雄之世，而丹麦、瑞士尚全于英、法、德、俄之间。"他说，观察一百年来的西方历史，生产力发生了巨大的进步，"百年以降，船械日新，军兴日费"。这就导致各国间的"量长较短"具有新的形式和结果。一是各国"讲于攻守之术也亦日精"，二是"两军交绥，虽至强之国，无万全之算也"。也就是说，战争的形态已经改变，生产力的竞争与"攻守之术"的竞争成为新的斗争形式，从而导致小国不一定输，大国不一定赢。在这样的格局变化形势下，如果依然固守过时的战争思维与样态，结果就会是各方皆输，没有赢家。"胜负或异，死伤皆多，且难端既揆，累世相仇，是以各国重之。"由这样的世界走向基本判断来定位中国，则"中国一旦自强，与各国有以比权量力，则彼将阴消其侮夺觊觎之心，而所求于我者，不过通商之利而已，不必利我之土地人民也"。也就是说，中国一旦自强起来，其他国家就不敢再赤裸裸地侵占中国的领土，但会采取商贸的手段来获取利益。而中国恰好可以利用这一点来维护领土安全。中国不自强，必然无法满足国际社会的通商需要，必然会遭受宰割。"惟中国之终不振而无以自立，则以此五洲上腴之壤，而无论何国得之，皆可以鞭笞天下，而平权相制之局坏矣。虑此之故，其势不能不争，其争不能不力。然则必中国自主之权失，而后全球之杀机动也。虽然，彼各国岂乐于为是哉！争存自保之道，势不得不然也。"所以，中国变法自强乃是为世界和平做贡献。

这里，严复立足于世界发展的"势"，居然提出了中国如果失去主权，将会启动"全球杀机"的见解。也就是说，不仅为中国自身着想，为消弭世界战乱，中国也必须富强起来。这是中国自身发展的需要，也是对世界的责任。因此，他认为仅仅立足于"外患"的视角观察中国，未免肤浅，必须立足于全球。他说："今夫外患之乘中国，古有之矣。然彼皆利中国之弱且乱，而后可以得志。而今之各国，大约而言之，其用心初不若此。是故徒以外患而论，则今之为治，尚易于古叔季之时。夫易为而不能为，则其故由于内治之不修，积重而难返；而外患虽亟，尚非吾国病本之所在也。"

这是一段非常深刻的论述。严复深刻地认识到，中国与世界已经连为一体。从外部条件看，中国既面临深刻挑战，也面临发展机遇，只有实行彻底的内部革新，才能成功应对外部挑战，并将其转化为发展机遇，从而以壮大的自己来为世界做贡献，维护世界格局的平衡与稳定，在"通商之利"中与世界实现共赢，在"攻守之术"的软实力较量之中立于不败。

我们知道，严复一向以宣讲"物竞天择"的进化论思想而著名，而在此时，他却先觉，世界已经不再是弱肉强食的时代，今后世界的"天择"已经转变为文化、科技、商贸层面的软实力较量，这种层面的较量是更高级的战争。如果中国不自强，为某一个国家所得，就会助长这个国家对其他国家的威胁。而中国自强的结果，将终结全世界的零和游戏。这就可见，严复所宣扬的物竞天择，其出发与立足点在于激发中国人的自强精神。这一目标，在很大程度上得到了实现。但严复的落脚点与终极目标，却是立足于全人类的共生共赢。这是严复思想的深邃之处，说明严复已经超越狭隘的民族主义，已经具有以民族情怀做世界公民的大思想家风范。这一点，也可以看作闽都文化二元统一特征的反映。

国际的视野，长时段的历史维度，软实力的开掘方向，走向世界的制度设计，自由与富强的未来引领，是严复在甲午至戊戌时期明显的思想特征，也贯穿于其一生之中。

作为戊戌时期最痛心疾首的中国人之一，严复无疑具有最深重的民族主义情怀。他对外国侵略者，无疑是痛恨的。但是，他更痛心疾首于中国人的不争气，认为不能把什么罪过都推到外国人身上。因为那非但无益，而且有害。他认为，如果中国人自己不争气，任凭怎么样都不行。他说，中国统治者的一大毛病，是看不到历史演变，看不到世事变化，一味地固守老祖宗的家法不予改变。他说，上下数千年，经历了千万变化，陵谷迁移、黑白颠倒，难以一一细数。可是，一些中国人却依然拿古代的办法来驾驭时局。"以千百年前之章程，范围百世下之世变；以一二人意见，强齐亿兆辈之性情，虽以圣智，不能为谋，虽以下愚，知其不可……若由今之道，毋变今之俗，再数百年，谓为种灭，虽未必然，而涣散沦胥，殆必不免，与欧人何涉哉！"[1]一味地怪外国人，不自加反省，是不对的。正如不能怪狼吃羊一样，重要的是怎样才能让狼不吃到自己。这里，严复严厉批判了泥古不化以及专制独裁的思想。

严复深刻地看到，在世界大潮之下，闭关锁国已经绝无可能，"中外之通"已经是神仙也无可挽回的大势。中国经济已经被纳入世界市场，中外之间的经济战争、金融战争乃是必然。他说："既通矣，则中外食货，犹水互注，必趋于平。"比如在金融领域，几十年来，欧洲与日本均已废除银本位制，采用金本位制，因此导致银价大跌，中国白银也随之大跌，导致此前以银结算的结果"降至七八折不止"。粮食价格上涨，也与此货币战争息息相关。依据近代货币史专家的研究成果，中国近代货

---

[1] 《论中国教化之退》，1898 年 5 月。

币没有严格意义上的货币银行学学理上的本位含义，其构成实质是一种立体、动态的白银核心型货币体系。因这一体系的核心——白银是外生的，国际白银市场被外国操纵，外商银行控制着中国国内白银以及相应的银两制度，所以晚清以来中国在币战争中总是处于吃亏的被动角色之中。严复的超拔之处，就在于已经看到这一点。因此，他大声疾呼，必须与外国人打交道，必须摆脱受难者无所作为的怨妇心态，预先拿出因应之道，积极作为。

严复鲜明地坚持了两点论：一、决不可闭关锁国；二、必须对开放的后果有所准备。总之，必须"自立"。只要自立，则凡是外来的东西，都会成为有利于我的东西，"吾何哉"！①

严复还讲了朋友书信中所述的一个故事：有个法国人，娶一广东女子为妻，生下二女一男。德国占据胶州湾、俄国租借旅顺之后，欧洲舆论皆认为中国已经形成被瓜分的局面。听到这一消息，两个女孩日夜流泪，连饭都不吃。每天早起后，她们都向卖报人打听报纸上是否有中国的消息，有则买回阅读，读了便哭。她们对弟弟说：你一定要好好读书，日后回国，为黄种人"出死力"。严复的朋友在书信中说：中国人总是骂西洋人是夷狄，却不晓得这里的人民君民相与之诚、夫妻父子之相爱、朋友之诚信，比中国一般人要强得多。所以，大家也不必学孔子了，只要能以两个女孩子的心为心，中国就不会亡。这真是振聋发聩的议论。我们看到，后来孙中山关于"世界潮流"的思想、鲁迅所谓"拿来主义"的思想，在戊戌时期的严复那里，均有所交集。

所以，很明显，严复既具有深重的民族主义情怀，又已经超越狭隘的民族主义。"具有"与"超越"之间并不矛盾，而是内在统一。

在对待孔子与孔教的议题上，也可以鲜明地看到这一点。对于孔子与孔教的评判，在戊戌时期的严复思想中占据重要位置。表面看，他对孔教、理学等很是不敬。其实，他是真正的儒士，不反对真孔教、真理学（即君子儒），反对的是腐朽的道学先生，即末流与异化的儒学（即小

---

① 《有如三保》，1898 年 6 月。

人儒）。他认为，中国民智未开，其实与孔教并不相合，民间老百姓也没有归乎孔教。那些腐朽的道学先生，"以钱财为上帝，以子孙为灵魂，生为能语之马牛，死作后人之僵石"，实属祸国殃民。可叹的是，这些腐臭的僵尸，却主导着中国人的精神生活。他悲愤地感叹，对于割让旅顺、威海、胶州，对于关税、厘金、铁路、矿产等权益的丧失，举国都不当回事，可一听说外敌弄污了孔庙，立即勃然大怒，徒然让外国人耻笑。戊戌前后，严复的悲愤之情达到极点，以至于保守主义者认为他对中国传统文化的讨伐未免过分。其实，他是要救儒学末流之弊，以返璞归真为职志。就其以复兴本真祛除后儒魔障的方法特征而言，其学术史的向路乃与康有为之考伪经、夏曾佑等人之排荀子，并无二致。

严复认为，中国悠久的精神教化已经老朽，必须予以创新。反映在所谓"守旧党"一类人身上，其实已经无旧可守。他们所守的，不是"旧"，而是"流俗之风气、为己之私心"，是阿谀奉承、一己私利。因此，应该说他们"驱时"才对。也就是说，后世腐儒与贱儒、俗儒，已经形成利益集团。

严复的上述思想，学界非常熟悉。而且，基于对儒学末流的批判，严复展开了至今依然不失其震撼性的中西文化对比。对此，学界同样有充分的引证，不劳列举。需要指出的是，严复此时对儒学的思想状态及其后的变化轨迹，与梁启超1902年发表的《保教非所以尊孔论》、刘师培1904年发表的《论孔教与中国政治无涉》、章太炎1906年发表的《诸子学略说》，堪称异曲同工。但是，后三家均较严复晚出。入民国后，严复呼应康有为等人倡导的读经运动，而陈独秀、李大钊乃至胡适等人的反孔言论，却以严复早年的论说为先声。但是，正如许多学人所指出的那样，不能因此而断定严复背叛了其早年乃至中年时期的思想。

严复一生的思想，不同时期偏重不同，但基本特色在于主张守道变法。所谓"道"，乃是人类的大道，"有国有民所莫能外"。"自皇古以至今日，由中国以迄五洲，但使有群，则莫不有其相为生养、相为保持之事。既有其相生养、相保持之事矣。则仁义、忠信、公平、廉耻之实，必行于其间。否则其群立散，种亦寝灭。"可见所谓"道"，就是基于人类共同美德的最大公约数。它虽源自中华，却具有人类普遍性与统一性的价值。以这种普遍性与统一性的思想为前提与基础，严复竭力主张中国走向世界。

他在戊戌时期给统治者开的一个重要药方，就是"联各国之欢"。他分析了英、俄的国情及其与法、德、日的关系，认为他们之间存在着错综复杂的矛盾，只有中国能消弭其所带来的祸害。因此，他大胆建言，中国皇帝应该带着"数百亲贤贵近之臣，航海以游西国，历聘诸有约者，与分庭抗礼"，通过国家元首级的积极外交，表明中国维护和平、友好交往的开放性，表明中国对内实行变法、对外依据公法相互通商的政策，并视情况表明与友好国家缔结盟约，维护领土安全，共同抗击侵略。严复认为，如果中国皇帝能够实行积极有为、主动出击的外交政策，则必然"五洲称圣明英武，而东方分争之祸弭矣"；"上之有以永宗庙万世之安而扬其灵，下之有以拯神州亿兆之黎元而作其气。外之有以解东西各国不可已之兵争而弭其祸"。严复说，上述举动，虽然在中国"为旷古而非常"，但在西方却稀松平常。而且，只有"走出去"，才能"有以知中西政俗之异同；知其异同，则有以施吾因应修改之治，其为益甚众"，又何乐而不为呢！

严复的上述设计，很自然地会让人觉得浪漫可爱。因为，走向腐朽的清政府已经失去自我更新的功能，皇权专制主义已经牢牢束缚住他们的手脚。但不可否认，严复为后人提供了深刻的教训，即如果不打破思想的桎梏、传统的牢笼、体制的约束，哪怕最简单易行的举措，都不会得到实施；哪怕是最切近的机会，都会丧失。在此，严复实际上突出了解放思想的主题。

总之，围绕中国与世界的关系，严复发表了许多精美而超前的思想。站在历史与现实的高度，深入挖掘阐发这份宝贵的精神遗产，其意义自不待言。

参考文献

[1]赵麟斌，闽都文化的现代意义[N]. 光明日报，2011-12-04。

中国第一位现代思想家严复

王岗峰

福州出现过中国近代史上两位标志性人物：一位是中国近代史开端人物、著名爱国主义者林则徐，另一位是中国近代思想的终结者、第一位现代思想家严复。

严复对中国社会发展贡献巨大。比如，他是教育家，提出著名的"鼓民力、开民智、新民德"的"三民"思想。他曾担任北洋水师学堂总教习、会办、总办，即教务长、副校长、校长。该学堂从创办到1900年毁于八国联军20年，都是严复主持工作。后又是复旦大学创始人之一、第二任校长，安徽高等学堂监督。重要的他还是北京大学第一任校长。作为北洋水师学堂的实际负责人，培养中国海军将校最多。因此，严复还是中国海军奠基人之一。他是译界泰斗，提出译事三难：信、达、雅。"信"，这一标准成为中国近代翻译理论的基石。

严复对中国社会发展做出了最重要的贡献，产生了最深远的影响，是中国近代伟大的思想家。

一、严复是中国近代伟大的思想家

英国驻华公使朱尔典评价严复说："像严先生这样伟大精深的学者，全世界至多只有20位"[①]。朱尔典在中国工作生活了45年，是一个中国通，1916年11月离开中国回英国。他为什么对严复评价这么高？

美国著名政治学家路易斯·哈茨在为本杰明·史华慈的《寻求富强：

[①] 转引自皮后锋：《严复大传》，福建人民出版社2003年版，第429页。

严复与西方》一书所作的序言中，回答了这个问题。本杰明·史华兹是当代美国汉学家、哈佛大学研究中国近现代政治思想史的著名教授。他的专著《寻求富强：严复与西方》被公认为国外学者最权威的研究严复思想的名著。

在史华兹这部专著序言中，路易斯·哈茨说严复"他充分地发挥了关于能力的概念，并在使个人主义作为发挥能力手段之后，把公心置于自由思想的中心位置"。①

严复认为能力有个人的能力和集体的能力，西方国家富强是由于这两个能力都发挥出来的结果。个人自由把能力发挥出来后，能够带来集体的能力，而且，集体主义，"公心"又成为自由思想最重要的。

当时西方追求个人自由主义，以个人自由为中心。像严复这样把"把公心置于自由思想的中心位置"的思想家很少很少，所以路易斯·哈茨才说，"严复的看法，在极大程度上，很可能最终成为我们的看法。"②

这是路易斯·哈茨在1963年底写的，这也是本杰明·史华兹的观点。也就是说，19世纪末、20世纪初严复的观点，到20世纪60年代人们才逐步认识。为什么？西方个人自由主义发展到极致，导致生态环境破坏、贫富两极分化，人与自然、人与人关系恶化。到了这种程度，人类才去反思自己行为，才去考虑国家利益、群体利益的重要性。因此，路易斯·哈茨说，"西方本身已卷入了严复阐述的世界"③。西方根据自己经历，不可回避严复的看法，包括现在西方世界和我国现代化建设出现问题，能回避严复的看法吗？能不把人类的利益、社会的利益放在首位？

所以说，朱尔典敢于评价严复："像严先生这样伟大精深的学者，全世界至多只有20位。"朱尔典是慧眼识真金哪！

再看看中国伟人是怎么评价严复的。

---

① ［美］本杰明·史华兹著，叶凤美译：《寻求富强：严复与西方》，江苏人民出版社1995年版，第2页。
② ［美］本杰明·史华兹著，叶凤美译：《寻求富强：严复与西方》，江苏人民出版社1995年版，第2页。
③ ［美］本杰明·史华兹著，叶凤美译：《寻求富强：严复与西方》，江苏人民出版社1995年版，第7页。

毛泽东曾在《论人民民主专政》一文中说："洪秀全、康有为、严复和孙中山，代表了中国共产党出世以前向西方寻找真理的一派人物。"[1]

这4位毛泽东欣赏的历史人物，是不是因严复对社会历史发展影响不如其他三位？绝对不是！

洪秀全是1864年6月1日去世的，当时严复才10岁。而康有为、孙中山和严复是同时代的人，分别是中国资产阶级改良和资产阶级革命的领袖，他们对严复的评价是最有权威和代表性的。那么，我们看看他们两位对严复是如何评价的。

康有为最早称严复为"中国西学第一者也"。怎么理解"西学第一人"？

康有为1858年3月19日生，严复1854年1月8日生，康有为仅仅小严复4岁。康有为向来目空一切，可是他看了严复《天演论》译稿以后，就称严复为"中国西学第一人"。这不仅指出了严复的思想与康有为自己思想的根本不同，而且肯定严复是超越包括他在内的以往思想家。这种超越不仅是对孔子、朱子为代表的我国古代思想家的超越，也是对持"中体西用"观的地主阶级思想家代表张之洞、资产阶级思想家代表康有为这样中国近代思想家的超越。康有为说的"西学第一人"，实际上是指严复是现代思想家，而且是中国第一位现代思想家。

孙中山对严复说，"君为思想家，鄙人乃实行家也"[2]。孙中山1866年11月12日生。孙中山小严复刚好一轮，12岁。两人在社会变革走哪条路有很大分歧，严复是君主立宪派领袖，而孙中山是共和制度创立者。严复思想深沉、严谨，考虑事情长远。他认为中国老百姓素质低，暴力革命结果不会理想，除掉一害又会冒出一害。现在主要工作要抓教育，提高国民素质。的确，辛亥革命到中华人民共和国成立前，中国社会都是军阀混战和独裁统治。孙中山认为"俟河之清，人寿几何"，等到黄河清了，要等到何年何月，人生有多少年？他急于在自己有生之年

---

① 毛泽东：《毛泽东选集》第4卷，人民出版社1966年版，第1406页。
② 严璩：《侯官严先生年谱》，转引自《严复集》，中华书局1986年版，第1550页。

完成革命大业。但是，孙中山对严复很尊重，称严复是思想家，而他是实行家，也就是革命家、政治家，严复的思想对孙中山有很大影响。

对严复非常佩服的都是像毛泽东、孙中山、康有为这样全国最著名人物。我们还可以举几位。

如与康有为齐名的梁启超说严复，"于中学西学皆为我国第一流人物"①。严复不仅西学是第一流人物，而且国学也是第一流人物。梁启超说，当时西方思想传入中国有两个渠道：一是从日本"梁启超式"的输入，把日本从西方翻译来的书，不加鉴别，以多为贵，都翻译过来。二是"严复式"的，直接从西方翻译过来，都是著名思想家代表作："时独有侯官严复，先后翻译赫胥黎《天演论》、斯密·亚丹《原富》……皆名著也。"②

康有为说："译才并世数严林"指的就是严复和林纾。与严复齐名的翻译家、国学大师林纾在严复亡故后，率门生祭奠，作《告严几道文》，称赞严复："君才之大，实北溟之鹏。其振翼也，若垂天之云，水击三千里。"北溟之鹏出自庄子《庄子·逍遥游》，北海鲲鹏长几千里，鼓翅奋飞，它的翅膀像天边的云，水击三千里。林纾称赞严复才华精深如鲲鹏展翅，无比壮阔、浩瀚。林纾也是福州人，和严复同乡，交情深厚。严复在笔记本上记有林纾的生日，足见林纾在严复心中的地位。1902年9月间，林纾曾绘画《尊疑译书图》赠送严复。"尊疑学者"是严复翻译《群己权界论》所用笔名。《群己权界论》即密尔的《论自由》。严复曾作《赠林畏庐》七律一首祝贺林纾七十大寿。

林纾《巴黎茶花女遗事》，1900年在福州刊行。这是第一部中译西方小说，他先后译出世界10多个国家近百名作家的180多部作品。称得上世界名著的林译精品有40多部。实际上，林纾也是一只展翅的鲲鹏，同为思想启蒙伟业，林纾以翻译西方小说介绍西方生活方式，严复则翻译西方经典论著介绍西方思想。同样在中国，他们率先屹立于感性世界

---

① 《新民丛报》第1期，1901年1月。
② 梁启超：《清代学术概论》（1920），《饮冰室合集·专集之三十四》，中华书局1989年版。

和理性世界最高处。

著名学者曹聚仁先生20年间读过500多种名人回忆录，500多位名人都称受严复思想影响。曹聚仁先生曾是国共双方都努力寻找能够实现沟通的中间人，成为毛泽东、周恩来、蒋介石、蒋经国的座上宾。

1975年，周恩来总理在病危之际，曾特意口授嘱咐当时国家文物局局长，要确保严复文物得到安全保护。按周总理为人和治国理念，肯定与严复思想有共同之处，期待我们后人挖掘、继承和发扬。

二、严复是中国第一位现代思想家

严复定位为中国第一位现代思想家，有以下几个理由。

1.严复是中国近代文化观，即"中体西用"观的批判者

什么是"中体西用"观？中国古代社会向现代社会过渡时期，我们称近代社会。历史书上把中国社会的近代说成从1840年第一次鸦片战争开始，到1919年五四运动。这种划分是否科学，还有争论。"中体西用"观是近代社会的文化表现。从汉武帝"罢黜百家、独尊儒术"以来，中国古代社会的文化表现是以儒家为代表的中国传统文化。"中体西用"观是中国传统文化和西方现代文化的结合。不古不新，新旧结合；不中不西，中西结合。

怎么结合呢？就是"中学为体，西学为用"。"中学为体"，是以儒学为核心的中国文化，"三纲五常"为根本，为体。"西学为用"，是以西方先进的科学技术，先进生产力为辅，为用。"中体西用"观，是想在不根本改变旧学的结构基础上，吸收西方先进的科学技术，先进生产力。

这种文化观怎么来的？它的先驱者是林则徐。第一次鸦片战争之前，为禁鸦片，林则徐曾以为，中国物产丰富，可不用国外货物。而中国的茶叶、大黄，却是外国"不可一日无"的必需品。我们可以"严断茶黄之去"，以"杜绝鸦片之来"。后林则徐从实际斗争需要出发，知道自己过去想法不对，一改满朝文武习以为常的"不谙夷情"的闭目塞听状况。他组织人员收集和翻译外国书报，包括政治、经济、军事、历史地理、科学技术、文化等内容。这对封闭、自大的大清王朝，无疑是惊人之举，

在近代文化史上实居打破坚冰的开路之功，堪称我国"开眼看世界的第一人"。

第一次鸦片战争后，林则徐被放逐到新疆伊犁戍守，当他路过江苏镇江时，他把编译的《四洲志》资料等交给好友魏源。在此基础上，魏源纂集出版了《海国图志》一书，提出了著名的"师夷长技以制夷"思想。后林则徐的学生、洋务派领袖李鸿章幕僚冯桂芬提出："以中国之伦常名教为原本，辅以诸国富强之术。"① 这就是此后洋务运动中处理中西文化的基本模式——"中学为体，西学为用"的蓝本，后在张之洞《劝学篇》中形成比较系统的理论体系。就是当时戊戌变法的领导者之一康有为，也是打着"中学为体，西学为用"旗号实施变革的。不过，他把西方的现代政治制度也说成"中学"原来就有的。

"中体西用"观打破了以儒学为核心的中国文化一统天下局面，是洋务运动的指导思想。过去对洋务运动批判得多，肯定得少。但从当时的国情看，洋务运动引进了先进生产力（即机器大工业生产），为中国近现代化打下物质基础和人才基础做出开创性贡献。这是不可抹杀的。而严复运用缜密的逻辑对"中体西用"观进行批判。

严复认为"体用"是同一事物的实体（结构）和功能，怎么能分开呢？有如牛之体与牛之负重作用，马之体与马之致远作用，它是同一事物"体用"的统一，牛的体怎么让它去战场上驰骋疆场？马的体怎么让它去耕田载重？他得出结论："故中学有中学之体用，西学有西学之体用，分之则并立，合之则两亡。"②

先进的科学技术，先进生产力在西方行得通，能用起来，是因为西方的"体"，西方的现代价值观念，西方的现代社会制度。而中国的"体"只是适合小农经济，无法容纳现代生产力。1895年中日甲午海战说明了这一点。清政府拥有西方先进的科学技术，先进生产力武装的先进舰队——北洋水师，照样打败仗。因为清政府的政治体制、伦理纲常不适

---

① 冯桂芬：《校邠庐抗议》·采西学议，中州古籍出版社1998年版，第211页。
② 严复：《与〈外交报〉主人书》，《严复集》，第558页。

应现代生产力发展。

根据严复看法，中国要接受西方先进的科学技术、先进生产力，必须改变中国的"体"。怎么改变？

2. 严复用西方作为现代性最根本价值的自由观念改铸"中学之体"

严复提出自由观念：一是天赋人权论，"唯天生民，各具赋畀，得自由者乃为全受"①。赋畀，给予，指天赋的权利；全受，父母给予的、天生的；这句话意思是：自由是天赋的人权。

二是"身贵自由，国贵自主"。严复把自由分为"小己之自由"和"国群之自由"。"小己"就是个人，"国群"指国家、群体。个人因为自由是天赋的人权，所以要争自由；但个人自由应不妨碍他人自由，个人自由与国群自由都要有自己的权限；而且，国家、民族的自由是个人自由的保障，所以国贵自主。2005年12月6日时任总理的温家宝在法国巴黎综合理工大学的演讲时，就引用了严复"身贵自由，国贵自主"这句话。

三是自由和民主的关系，"以自由为体、以民主为用"。严复认为，"民主"不过是"自由"在政治上的一种表现，"自由"才是"体"，"民主"仍是"用"。民主政治也只是"自由"的产物。

但一旦面临着民族危亡的局面，主张"自由为体"的严复，便把国家的自由（即独立）、国家的富强、救亡远远放在个人自由之上，推到当务之急的首位，表现了严复反帝爱国立场。

3. 严复比较系统、创造性地翻译和介绍了西方著名现代思想家成熟的各种思想和代表作

这些思想家大都与马克思同一时代，包括赫胥黎、斯宾塞、孟德斯鸠、斯密、穆勒、甄克斯等，涉及哲学、经济学、社会学、政治学、法学、伦理学、逻辑学等广泛领域。

严复思想深受斯宾塞的影响。斯宾塞，英国社会学家，"社会达尔文主义之父"。马克思生于1818年，1883年逝世。斯宾塞生于1820年，迟马克思2年生。1903年斯宾塞才逝世，迟马克思20年。斯宾塞被称为

---

① 严复：《论事变之亟》，《严复集》，第2页。

维多利亚时代的亚里士多德，当时在英国影响超过马克思。维多利亚时代指1837年到1901年，即维多利亚英国女王统治的64年。这时期被认为是英国工业革命和大英帝国最鼎盛的时期。马克思称亚里士多德是古希腊最博学的哲学家，地位类似中国的孔子、老子。斯宾塞被称为维多利亚时代的亚里士多德，可见斯宾塞思想成就和影响之大。严复1877年到英国留学，刚好是斯宾塞如日中天的时候，他受斯宾塞深刻影响就不奇怪。

斯宾塞的终身好朋友赫胥黎比斯宾塞小5岁，比马克思小7岁。赫胥黎是英国著名博物学家，达尔文进化论最杰出的代表。轰动全国并奠定严复在中国思想史上地位的译著《天演论》，就是介绍、宣传赫胥黎和斯宾塞的进化论思想。

1895年中日甲午海战的惨败，对严复的思想冲击非常大，这直接反映在他翻译的英国生物学家赫胥黎的《天演论》中。它不是赫胥黎原书的忠实译本，只是用原书名《进化论与伦理学》一半，"进化论"严复译为"天演论"，"伦理学"就不翻译了。而且翻译赫胥黎的进化论是有选择、有评论地改造了它。史华兹（美）称严复译《天演论》为"缩写"。

为什么只翻译赫胥黎原书一半？赫胥黎捍卫、宣传达尔文的"物竞天择，适者生存"的进化论思想，但他又认为，这仅仅局限于自然界，人类社会则不同。人类不同于自然界的动物，由于具有相亲相爱、互助互敬的先天本性，人类社会发展过程是有别于自然的进化过程的伦理过程。

严复不同意赫胥黎把自然规律的进化论与人类关系的伦理学对立起来的观点。所以，在介绍赫胥黎思想时，严复利用"按语"，常对斯宾塞的观点予以补正。

斯宾塞则认为，天演法则始终贯彻到人类社会的各种阶段。在物竞、天择之外，人类还最重"体合"，即形成社会。因而从根本上说，严复认为赫胥黎的社会学不如斯宾塞。因为人类的所谓先天本性，能够团结"保群"形成社会，也不过是"天演"、进化的结果和产物。人本与禽兽生下来一样，并非天生就有同情心。只是出于各自的安全利益才由散而聚，善群者才能处于竞争的优势地位而生存。因此，生物竞争，优胜劣汰，适者生存的自然进化规律同样适用于人类社会。

但是从结果或"末流"看，严复又批评斯宾塞不如赫胥黎，因为斯宾塞认为人类进化过程又与自然完全一致，只能任天为治、听天由命，否定了人的主观能动性。

严复将斯宾塞的社会达尔文主义来代替赫胥黎的伦理学主张的同时，又抛弃了斯宾塞任天为治的思想，采用了赫胥黎与天争胜的观点。认为弱小民族当自强，不能坐待灭亡。在民族危急时刻，严复宣传"物竞天择，适者生存"的"天演"思想的真正动机，就在于要人们赶快起来奋斗，救亡图强。

严复译作《天演论》具有重大意义：第一，《天演论》改变了以儒家为核心中国思想文化传统"天不变，道亦不变"和历史循环论世界观，开辟了中国思想史上堪称现代性质的进化论时代。汉武帝"罢黜百家，独尊儒术"就是采纳西汉哲学家董仲舒的思想。"天不变，道亦不变"出自《汉书·董仲舒传》："道之大原出于天，天不变，道亦不变。""道"指的是封建社会赖以存在的根本原理，核心是"三纲五常"。"天"指自然界的最高主宰、天意。天是永远不变的，那么，按天意建立的封建社会之道也是不变的。历史循环论认为人类历史周而复始地经历同样阶段。如中国战国末邹衍提出的"五德终始说"，认为历史变化和王朝更替，是土德、木德、金德、火德、水德的相继更替，周而复始循环的结果。进化论揭示自然界、人类社会是不断变化、向前运动发展的过程。自然界的"天"变了，那么人类社会的"道"也随之变化。不是周而复始循环，而是"物竞天择，适者生存"，不断进化的过程。

第二，严复在阐述进化论的同时，联系中国的实际，向人们敲响了民族危亡的警钟。同时也向一切有爱国心的热血儿女发出了"合群保种"的召唤，这正切合中国救亡现实的需要，引起了读者强烈的共鸣。1897年12月《天演论》刊出，1898年6月正式出版。《天演论》的进化论引起的思想领域的革命影响了好几代人。康有为、梁启超、孙中山、胡适、蔡元培、陈宝琛都认为严复是西学第一人。他们和陈独秀、李大钊、毛泽东、鲁迅等无一不受影响。当时不少小学教师就拿《天演论》做教材，中学老师拿"物竞天择，适者生存"做作文题目，并广泛用于人名、校名。胡适原名胡洪骍，因严复进化论改名胡适，字适之。

试想想，严复翻译、介绍的大都是与马克思同一时代现代思想家的经典著作及其思想，怎么自己不算现代思想家？

三、严复为什么会成为伟大的思想家

严复成为中国现代第一位伟大思想家的原因主要有三点。

（一）严复具有厚实的国学基础

少年时师从福建宿孺黄宗彝等人，成年后拜桐城派宿儒吴汝纶为师，四次乡试不第，为严复奠定雄厚国学基础。

1. 少年时师从福建宿孺黄宗彝等人

严复生于1854年1月8日。族谱名传初。投考马尾船政学堂时改为宗光，字又陵。入仕后，改名复，字几道。祖籍福建侯官阳岐乡（今福州市仓山区阳岐村）。出生于福州南台苍霞洲（今台江苍霞洲），父亲严振先是当地医术高明、享有声望的中医，人称"严半仙"。母亲陈氏，系平民之女，勤劳朴素，善于耕作和做女红。

严复7岁开始进私塾读书，"从师数人"，其中包括举人、他的五叔严厚甫。11岁时，师从当地名儒黄宗彝，字少岩。当时严复家在福州台江苍霞洲，与他人合赁一屋，严家住在楼上。楼下晚上常演戏，每逢楼下演戏，黄少岩就让严复就寝，等到戏剧结束后，再将他叫醒，挑灯夜战，常年如此。黄少岩所授内容不限于经书，授课后他便抽大烟，严复常坐在烟榻旁边，聆听先生谈说宋、元、明儒学案及典籍，了解到中国的传统学术及治学方法，拓展了视野，为尔后的学术研究打下了坚实的基础。黄少岩还向严复讲述明代东林掌故。东林党人不畏权奸、刚正不阿的气节与傲骨，天下兴亡、匹夫有责的胸怀与气度，令严复肃然起敬，激起严复强烈爱国主义情感。

13岁时，黄少岩先生去世，病危时推荐他的儿子拔贡生黄增来（字孟修）接替他。拔贡生，是地方州、县推荐一名去国子监学习的优秀学生，相当于今天上北京大学、清华大学的保送生。不过，因为拔贡生只

有一名，而且6年或12年才一名，所以更优秀。1866年春，刚刚虚岁14岁的严复秉承父母之命，与同邑王氏结婚。

同年8月，严振先因抢救霍乱病人不幸被传染，不治身亡。严复因家道中落，不再从师，科举入仕的道路也就由此中断了。

还好，这年，即1866年冬，适逢洋务派左宗棠在福建设马尾船政局，设制造、驾驶前后学堂。马尾船政学堂虽然是新式学堂，学的是自然科学，但入学考试是国学。因为马尾船政学堂是洋务运动的产物，洋务运动是以"中体西用"观为指导，学生必须有较好的国学基础。笔试作文题目为"大孝终身慕父母论"，严复因刚遭丧父之痛，数百字的精美短文情深意切。而第一任船政大臣沈葆桢的母亲去世不久，沈葆桢阅毕严复卷子引起深深共鸣，便以第一名录取。1901年，严复给沈瑜庆（沈葆桢四子）的一首诗中提起此事："尚忆垂髫十五时，一篇大孝论能奇。"

1867年1月，严复进入后学堂学习驾驶。食宿及医药费用由学堂提供，每月另发银四两，补贴家用。1871年5月，严复以最优等成绩毕业于航行理论科，后登舰实习。1874年6月曾随沈葆桢前往台湾抵抗日本侵略。1876年2月随"扬威"号前往日本访问。1877年3月31日，前后学堂学生郑清廉、严复等及随员30人，分赴法国和英国留学。这是清政府第二批出国留学生，也是第一批留欧学生。

2. 拜"桐城派"宿儒吴汝纶为师

1879年9月，严复学成回国。第二年，为提高国学水平，严复特拜清中叶最著名的一个散文流派"桐城派"宿儒吴汝纶为师。"桐城派"雄踞清代二百多年。严复认为，国学博学又重视西学的，除郭嵩焘外就是吴汝纶。吴汝纶（1840—1903），安徽桐城人，同治年间进士。曾入曾国藩、李鸿章幕府，为"曾门四弟子"之一，被誉为"古文、经学、时文皆卓然不群"的"异材"，主讲保定莲池书院10年。严复从吴汝纶处学习很多，收获很大，《天演论》因"桐城派"文雅风格为知识分子所喜爱，吴称其可以和晚周诸子相上下，连保守派也为之倾倒。

1898年1月至2月间严复在他创办的《国闻报》上发表《拟上皇帝书》，吴汝纶高度评价这篇万言书是继王安石上宋仁宗《言事书》（即《万言书》）后仅见的一篇著名变法奏议。

3. 严复四次乡试逼他不懈苦读国学

1879年9月，严复回到国内，在福州船政学堂担任教习。1880年，李鸿章在天津创办北洋水师学堂，8月调严复任总教习，实行总办之责，1889年升任北洋水师学堂会办（副校长）、1890年升任总办（校长），为近代中国海军培养了一大批专才，为海军建设做出了重要成就。1885年、1888年、1889年、1893年四次乡试不第。1892年以道员（正四品）选用。一个首届留欧学生、堂堂四品官员、北洋水师学堂校长都考不进举人，说明旧科举制度弊端。但四次乡试让他努力苦读国学收获不少。1900年6月，八国联军尽毁天津机器局及北洋水师学堂。严复从此离开北洋水师学堂，结束了海军职业教育生涯。具有讽刺意义的是，1906年10月科举考试废除后第一次留学毕业生考试，严复、詹天佑为副主考官（主考官为唐绍仪）。严复、詹天佑都是福州船政学堂毕业学生，严复留学欧洲，唐绍仪、詹天佑留学美国。留学毕业生考试后要赐予进士或举人的，而严复自己还不是举人、进士，却当了举人、进士的副主考官。到了1910年1月，严复才被赐文科进士。

虽然不第，但考不上举人倒成就他专心研究、翻译和介绍西方现代思想。

（二）严复具有丰富的西学知识

严复具有丰富的西学知识。马尾船政和两年半英国学习使严复广泛了解、接受西方现代自然科学和社会科学知识。

1. 在马尾船政驾驶学堂，严复所习者为英文和自然科学

后学堂开设的主要课程有：英文、算术、几何、代数、解析几何、割锥、平三角、弧三角、代积微、动静重学、水重学、电磁学、光学、音学、热学、化学、地质学、天文学、航海术等。由外籍教师以英文授课，使用英语原版教材。除此以外，每日课外，令读《圣谕广训》（康熙16条伦理道德教育，雍正万言解析）、《孝经》，兼习论策。

2. 在英国留学接受西方现代自然科学和社会科学知识

1877年，严复与驾驶班同学方伯谦、何心川、叶祖珪、林永升、萨

镇冰等考入英国格林尼茨皇家海军学院，刘步蟾、林泰曾、蒋超英、黄建勋、江懋祉、林颖启等直接上舰实习。严复等人成为中国第一批海军留学生。严复在英国格林尼茨皇家海军学院学习的主要课程有数学、物理、化学、力学，军舰上学问的有"管驾""掌炮""制造"，最后以练习水师兵法，即海军指挥为旨归。

在这过程，有幸遇到郭嵩焘，郭嵩焘（1818—1891）是湖南湘阴人，少年时在长沙岳麓书院读书。中国首任驻英公使，后又兼任出使法国钦差大臣。严复等人进入皇家海军学院留学后，便成了中国公使馆的常客。郭嵩焘对严复印象最好，这年，严复25岁，郭嵩焘60岁，几番往来，两人成了忘年交。郭嵩焘多次在日记中记载与严复等人会谈的情景，对严复赞美之情溢于其中。严复等人期末考试均成绩优异，出类拔萃。郭嵩焘认为严复去当一舰长很可惜，便照会英国让严复在海军学院多学一年，作为教职人选培养，其他5人则上舰实习去了。而严复有更多宝贵时间学习西学，考察西方社会。在欧洲，他不仅深入学习西方自然科学，学业门门优异，而且广泛涉及西方社会，尤其英国的政治、经济、文化、制度、风俗等。原本严复还要上舰实习一年，由于国内急需教员，船政大臣吴赞诚电召严复马上回国执教。

3.回国后严复继续全面、系统深入研究西学

在英国留学期间，严复研读过一些西学著作，但主要时间还是花在自然科学的学习上。回国后才开始持续不断地对西方社会进行全面、系统深入研究。严复购置的英文著作非常多，而且大都是经典之作，如：达尔文的《物种起源》，斯宾塞的《第一原理》《社会学研究》《社会学原理》《教育论》和《伦理学原理》，赫胥黎的《进化论与伦理》，亚当·斯密的《国富论》，马尔萨斯的《人口原理》，穆勒（即密尔）的《论自由》《逻辑学体系》《政治经济学原理》，亚里士多德的《政治学》，孟德斯鸠的《论法的精神》，卢梭的《社会契约论》，托克维尔的《论美国的民主》，康德的《纯粹理性批判》，培根的《学术的进展》等。

他读了这些书，还用铅笔写下许多中英文批语。萨镇冰对在英国的同窗严复有极为深刻的了解，萨镇冰说严复："他是读书极多的人，有些

书他反复读过多遍，烂熟于胸，并且具有自己的心得。等到他想译书，他只是从已熟读的书中去比较，去挑选，看哪一本应该译，应该先译。"①

所以，严复翻译的书大都是西学各个领域的代表作。不仅在世界观、方法论上，即通过现代进化论和逻辑学，启迪人们思维上革命。而且在政治、经济等领域，如自由、法的精神和国富论，指明人们如何改造中国社会。

（三）强烈的爱国主义情感，是严复向西方寻求真理，促使西方现代思想中国化的动力

严复具有强烈的爱国主义情感。由于世界观根本不同，严复对中国思想文化发展影响，不是在中国原有的"道统"基础上充分拓展，把现代世界一切新知识，全部补充、纳入其中，而是相反，他是根据国情用中国文化解析西方现代化思想的，使现代西方思想与中国实际、文化相结合。强烈的爱国主义情感驱使他这样做，就是路易斯·哈茨说的严复"把公心置于自由思想的中心位置"。

1895年2月6日，已经被动挨打的北洋水师又被偷袭，严复在前一两天就在天津《直报》上发表《论世变之亟》，首次发表政见；2月4至9日发表《原强》；2月10日，北洋水师右翼总兵刘步蟾奉命沉舰，2月13至14日，严复发表《辟韩》《原强续篇》；4月17日签订《马关条约》，5月1至8日，严复发表《救亡决论》。5篇政论文既是针对紧急国情，又是一个有机整体，对比中西文化，系统阐述严复的基本观点，就像一本论著的序言。戊戌变法从1898年6月11日光绪皇帝宣布变法，到9月21日失败。期间，严复的《天演论》就在6月正式出版发行。5篇政论文和《天演论》无疑为戊戌变法做了思想准备。

因此，严复之所以成为伟大的思想家，有他的重要条件，也就是厚重的国学与丰富的西学的结合；先进的自然科学知识和现实的社会科学知识的结合；还有促使这两个结合的强烈的爱国主义情感。

---

① 转引自戴镏龄：《萨镇冰谈严复的翻译》，《翻译通报》1985年第6期。

四、建言献策：严复故乡文化资源规模开发利用

严复思想再认识和重新定位，是严复思想文化资源规模开发利用综合价值评估的最重要依据。严复作为中国第一位现代思想家，严复故乡文化资源就显得无比珍贵。而且严复一家多人是涉台的政治活动人物，严复三儿子严琥（字叔夏）的儿女严侨、严倬云和严停云都是著名人物。特别是严倬云的丈夫辜振甫（1917—2005），台湾彰化县人，曾担任海峡交流基金会董事长，两次"汪辜会谈"，为两岸关系向好发展做出很大贡献。因此，严复故乡文化资源规模开发利用工作，应尽快展开。

严复故乡福州仓山阳岐村2007年被列入福建历史文化名村，文化资源十分丰富。它有国家级文物保护单位严复墓、严复故居，严复亲自主持建造的祭奠民族英雄陈文龙的尚书祖庙，福建中原入闽严姓祖地、严氏祠堂，还有福州少见的完整古建筑群玉屏山庄，其中有严复为严叔夏结婚购置的房子。阳岐村就在乌龙江边、阳岐山下，有得天独厚的优美自然环境。我们要从宏观的、战略性的眼光，进行严复文化资源规模开发利用，打造出具有国内、国际竞争力的文化品牌。尽管严复文化资源受到一些破坏和遗失，但所幸的是，严复故乡文化资源还保留得比较完整，其地理环境比较优越，可与三坊七巷文化、马尾船政文化、林则徐文化一起，作为全国近代文化经典之作，共同确证福建有着非常丰厚的文化底蕴，其文化物质遗产和精神遗产名列全国前茅。

我们对阳岐村进行深入考察后，提出严复故乡文化资源规模开发利用设想。

指导原则：根据国务院今年新颁布的《历史文化名城名镇名村保护条例》精神，"应当整体保护，保持传统格局、历史风貌和空间尺度，不得改变与其相互依存的自然景观和环境"。阳岐村开发利用务必达到两个目标，即"整体保护，保持传统格局、历史风貌和空间尺度"和"自然景观与人文景观的有机统一"。

具体是将阳岐村分为三个文化区。

1.在严复墓周围建严复广场。正在建设的、连接湾边特大桥的三环

路把严复墓与阳岐村分离出来，严复墓周边约百亩地，建严复广场正适宜，主要建严复塑像和严复纪念馆。在三环路打通进村通道。

2.在阳岐村核心地带建民俗街。阳岐河两岸、通往玉屏山庄、严氏祠堂、陈文龙的尚书祖庙沿路两边民房改建为仿古建筑，与严复故居、严氏祠堂、玉屏山庄建筑风格相适应。整治阳岐河，充分运用乌龙江水潮涨潮落的自然调节。

3.在阳岐山建森林公园。阳岐山面积近600亩，森林植被茂盛，登顶可眺望辽阔乌龙江和湾边特大桥壮观全景，与著名的湾边河鲜一条街相连。

阳岐村有1000多亩土地可供开发利用，足可以打造成福州乃至全省罕见的、既能整体开发又能"天人合一"的全国近代文化经典之作。开发严复故乡文化资源可以满足不同层次人们的精神文化需求：忧国忧民看严复，宗教信仰拜陈文龙，寻根问祖进祠堂，悠闲散心登山尝鲜。[1]

---

① 该建言献策曾作为2008年福建省委宣传部和省社科联组织的"服务海西新发展百项建言"，获得二等奖。

严复的传统文化情怀及其台湾情缘

薛菁　汪征鲁

摘　要　严复终其一生具有浓厚的中国传统文化情怀。他自幼深受传统文化的浸润，其师黄少岩对其早年影响至深；执教北洋水师学堂的20年间，严复系统研治中国古典文化，为其日后娴熟地运用中国古典文字打下了坚实基础；甲午战争后，严复致力于托译言志，其译著中的传统文化元素俯拾皆是，从形式到内容，从翻译的名词到他的进化论、自由主义以及民主观念等无不建立在他对中国传统文化的深厚感情上。此外，严复思想深处还有着浓厚的台湾情缘，他和他的家族在促进两岸统一与和平发展中贡献卓著。

关键词　严复　传统文化情怀　台湾情缘　严氏家族

引　言

严复是近代中国著名启蒙思想家，是近代中国"向西方国家寻求真理"的"先进的中国人"之一，有着世人难以企及的西学造诣，以"精通西学第一人"名世，赢得时贤交口称赞。近代文学家吴汝纶说，"自吾国之译西书，未有能及严子者也"。学界对此研究也取得了不菲成果。然而，学界对于严复的传统文化情怀及其在此方面的成就不以措意，对于严复思想深处的台湾情缘着墨甚少。为此，本文尝试从严复的人生经历及其文化抱负，再现严复的传统文化情怀，对其深厚的台湾情缘加以阐述，以期对严复的思想文化建树有一个全面完整、客观公允的认识。

一、严复传统文化之学养

传统文化情怀，即是基于人的情感而生发的对传统文化的一种情致与胸怀。在现代文明的冲击下，这种情怀则表现为一种对传统文化的眷恋与珍爱。

严复自幼深受传统文化的浸润。从小随其父学《三字经》《百家姓》《千字文》等蒙学读物，7岁（1859）始入私塾读书，先后"从师数人"，其中对其早年影响至深者乃黄少岩。黄少岩，字布衣，又名黄昌彝、黄宗彝，"为闽之宿儒，其为学汉宋并重"，"时常给严复讲述明代东林掌故"。这段早年经历对严复思想产生了深远影响。他对中国文化已有较深的认识："始治经，有家法，钦闻宋元明儒先学行。"[1]正是师从黄宗彝的这段时间里，严复之国学造诣、忧国忧民和刚直不阿之秉性，乃至后来对西方科学的热情，在"某种程度上反映了他的老师糅合'汉学'与'宋学'价值的苦心"[2]，有学者甚至认为，"严复后来对西方科学的热情，是建立在直接（虽属初步涉及）与真正的自然科学的方法和资料相关的基础之上的，而并非建立在与'科学'这一口号的模糊不清的联系之上。在这里，西方科学要求的精确性和能力训练与严复原有的严谨的治学态度结合了起来，这种严谨的治学态度可能来自他早年受到的'汉学'家治学方法的训练"[3]。14岁时，严复以第一名的优异成绩被录取入船政学堂。在船政学堂的5年里，严复开始系统接受西方自然科学的教育和熏陶，对西学逐渐有了更全面、更客观的认识，打下了坚实的近代自然科学知识的基础。

值得一提的是，船政学堂虽然坚持对学生进行传统文化的教育，《圣谕广训》《孝经》仍是学生们的课外读物，但是，严复在进入船政学堂

---

[1] 王栻：《严复集》，中华书局1986年版，第1541页。

[2] ［美］本杰明·史华兹著，叶凤美译：《寻求富强：严复与西方》，江苏人民出版社1996年版，第22页。

[3] ［美］本杰明·史华兹著，叶凤美译：《寻求富强：严复与西方》，江苏人民出版社1996年版，第24页。

后到留英返国前，在中学方面的训练应该没有多大进展。故此，时人对严复的中学基础多有微词。

1879年，曾纪泽接任郭嵩焘出使英法公使，在阅及严复所呈3篇作文后评价道："宗光（严复）才质甚美，颖悟好学，论事有识。然以郭筠仙褒奖太过，颇长其狂骄矜张之气。近呈其所作文三篇，曰《饶顿传》，曰《论法》，曰《与人书》，于中华文字未甚通顺，而自负颇甚。"①

严复的好友陈衍亦云："几道学无师承，少壮时文字尚有俗笔……诗少杰作，用典亦偶有错误。"②

严复另一好友郑孝胥也认为严复的文字"天资绝高，而粗服未饰"③。

严复1902年与梁启超通信时说："仆于西学，特为于众人不为之时，而以是窃一日之长耳……若夫仆中学之深浅，尤为朋友所共见，非为谦也。道不两隆，有所弃者而后有取。加以晚学无师，于圣经贤传，所谓宫室之富，百官之美，皆未得其门而入之。"④不仅如此，严复在1908年6月所作的一首诗中亦坦陈自己不得撰写八股文的要领是其科考屡屡落榜的一个原因。其诗云："昨者读君文，犹病得发药。严整比治军，交通乱脉络。始悟未成枭，不止禄命恶。向令如能斯，一第自可博。得失岂偶然，了了见强弱。"⑤

严复对于中国古典文化系统研治，则是在其执教北洋水师学堂的20年间。期间，严复于教学和行政之余，广泛阅读经史典籍，深入中国传统文化，为其日后娴熟地运用中国古典文字打下了坚实基础。这里，有三个因素不容忽视。

其一，四应科考（1885年参加福建乡试、1888年参加顺天乡试、1889年参加顺天恩科乡试、1893年重返福建参加乡试）使得严复对于古典文字的运用得到系统有效的训练，磨炼了严复古典文字的技巧，夯实

---

① 曾纪泽：《出使英法俄国日记》，岳麓书社1985年版，第186页。
② 黄曾樾辑：《陈石遗先生谈艺录》，收入张寅彭主编《民国诗话丛编》第1册，上海书店出版社2002年版，第706页。
③ 劳祖德整理：《郑孝胥日记》，中华书局1993年版，第60页。
④ 王栻：《严复集》，中华书局1986年版，第516页。
⑤ 王栻：《严复集》，中华书局1986年版，第368页。

了他古典文学的基础。

20年的海军教育生涯，严复颇不得志，感到自己在"北洋当差，味同嚼蜡"①。更重要的是，严复自欧洲留学归来后，国内风气尚未开化，"国人事事竺旧，鄙夷新知，于学则徒尚词章，不求真理"，而仕进前途，尤重科举。严复不由科举出身，职微言轻，每每向朋友痛陈国人因循守旧愚昧无知之害，并不能引起重视。出于根深蒂固的观念以及对只有通过科举才能改变社会地位、施展抱负的痛苦领会，严复"欲博一第入都，以与当轴周旋。既已入彀中，或者其言较易动听，风气渐可转移"②。于是，严复发愤治八比，纳粟为监生，走上科举之路。

为了应试，严复专心研读四书五经。虽然严复四应科考，均名落孙山，但他沉浸于举业中的10年，对于弥补他自15岁就开始中断的传统教育及古典文学无疑对其日后在译著中娴熟运用中国典故具有重要意义。正是经过这一阶段，他这位"半路出家"的留学生在中国古典文化的一般修养已与同时代的士大夫没有很大的区别了。

至于严复文字的特色与科举时文之关联，学者们也有所关注。

1907年章太炎在《〈社会通诠〉商兑》一文中评价严复的译文有云："就实论之，严氏固略知小学，而于周秦两汉唐宋儒先之文史，能得其句读矣。然相其文质，于声音节奏之间，犹未离于帖括。申夭之态，回复之词，载飞载鸣，情状可见，盖俯仰于桐城之道左，而趋其庭庑者也。"③章氏因政治立场与严复相抵牾，其对严复的评价带有偏见亦在所难免。但有关严复译著与科举制关联则可见之一斑。

古文家钱基博在其著《现代中国文学史》中也沿用此说，"章炳麟与人论文，以为严复气体比于制举……斯不愧知言之士矣"。但钱先生更进一步指出严复的文字与西方逻辑思辨之密切关系，并称之为"逻辑文学"："有用八股偶比之格，而出之以文理密察者；严复、章士钊之逻辑文学也。论文之家，知本者鲜。独若论逻辑文学之有开必先，则不得不

---

① 王栻：《严复集》，中华书局1986年版，第731页。
② 王栻：《严复集》，中华书局1986年版，第1547页。
③ 《章太炎全集》第4册，上海人民出版社1985年版，第323页。

推严复为前茅。"①

其二，师友交游是成就严复中国传统文化素养的一个重要途径。严复交朋结友非常谨慎，尤重品行与才学，且以同闽籍文士居多，如陈宝琛、郑孝胥、林纾、沈瑜庆等，在与这些文士的诗文唱和往来中，严复得以更加深入中国古典文化，其古典文化的修养有了很大的提高。

尤为值得注意的是，严复为数不多的这些知交"皆各具新知，然皆游于旧法之中，行检一无可议"②。其中，郑孝胥是与严复交往最多、最早的朋友之一。二人相识于光绪十一年（1885）郑孝胥投直隶总督李鸿章幕下之时。二人天津见面后，相谈甚欢，互吐心曲，结为好友。对于郑孝胥的才情诗学，严复更是赞赏有加。在严复作《郑太夷时文》中，有"读君制艺文，同时须膺服"一句，说明了对郑文章的叹服。严复还将自己孩子的学业托付给郑孝胥，这在《郑孝胥日记》中有记载：光绪十一年六月初七日（1885年7月18日）"严幼陵如辞行。幼陵奉母归，且应乡闱……幼陵以其儿璋未得代师，嘱余为之暂督，诺之"。第二天，"幼陵行，送之岸侧"。隔天，就开始"入斋，督幼陵儿读。儿十二岁，名璋"③。

其三，与吴汝纶的交往，严复深受"桐城派"文风的熏陶，颇得吴之嫡传，其后来所译西方学术著作均以古文笔法译出，文笔灵动活脱，典雅畅达，"以瑰辞达奥旨"，皆得益于此。

吴汝纶（1840—1903），字挚甫，安徽桐城人，同治进士。曾入曾国藩、李鸿章幕府，其旧学深湛，乐闻新知，被誉为"古文、经学、时文皆卓然不群"的"异材"。严复一直以师长视之，其为吴汝纶写的挽联即为"平生风义兼师友，天下英雄惟使君"，并认为"吾国人中，旧学淹贯而不鄙夷新知者，湘阴郭侍郎以后，吴京卿一人而已"④。吴汝纶则

---

① 刘梦溪主编：《中国现代学术经典·钱基博卷》，河北教育出版社1996年版，第459—460页。亦可见钱基博：《现代中国文学史》，世界书局1936年版，第361—362页。

② 王栻：《严复集》，中华书局1986年版，第684页。

③ 劳祖德整理：《郑孝胥日记》，中华书局1993年版，第60页。

④ 王栻：《严复集》，中华书局1986年版，第1550页。

深服严复学贯中西，学识渊博，兼能文章的才能，曾致信说："独执事博涉，兼能文章学问，奄有东西数万里之长，子云笔札之功，充国四夷之学，美具难并，钟于一手，求之往古，殆邈焉罕俦。"共同的理想与志趣使得这两位相差14岁的开风气人物，结为忘年之交，并在翻译《天演论》这项开创性工作中，共同谱写了一段经久传颂的学术佳话。

严复自1896年开始翻译《天演论》，便不断向吴汝纶请益，"每译脱稿，即以示桐城吴先生。老眼无花，一读即窥深处，盖不徒斧落徽引，受裨益于文字间也。故书成必求其读，读已必求其序"[1]。吴则从译事、体例、文体、篇目及至译名等必认真答复，相互探讨，倾注了大量心力。

关于体例之事，吴汝纶在1897年3月9日的信中说："执事若为一书，则可纵意驰骋，若以译赫氏之书为名，则篇中所引古书古事，皆宜以元书所称西方者为当，似不必改用中国人语，以中事中人固非赫氏所及知。法宜如晋、宋名流所译佛书，与中儒著述，显分体例，似为入式。此在大著虽为小节，又已见之例言，然究不若纯用元书之为尤美。"[2]

关于译事，吴汝纶主张意译，认为"行文欲求尔雅，有不可阑入之字，改窜则失真，因仍则伤洁，此诚难事"。他甚至认为"与其伤洁，毋宁失真"。对此，他解释道："凡琐事不足道之事不记何伤！若名之为文，而俚俗鄙浅，荐绅所不道，此则昔之知言者无不悬为戒律，曾氏所谓辞气远鄙也。文固有化俗为雅之一法，如左氏之言'马矢'，庄生之言'矢溺'，公羊之言'登来'，太史之言'伙颐'。在当时固皆以俚语为文，而不失为雅。"但他也强调"亦非一切割弃，至失事实也"[3]。

至于命篇立名，严译《天演论》上卷18篇中，采用吴汝纶拟的篇名17个；下卷17篇中，采用11个，只有7个篇名是严复自拟的。

1897年11月9日，严复在致吴汝纶的信中说："拙译《天演论》近已删改就绪，其参引己说多者，皆削归后案而张皇之，虽未能悉用晋、唐

---

① 王栻：《严复集》，中华书局1986年版，第126—127页。
② 《吴汝纶全集》（三），黄山书社2002年版，第144—145页。
③ 《吴汝纶全集》（三），黄山书社2002年版，第235—236页。

名流翻译义例，而似较前为优，凡此皆先生之赐矣。"①

据上述可见，吴汝纶作为"桐城派"的领袖人物之一，一直致力于"桐城派"文风的恢复与重建，追求语言的雅洁。他虽大力提倡西学，但也认为"新旧二学，当并存具列"，"姚选古文则万不能废，以此为学堂必用之书，当与六艺并传不朽也"②。吴汝纶恪守桐城文风，以"雅洁"为规范以及"宁失真，不伤洁"的思想，对严复有着直接的影响。更为重要的是，吴汝纶也想使桐城古文依附于严复译介的西学而再度兴盛。因此，吴汝纶对严复以桐城古文翻译西学是极力推崇的。而严复亦据此确立了他的"信、达、雅"的翻译原则及严译著作特色。贺麟在《严复的翻译》一文中对严复译著的评价大抵是公允的："严氏类似此种之论调甚多，究竟有无附会之处姑且勿论，但至少可知其无数典忘祖之弊。一面介绍西学，一面仍不忘发挥国故。"③

二、严复译著中传统文化之元素

严复是第一个真正深入了解西方现代学术与文化、了解中国在现代世界的处境的中国人。严译著作是西学中国化的典范，"标志着向西方寻求真理由感性到理性、由具体到抽象、由形式到内容、由现象到本质这条'天路历程'中不断上升的一个界碑"。在严复的译著中，无论从形式还是内容，其传统文化的元素俯拾皆是。他是以中国传统知识分子的思维去翻译西方名著，是以中国儒家传统中的基本价值理念作为基点来介绍和宣传西方的价值观的。

从形式上而言，严复的翻译是颇有深意的。众所周知，严复选择的是"汉以前的字法句法"，模仿先秦文体，这不仅是从语言或风格着眼，而主要是吸引士大夫们的注意，"力图通过用最典雅的中文表达西

---

① 王栻：《严复集》，中华书局1986年版，第520—521页。
② 《吴汝纶全集》（三），黄山书社2002年版，第235页。
③ 贺麟：《严复的翻译》，《东方杂志》1925年22卷21号，见《论严复的严译名著》，商务印书馆1982年版，第32页。

方思想来影响讲究文体的文人学士"。① 以中国传统文化的概念从事翻译，"努力寻求中西思想的一致性"。② 为此，在创造新词汇时他是煞费苦心，用他自己的话来说，即"一名之立，旬月踟蹰"。如，将"同情"（sympathy）译为"善相感"，空间（space）为宇，时间（time）为宙，将经济学（economics）译为"计学"，将逻辑学（logic）译为"名学"，把"生存竞争"（struggle for existence）译为"物竞"，把"选择"（selection）译为"天择"，把"形而上学"（metaphysics）译为"理学"，把"归纳"（indution）译为"内籀"，把"演绎"（deduction）译为"外籀"，把"社会学"（sociology）译为"群学"，把"哲学"（philosophy）译为"爱智学"等等，不一而足。又如，将赫胥黎的"伦理"（ethics）译为"人道"或"治道"，把"进化"（evolution）译为"天演"，把"宇宙的进程"（cosmic process）译为"天行"，把"自然的方式"（the way of nature）译为"天道"。这样一来，赫胥黎讨论的自然原则与伦理原则的关系在严复那里就变成了"天道"与"人道"的关系，而严复又迅速将之转换为传统中国思想中的天人关系。③ 因此，严复对西方文化的译介称得上是西学的中国化的过程，亦即援西学入中学以期建构近代中国文化体系达至"苞中外而计其全、统新故而视其通"的目标。概言之，"会通中西"是严复文化理想的终极目标。

从内容上看，严复的进化论、自由主义以及民主观念均建立在他对中国传统文化的深厚感情上。

以严复1895年批判中国传统最"激进"的5篇论文而言，这5篇政论文称得上是严复批判传统的宣言书，但时，这些文字不仅形式上模仿先秦文言文，而且内容上大量使用中国传统典故，时常还引用中国文化思

---

① ［美］本杰明·史华兹著、叶凤美译：《寻求富强：严复与西方》，江苏人民出版社2010年版，第63页。

② ［美］本杰明·史华兹著、叶凤美译：《寻求富强：严复与西方》，江苏人民出版社2010年版，第22页。

③ 参见李强：《严复与中国近代思想的转型——兼评史华兹〈寻求富强：严复与西方〉》，刘桂生等主编：《严复思想新论》，清华大学出版社1999年版，第388—389页。

想来做论证的立足点。譬如：运用《易经》中的"先天而天弗违，后天而奉天时"①来说明进化的不可逆性，"彼圣人者，特知运会之所由趋，而逆睹其流极。唯知其由趋，故后天而奉天时；唯逆睹其流极，故先天而天不违。于是裁成辅相，而置天下于至安"②。运用《周易》与《老子》关于事物向两极转化的思想来说明人的努力的重要性，"客谓物强者死徒，事穷者势反，固也。然不悟物之极也，固有其所有极，故势之反也，亦有其所由反。善保其强，则强者正所以长存；不善用其柔，则柔者乃所以速死。彼周易否泰之数，老氏雄雌之言，因圣智之妙用微权，而非不事事听其自至之谓也。不事事而听其自至，此太甲所谓'自作孽，不可逭'者耳"③。在《原强》一文中，严复用中国传统文化中的思想说明了群学的重要性，把斯宾塞的群学看作儒家修身、齐家、治国、平天下之学。他说："斯宾塞尔者……号其学曰'群学'，犹荀卿言人之贵于禽兽者，以其能群也，故曰'群学'。"④严复认为斯宾塞的群学与中国思想家荀子的思想有相通之处。"唯群学明，而后知治乱盛衰之故，而能有修齐治平之功。呜呼！此真大人之学矣"⑤。在《论世变之亟》中，用"恕""絜矩"等儒家观念类比西方观念，认为儒家"恕"和"絜矩"与自由相似，"中国理道与西法自由最相似者，曰恕、曰絜矩。然则谓之相似则可，谓之真同则大不可也。何则？中国恕与絜矩，专以待人及物而言。而西人自由，则于及物之中，而实寓所以存我者也"⑥。又说：忠恕之道要求人审己以度人，使彼我之间各得所愿，要求"己所不欲，勿施于人"。这与自由"第务令无相侵损而已，侵人自由者，斯为逆天理，贼人道"亦是相通的。

尤值一提的是，严复对道家思想一直情有独钟。在严复看来，西方自由与中国《老子》是相通的。严复从中国传统中寻找自由的资源，集

①　高亨：《周易大传今注》，齐鲁书社 1998 年版，第 56 页。
②　王栻：《严复集》，中华书局 1986 年版，第 1 页。
③　王栻：《严复集》，中华书局 1986 年版，第 23 页。
④　王栻：《严复集》，中华书局 1986 年版，第 16 页。
⑤　王栻：《严复集》，中华书局 1986 年版，第 18 页。
⑥　王栻：《严复集》，中华书局 1986 年版，第 2 页。

中体现在1905年所作的《老子〈道德经〉评点》中。譬如：《老子》三十五章："往而不害，安平太。"严复解释为："安，自繇也；平，平等也；太，合群也。"①严复还从《老子》中也发现了他所心仪的民主。《老子》三章："不尚贤，使民不争。不贵难得之货，使民不为盗。不见可欲，使民心不乱。"严复解释为："此不佞所以云黄老为民主治道也。"②《老子》四十六章："天下有道，却走马以粪；天下无道，戎马生于郊。"解释为"纯是民主主义，读法儒孟德斯鸠《法意》一书，有以征吾言之不妄也"③。《老子》五十七章："以正治国，以奇用兵，以无事取天下。"解释为"取天下者，民主之政也"④。"以贱为本，以下为基，亦民主之说。"因此，"黄老之道，民主之国之所用也"⑤。正因如此，严复被誉为"中国自由主义之父"。

三、严复的台湾情缘

严复对台湾情有独钟，在反侵台、反割台的斗争中身体力行，对救亡图存、挽救民族危机、实现祖国"大一统"，倾注了毕生心血。他的家族在推动两岸的交流与和平发展中贡献卓著。

众所周知，严复作为马尾船政学堂的学员，在学业结束后即登上练船实习，开始巡航沿海。1872年，他随"建威"号北上往返训练，途经浙江、上海、烟台、天津等；次年，严复再随"建威"号南下往返训练，途经厦门、香港、新加坡、槟榔屿等地。两次的巡海训练不仅练就了严复远航的胆识，而且检验了他在船政学堂所学的理论知识，为其日后参与海上实际操作打下了良好基础。1874年5月，日本以征讨台湾生番为名悍然出兵我国台湾，在台湾南部琅峤一带登陆。5月29日，清政府任命沈葆桢为钦差大臣办理台湾等处海防兼理各国事务大臣，东渡台湾。

---

① 王栻：《严复集》，中华书局1986年版，第1090页。
② 王栻：《严复集》，中华书局1986年版，第1076页。
③ 王栻：《严复集》，中华书局1986年版，第1095页。
④ 王栻：《严复集》，中华书局1986年版，第1097页。
⑤ 王栻：《严复集》，中华书局1986年版，第1079页。

严复作为船政学堂培养的"通晓测量计算"的学员乘"扬武"号战舰随行。这次行动历时一月有余,旋即,严复驾"建威"号军舰到上海运淮军赴台,并随沈葆桢到台湾"测量台东旂来各海口,并调查当时肇事情形","缮具说帖呈报,沈公据以入奏"①。沈葆桢根据严复的报告在上奏清廷的奏折中充分肯定了台湾地位的重要性,进而提出铺设闽台海底电缆、增设台湾地方行政机构、开山抚番等加强台湾防务、加快台湾建设的建议。清政府旋即批准了沈公所请,并对福建巡抚移驻台湾一事,作出福建巡抚半年驻省、半年驻台的颇具战略意义决定。②严复对台湾海岛海口勘测的第一手资料,既表明了中国政府对台湾的一贯主权,也是严复为中国台湾省海岸版图的界定做出的历史性贡献。

在台湾期间,严复还遭遇了一件与台湾本地人民友好交往、排解"国际纠纷"的巧事。据严璩《侯官严先生年谱》载:"是时随同赴台者,尚有海关税务司英人好博逊(Mr. Hobson)。一日,好博逊昼寝,一生番突入所居。台东欧人绝少,生番见之,顿起其好奇之心,欲行凶焉。适为府君所见,急招一通事带一熟番至,向生番有言,该生番始去,英人始免于难。"③这一事件表现了严复的勇敢机智及其与台湾本地民众的友好关系。

1895年甲午战后,中国面临严重的民族危机。《马关条约》签订的消息传出后,举国同愤,反对割台的呼声高涨。台湾全省"哭声震天",鸣锣罢市。严复以高度的爱国主义激情,投入反割台的抗日斗争中去。在《原强》中,严复对中华民族生死存亡的忧虑跃然纸上,他说:"日本以寥寥数舰之舟师,区区数万人之众,一战而剪我最亲之藩属,再战而陪京戒严,三战而夺我最坚之海口,四战而覆我海军。"④为此,严复坚决反对和谈。他在《原强续编》中指出:"倭之条款,众所宜知矣,姑无论割地、屯兵诸大端,即此数万万之军费,于何应之?倭患贫而我适以

---

① 王栻:《严复集》,中华书局1986年版,第1546页。
② 沈葆桢:《请移驻巡抚折》,《沈文肃公政书》卷5。
③ 王栻:《严复集》,中华书局1986年版,第1546—1547页。
④ 王栻:《严复集》,中华书局1986年版,第7页。

是拯之，以恣其虐我。"他进一步指出议和的弊端，勉励中国将士振作起来，与日倭血战到底。其曰："和之一言，其贻误天下，可谓罄竹难书矣。唯'终归于和'之一念，中于人心者甚深，而战事遂不可复振。是故举今日北洋之糜烂，皆可于'和'之一字推其原。仆生平固最不喜言战者也，每谓有国者，虽席极可战之势，据极可战之理，苟可以和，切勿妄动。迨不得已战矣，则计无复之，唯有与战相终始，万万不可求和，盖和则终亡，而战可期渐振。苟战亦亡，和岂遂免……唯始事而轻言战，则既事必轻言和。"因此，"为今日之计，议不旋踵，十年二十年转战，以任拼与贼倭没尽而已。诚如是，中倭二者，孰先亡焉，孰后倦焉，必有能辨之者。天子以天下为家，有以死社稷教陛下者，其人可斩也。愿诸公绝'望和'之一念，同德商力，亟唯军实之求。兵虽乌合，战则可以日精；将虽愚怯，战则日来智勇；器虽苦窳，战则日出坚良"[1]。严复振聋发聩的疾呼，充分显示出了他不屈的民族气节和捍卫祖国主权与领土完整的决心。

严复与台湾望族板桥林家的姻亲关系更是家喻户晓，成为海峡两岸近代亲缘关系的一段佳话。

1914年，严复委托同乡挚友陈宝琛做媒，为三子严琥（字叔夏）物色门当户对的女家，陈宝琛遂将其外甥女林慕兰介绍给了叔夏。林慕兰是陈宝琛之妹陈芷芳与台湾望族富豪林维源的儿子林尔康所生的二女儿。1918年，陈宝琛将林慕兰的生辰八字和照片送到严家，就此定下了亲事。是年12月，严复送日单给林家，定于1919年元旦在故乡阳岐为严叔夏与林慕兰举行婚礼。关于婚礼一事，严复日记记载颇详。台湾著名作家、严复的孙女严停云（笔名华严）的《吾祖严复》文中也描述了当时迎亲的具体情节，兹不赘述。

然而，这门亲事的影响远远超出婚礼本身。正是严琥与台湾林慕兰的婚姻，这使得严复子孙后裔在台湾枝繁叶茂。严叔夏与林慕兰育有一子二女，即严以侨、严倬云、严停云以及严以侨与林倩（陈宝琛的女儿

---

① 王栻：《严复集》，中华书局1986年版，第39—40页。

陈瑜贞与林尔康的儿子林熊祥之女，亦即陈宝琛的外孙女）的儿子严正。严、陈、林三家互为姻亲，几代发展，交谊益深。作为两岸同胞的共同记忆，严林两家包括辜家的后裔活跃在台湾政界、商界、文教界，至今依然为台海两岸的和平发展做出有影响力的积极贡献。兹举例言之：

严倬云是台湾妇女界领袖人物，1992年被宋美龄任命为台湾妇联会总干事，宋美龄在世时，她是宋美龄最得力的助手，与宋美龄情同姐妹。她的丈夫是台湾海基会首任董事长辜振甫，是海峡两岸相互交往的共同的政治基础——"九二共识"①的主要参与者与缔造者。与辜振甫的企业惊人成就相比，促成"九二共识""汪辜会谈"，才是辜振甫一生最为人称道的辉煌业绩，也是他在台湾海峡交流基金会董事长任上（1990—1996）的巅峰之作。正是因为有了"九二共识"和"汪辜会谈"，海峡两岸的交流与对话才奠定了较为坚实的基础。"九二共识"和"汪辜会谈"改写了两岸30多年对立的历史。有评论称，没有辜振甫，就没有海峡两岸的今天。2005年1月，辜振甫病危，已经不能说话，只能写字。他的手一直颤抖，写句话要半天，歪扭很难辨认。临终前，辜振甫示意要纸笔。子女以为他要交代家里的事情，结果他颤巍巍写了两行字："关心台湾，关心两岸。"②

辜振甫与辜严倬云育有两子三女。次子辜成允在长兄启允去世、父

---

① 1992年10月28日至30日，海协会与台湾的海基会在香港进行商谈，就海峡两岸事务性商谈中，如何表述坚持一个中国原则的问题进行讨论，并最终达成了"以口头方式表达的'海峡两岸均坚持一个中国原则'的共识"。

对于"九二共识"，习近平在多个场合均表达过其重要的作用。2013年2月25日，习近平在会见国民党荣誉主席连战一行时曾表示，只要两岸双方都秉持民族大义，巩固反对"台独"、坚持"九二共识"的基础，增进共同维护一个中国框架的认知，两岸各领域合作的前景就是宽广和光明的。次年2月，习近平在会见连战一行时再次表示，两岸双方要巩固坚持"九二共识"、反对"台独"的共同基础，这个基础是两岸关系之锚。

"汪辜会谈"是在两岸两会于1992年达成的"九二共识"的基础上举行的，是海峡两岸隔绝40多年后举行的首次会谈。1993年4月27日至29日，在海协会的倡议和积极推动下，经过海峡两岸的共同努力，备受注目的第一次"汪辜会谈"在新加坡正式举行。在海峡两岸都坚持一个中国原则的基础上，"汪辜会谈"就加强两岸经济合作和科技、文化、青年、新闻等领域的交流进行了协商，签署了4项协议，受到了海峡两岸和国际社会的普遍好评。

② 以上内容参见网络文章《台湾"第一世家"继承人，为何将全部身家押向大陆》。

亲病重、家族企业重债缠身的境况中"意外接班"。2003年辜成允出任台湾水泥股份有限公司的董事长兼总经理，将台湾的第一家上市公司、是辜振甫创下百亿美元的起点——台湾水泥股份有限公司的大量资产投向大陆发展，因为他坚信：守业台湾是一条死路，去大陆发展才有新生的希望。到2005年底，该公司在大陆的水泥产量和效益双双超过早它10年到大陆的台资同行，挤进大陆水泥行业综合实力前三强，在华南地区位列第一。他坚持"像大陆人一样思考，像大陆人一样办事，像大陆人一样竞争"。因此，该公司成了大陆第一家100%使用大陆制造设备的台资企业，是唯一一家严格按照大陆水泥行业指导进行生产的非大陆企业，也是唯一一家被大陆水泥生产商视为大陆企业的非大陆水泥企业。

严停云是两岸知名作家，笔名华严，取自佛学经典《华严经》。受祖父与父母亲笃信佛教的影响，她的作品常常呈现佛家的智能与慈悲精神。她的第一本作品《智能的灯》花了3年才完成。她的创作以小说为主，从侧面反映了20世纪现代中国的历史和50年代后台湾的社会变迁，以及在变迁中人的心灵的激烈的内在冲突。著有《生命的乐章》《七色桥》《玻璃屋里的人》《和风》《晴》《蒂蒂日记》《镜湖月》《无河天》《高秋》《神仙眷属》《花落花开》《明月几时圆》《燕双飞》《秋的变奏》《灿星灿星》《不是冤家》《兄和弟》《出墙红杏》等20多部；其中多部改编成电影和电视连续剧，深受台湾、香港及海外华人欢迎。华严曾任台湾文艺基金管理委员会委员兼评审委员、文建会文艺委员会委员、中山学术基金会审议委员等职。其丈夫叶明勋毕生从事新闻传播与教育工作，关心社会公益，以诚恳诚实为处事原则，受到普遍敬重，被台湾新闻界尊为"明公"。他还是台北市"二二八"和平纪念碑碑文的撰写者、辜公亮文教基金会董事长、台湾世新大学的创办人兼首任董事长和永远的名誉董事长。他见证了台湾这一时代的新闻史，可以历数台湾光复以来每一页报史，每一位报人，而他对于台湾广告事业的推进，尤其居功甚伟。

严侨，严复的长孙，谱名严以侨，1920年出生于福州，中华人民共和国成立前加入中国共产党。1950年初，严以侨（与其妻林倩一起）受中共党组织派遣进入台湾。1953年被国民党逮捕，关到绿岛（火烧岛），或许由于是严复之孙等原因，未被杀害。1961年获释后从事教育工作，1974年病逝于台北，终年55岁。台湾著名人士李敖撰有《严复长孙——严侨在台湾》一文，刊登在《中华英烈》上。2003年，中华人民共和国民政部追认严以侨为革命烈士。

严侨之子严正是台湾著名企业家。

近年来，两岸严复后人互动频繁，他们的心始终在一起，都致力于弘扬严复精神，致力于两岸和平统一。台湾近代史研究所研究员黄克武表示，"严复先生的后人居于海峡两岸，我们也希望严复先生的思想遗产，能够促进两岸的和谐互动，建立两岸的思想共识，实现中国的长治久安"。

《李敖回忆录》中一段话精辟总结了严复的台湾情缘："我总觉得严氏一门，正是中国现代史上最好的家传资料。第一代严复，身逢帝制不绝，志在引进新潮，赍志以没了；第二代严琥（字叔夏），身逢新旧交替，志在富国强兵，家破人亡了；第三代严侨，身逢国共斗争，志在建国大业，自己报废了；第四代严正，身逢国民党在台湾通吃，志在经济挂帅，埋头做白领阶级了。严氏家传的横剖，岂不正是中国现代史的缩影……严（侨）老师英灵不泯，必将在太平有象之日，魂归故国，以为重泉之告。[1]上一代的爱国者永生，他们虽为消灭反动政权而牺牲了自己，但是，震旦不再沉陆，中国毕竟站起来了。"

余　论

历史人物的评价是史学研究中最具争议也最富挑战性的问题之一，历来为史家所关注。严复作为由传统走向现代的过渡人物，在中国近代化的大潮中，始终游走于传统与现代的两个极点之间。他既饱读新知，又熟谙旧学，他不仅深受新知的熏陶，也经历了旧学的浸润，其所处的时代（忧患与危机、新旧交织）、所受的教育（中西合璧）以及所特有的

---

[1]　1920年1月，严叔夏的儿子以侨出生，严复自北京写诗示儿孙，表达伟大思想家、爱国者的广博无私的父爱。其四仿陆游《示儿》诗云："名尔为侨胙，心仪到古贤。艰难支奥国，词命却强权。震旦方沉陆，何年得解悬。太平如有象，莫忘告重泉。"

禀赋（对中西社会、文化的体知罕有其俦），都使得他的思想具有独特的深刻性和历久弥新的价值。尤其是严复时代所面临的种种问题至今仍然存在，仍然困惑着人们，我们每每阅读严复的文字，大有感同身受的慨叹，唯其如此，严复的研究始终是近现代中国思想史以及中西文化交流史的重要课题。可以说，对严复的研究不仅仅是对严复个人或近代知识分子群体的研究，而是关涉近代以来中国人面对世界大变局如何应对的一个态度的研究，关乎中西文化碰撞过程中国人如何客观、理性对待外来文化和本土文化，如何正确处理传统和现代关系的民族心理的研究。近年来随着国学热的兴起，怎样重新认识中国传统文化的价值必将成为新的学术问题，严复的许多见解对我们是很有启发意义的。

严复"教育救国"思想再认识

薛 菁

"教育救国"思想是鸦片战争以来，伴随经世致用思潮兴起，中国的有识之士在近代中国救亡图存的特定时代条件下，在探索挽救国运、学习西方的过程中提出的救国方略。其滥觞于第一次鸦片战争前后，勃兴于19世纪60至90年代，鼎盛于五四新文化运动前后，20世纪30年代后销声匿迹。"教育救国"作为近代中国的一种主流社会思潮，是民族危机不断加深以及中西文化碰撞的产物，也是近代先进的中国人寻求救国救民真理的必然结果，其所具有的进步性与合理性不言而喻。彼时几乎所有倾向变革维新的刊物无不呼吁发展教育乃至"教育救国"，"青年志士稍识时务者，莫不持兴学救亡之策，奔走呼号"①，这一思潮在中国近现代历史上的影响可谓至深至远。严复是近代"中国教育救国论"的先驱，其"教育救国"思想内涵丰富，别具特色。然而，长期以来受僵化的理论模式和评判标准的影响，在崇尚激进与暴力的现实政治生活中，"教育救国"思想被视为资产阶级改良主义的观点遭到贬责，严复作为近代资产阶级改良派的典型代表，其"教育救国"思想亦未能受到学界应有的重视，对其思想的评价与其实际价值更是相去甚远。近年来，随着人们观念的转变以及我国教育改革的深化和"科教兴国"战略的提出，学界开始重新反思、考量百余年前"教育救国"思想的价值，并赋以其教育改革之当代意蕴。本文意欲将"教育救国"思想置于中国近代社会转型的过程中，通过严复"教育救国"思想之形成及其独特的内涵重新估价其"教育

---

① 《豫报》第2号。《修武富绅之热心兴学》。

救国"思想的历史意义及其对当代中国教育改革的启示。刍荛之见,就教方家。

一、严复"教育救国"思想之形成

严复(1854—1921),福建侯官(今福州)人,初名体乾、传初,后改名宗光,字又陵。[①]登仕后又改名复,字几道。其独特的学业背景是为其"教育救国"思想形成之基础。史载,严复"早慧,嗜为文"[②],从小随其父学《三字经》《百家姓》《千字文》等蒙学读物。7岁始入私塾读书,先后从其五叔严厚甫(煜昌)、同邑黄少岩[③]等人学习四书五经,由此打下了坚实的国学根柢。尤其是黄布衣常常在课经之余,向严复讲述明代东林党掌故以及宋、元、明三代思想家的处世态度和思想倾向,这对于造就严复一生忧国忧民,刚直不阿,以译书经世为职志,以救世牖民为己任的思想品格有着不可忽视的影响。1866年6月,严复父亲病故。因生活所迫,严复不得已于是年冬报考了福州船政学堂,[④]并以第一名的优异成绩被录取,严复的命运从此发生了根本性的变化。

1867年1月6日,严复正式进入船政后学堂学习驾驶。严复在后学堂所习课程主要有:英文、算术、几何、代数、解析几何、割锥、平三角、弧三角、代积微、动静重学、水重学、电磁学、光学、音学、热学、化学、地质学、天文学、航海术等。[⑤]这些课程将严复带入了一个全新

---

① 因慕东汉初年隐士严光而名。严光,字子陵,一名遵,会稽余姚人。"少有高名,与光武同游学。及光武即位,乃变名姓,隐身不见。"(《后汉书》卷83《逸民列传·严光传》)

② 《清史稿》卷486《严复传》。

③ 黄少岩,字布衣,又名黄昌彝、黄宗彝,"为闽之宿儒。其为学汉宋并重,著有《闽方言》一书"。(严璩:《侯官严先生年谱》,转引自王栻主编:《严复集》第5册,中华书局1986年版,第1545页)

④ 由于当时的观念,一般士子均以科举致仕,攻读四书五经猎取功名为"正途",进"洋务"学堂改读"西学",则是甚为不堪的选择。为吸引优秀的生源,船政学堂不仅招生条件十分宽泛,而且对学生的待遇颇为优厚,凡被录取者生活费全免,成绩优等者还可获得十元赏银。

⑤ 严璩:《侯官严先生年谱》,转引自王栻主编:《严复集》第5册,中华书局1986年版,第1546页。

的知识领域，他开始系统接受西方自然科学的教育和熏陶，对西学逐渐有了更全面、更客观的认识，打下了坚实的近代自然科学知识的基础。不仅如此，由于后学堂是由英国人主持，教育体制悉按英国海军学校成规，教师用英语授课，使用英语原版教材，因此，后学堂又称英国学堂。如果说进入船政学堂是严复命运的转折点，那么进入后学堂学习驾驶则决定了严复一生的功业。从此，"英文是他汲取西方思想的媒介。英国成为他理想国家的范本。英国人的思想支配了他的思想发展"①。诚如梁启超评论道："严又陵（复），他是欧洲留学生出身，本国文学亦优长，专翻译英国功利主义派书籍，成一家之言。"②王国维亦评价道："严氏所奉者，英吉利之功利论及进化论之哲学耳，其兴味之所存，不存于纯粹哲学，而存于哲学之分科，如经济、社会等学，其所最好者也。"③可见，严复导入的主要是英国经验主义哲学及其价值观和方法论。这一哲学特征有二：一为突出教育在改造社会、拯救国家方面的社会功能；二为倡导科学的教育功能。严复后来倡言其"三民"教育思想，并终其一生反对激变，反对革命，主张渐进、改良的政治倾向即为明证。而1877至1878年负笈英伦的留学经历则是严复建构其思想体系之滥觞。两年中，严复除了继续深造与海军专业相关的自然科学外，还醉心于西方资产阶级的文化制度，对西方资本主义制度和思想文化做实地考察和研究，直入西方文化之堂奥，深得个中三昧，最终漂洋过海，将之植根中土。尤值一提者，留英期间，严复的英文水平已练就得炉火纯青，深得时任我驻英国公使郭嵩焘的赞赏，为严复回国后大量阅读、译介斯宾塞、赫胥黎、达尔文、亚当·斯密、边沁、孟德斯鸠等西方艰深的学术思想著作提供了必不可少的条件。很显然，严复对西方社会了解之全面，西学造诣之精深，不仅远非李鸿章、张之洞等洋务派人物可比，就是那些在甲午战争前曾经到过欧洲的早期维新派人士如王韬、何启、郑观应之辈以

---

① ［美］本杰明·史华兹著，叶凤美译：《寻求富强：严复与西方》，江苏人民出版社1996年版，第24页。

② 梁启超：《中国近三百年学术史》，东方出版社1996年版，第37页。

③ 姚淦铭等编：《王国维文集》第3卷，中国文史出版社1997年版，第37页。

及甲午战争后领导整个维新运动的康梁新学家们，也都不能望其项背。正是在肄习海军战术的实际操练中，严复体悟到"鼓民力"是国家富强的重要一环，而在对英国社会制度的考察中，他开始意识到了"新民德"之重要性，后来在对中西国情差异之比较中，他感受到了"开民智"之迫切性。正是严复的教育经历和他以自然科学为基础的知识结构，使得他具有了与同时代思想家们迥然而异的素质——他是用自然科学的眼光去观察社会，依据自然科学的公理去探求中国富强之道。因此，严复在中国近代教育史上的贡献，恰恰在于其着眼于中西两种不同文化体系的比较研究上，首开中西文化比较之先河。正是通过高屋建瓴的宏观比较，严复将之前国人对中西文化的探索与争论升华到了世界观、哲学观的高度，从而"为近代中国教育界开创了一种把教育问题放在古今中外广阔的文化视野中考察把握的新的思路"[1]。

二、以译书为媒介倡扬"教育救国"思想

1895年，甲午战败，神州沉陆，清廷乞和，举国震惊，一个泱泱大国败于蕞尔小国，中国面临亡国灭种的严重危机。更有甚者，严复船政学堂的同窗邓世昌、林永升、刘步蟾、黄建勋等壮烈殉国。他执教20多年的北洋水师学堂的学生"为国死绥者殆半"[2]。严复备感忧愤，感到"今日之世变，盖自秦以来未有若斯之亟也"[3]。于是，他"腐心切齿"，"宁负发狂之名，决不能喔咿嚅唲，更蹈作伪无耻之故辙"，[4]决意同爱国志士一道走上"变今"维新之路，积极从事爱国救亡的变法维新活动。从1895年起，严复在天津《直报》上发表了一系列政论文章，最主要的是《论世变之亟》《原强》《辟韩》《救亡决论》等。严复在这些文章中评论历史，针砭时弊，大发危言深论，宣传西学，倡言民主、自由，宣扬

---

① 陈学恂、田正平主编：《中国教育史研究·近代分卷》，华东师范大学出版社2009年版，第370页。
② 严复：《〈海军大事记〉弁言》，《严复集》第2册，第352页。
③ 严复：《论世变之亟》，《严复集》第1册，中华书局1986年版，第1页。
④ 严复：《救亡决论》，《严复集》第1册，中华书局1986年版，第53页。

变法救亡，成为维新运动时期最重要、最出色的理论家与宣传家。

虽然在戊戌变法时期，严复与康有为一样，政治上主张变法维新，但其表现形式却与康氏迥异。康有为主要是假借中国传统文化的形式，搞"托古改制"，严复则是直接诉诸西方先进理论，通过译著西方学术思想和政治学说以警世，诚如他自己所言："意欲本之格致新理，溯源竟委，发明富强之事，造端于民。"①此后的十余年间，严复专心致力于翻译西方资产阶级著名学者的著作，以翻译为职志，成为"介绍近世思想的第一人"②。他精选慎择地将西方国家赖以富强的学术名著译述介绍到中国来，其目的在于"警世""救世"、启迪民智。对此，早在戊戌变法失败后，严复在给商务印书馆创办者之一张元济的信中表达得明白无误。他说："复自客秋以来，仰观天时，俯察人事，但觉一无可为。然终谓民智不开，则守旧维新两无一可。即使朝廷今日不行一事，抑所为皆非，但令在野之人与夫后生英俊洞识中西实情者日多一日，则炎黄种类未必遂至沦胥；即不幸暂被羁縻，亦将有复苏之一日也。所以屏弃万缘，惟以译书自课。"③又说："复今者勤苦译书，羌无所为，不过闵同国之人，于新理过于愚昧，发愿立誓，勉而为之……极知力微道远，生事夺其时日；然使前数书得转汉文，仆死不朽矣。"④严复译述的这一旨趣亦可从吴汝纶给严复的信中见之一斑。吴汝纶在读罢《天演论》，致信严复说："盖自中土翻译西书以来，无此宏制。匪直天演之学，在中国为初凿鸿蒙，亦缘自来译手，无似此高文雄笔也。钦佩何极！抑执事之译此书，盖伤吾土之不竞，惧炎黄数千年之种族，将遂无以自存，而惕惕焉欲进之以人治也。本执事忠愤所发，特借赫胥黎之书，用为主文谲谏之资而已。"⑤在读到严译《原富》一书后，又致信严复说："斯密氏元书，理趣甚奥赜，思如芭蕉，智如涌泉，盖非一览所能得其深处。执事雄笔，

① 严复：《与梁启超书》，《严复集》第 3 册，中华书局 1986 年版，第 514 页。
② 申报馆《最近之五十年》，转引自商务印书馆编：《论严复与严译名著》，商务印书馆 1982 年版，第 41 页。
③ 严复：《与张元济书》，《严复集》第 3 册，中华书局 1986 年版，第 525 页。
④ 严复：《与张元济书》，《严复集》第 3 册，中华书局 1986 年版，第 527 页。
⑤ 严复：《吴汝纶致严复书》，《严复集》第 5 册，中华书局 1986 年版，第 1560 页。

真足状难显之情，又时时纠其违失，其言皆与时局痛下针砭，无空发之议，此真济世之奇构。"①鲁迅曾称赞严复为"19世纪末年中国感觉敏锐的人"②。可以这么说，近代译书以引进西方先进思想为鹄的始于严复，严译著作"标志着向西方寻求真理由感性到理性、由具体到抽象、由形式到内容、由现象到本质这条'天路历程'中不断上升的一个界碑"，"在中国近代思想史上开创一个新纪元"③。

三、以"三民"教育为教育救国之纲领

在严复接触到的西方学者中，斯宾塞无疑是对严复影响最大的一位，也是严复最推崇的一位，甚至可以说，严复几乎是全部接受了斯宾塞的思想体系，这已成为学界公论。因为在严复看来，斯宾塞的思想"不仅仅是在解释社会，而且还能提供一个改造社会的方案"，尤其是"在甲午中日危机之前的几年里，严复在斯宾塞的体系中已发现了西方'成功'的秘密的线索"④。严复之"民力""民智""民德"思想直接来源于斯宾塞1861年出版的《教育论——智育德育和体育》，严复将之翻译为《劝学篇》。他说："《劝学篇》者，勉人治群学之书也。其教人也，以瀹智慧、练体力、厉德行三者为之纲。"⑤他根据斯宾塞社会有机体理论，认为国家犹如一个生物有机体，其优劣强弱与治乱盛衰均取决于国家个体——"民"之"才、德、力"的高下良莠。他说："人之所以异于禽兽者，以其能群也。"⑥"且一群之成，其体用功能，无异生物之一体，小大虽异，官治相准。知吾身之所生，则知群之所以立矣；知寿命之所以弥永，则知国脉之所以灵长矣。一身之内，形神相资；一群之中，力德相备。身

---

① 严复：《吴汝纶致严复书》，《严复集》第5册，中华书局1986年版，第1562页。
② 《鲁迅全集》第1卷，人民文学出版社1982年版，第295页。
③ 李泽厚：《论严复》，《中国近代思想史论》，三联书店2008年版，第264页。
④ [美]本杰明·史华兹著，叶凤美译：《寻求富强：严复与西方》，江苏人民出版社1996年版，第33页。
⑤ 严复：《原强修订稿》，《严复集》第1册，中华书局1986年版，第17页。
⑥ 严复：《原强》，《严复集》第1册，中华书局1986年版，第6页。

贵自由，国贵自主。生之与群，相似如此。"①他进一步指出："盖生民
之大要三，而强弱存亡莫不视此：一曰血气体力之强，二曰聪明智虑之
强，三曰德行仁义之强。是以西洋观化言治之家，莫不以民力、民智、
民德三者断民种之高下，未有三备者而民生不优，亦未有三者备而国威
不奋者也。"②因此，"国之强弱贫富治乱者，其民力、民智、民德三者
之征验也，必三者既立而后其政法从之。于是一政之举，一令之施，合
于其智、德、力者存，违于其智、德、力者废"。"是故贫民无富国，弱
民无强国，乱民无治国"③。因此，"今日要政，统于三端：一曰鼓民力，
二曰开民智，三曰新民德。夫为一弱于群强之间，政之所施，固常有标
本缓急之可论。唯是使三者诚进，则其治标而标立；三者不进，则其标
虽治，终亦无功；此舍本言标者之所以为无当也"④。反观中国，"民力
已荼，民智已卑，民德已薄，虽有富强之政，莫之能行也"⑤。基于上
述认识，严复认为当时的救国大业只能是从教育着手。他在1902年《与
〈外交报〉主人书》中指出："今吾国之所最患者，非愚乎？非贫乎？非
弱乎？则径而言之，凡事之可以瘳此愚、疗此贫、起此弱者皆可为。而
三者之中，尤以瘳愚为最急。何则？所以使吾日由贫弱之道而不自知者，
徒以愚耳。继自今，凡可以瘳愚者，将竭力尽气鞭手茧足以求之。惟求
之能得，不暇问其中若西也，不必计其新若故也。有一道于此，致吾于
愚矣，且由愚而得贫弱，虽出于父祖之亲，君师之严，犹将弃之，等而
下焉者无论已。有一道于此，足以瘳愚矣，且由是而疗贫起弱焉，虽出
于夷狄禽兽，犹将师之，等而上焉者无论已。"⑥1905年在伦敦与孙中
山见面时他又说："以中国民品之劣，民智之卑，即有改革，害之除于
甲者将见于乙，泯于丙者将发之于丁。为今之计，惟急从教育上着手，

---

① 严复：《原强修订稿》，《严复集》第1册，中华书局1986年版，第17页。
② 严复：《原强修订稿》，《严复集》第1册，中华书局1986年版，第18页。
③ 严复：《原强修订稿》，《严复集》第1册，中华书局1986年版，第25页。
④ 严复：《原强修订稿》，《严复集》第1册，中华书局1986年版，第27页。
⑤ 严复：《原强修订稿》，《严复集》第1册，中华书局1986年版，第26页。
⑥ 严复：《与〈外交报〉主人书》，《严复集》第3册，中华书局1986年版，
第560页。

庶几逐渐更新乎!"①严公之"教育救国"思想昭然矣!在这里,他第一次将教育提到与救亡图存、与人的全面发展、与国家富强的一个全新的高度来理解,对处于民族危亡之秋的中国人而言所起到的积极启蒙作用不言而喻。

不仅如此,围绕"教育救国"的思想,严复还第一次系统地提出了近代中国的教育模式——"三民"教育。他说:"是以讲教育者,其事常分三宗:曰体育,曰智育,曰德育。三者并重,顾主教育者,则必审所当之时势而为之重轻。是故居今而言,不佞以为智育重于体育,而德育尤重于智育。"②第一,"鼓民力",即是"练民筋骸,鼓民血气者也"③。严复说:"今者论一国富强之效,而以其民之手足体力为之基。""西洋言治之家,莫不以此为最急。"④而要"鼓民力",就要革除封建陋俗,"中国礼俗,其贻害民力而坐令其种日偷者,由法制学问之大,以至于饮食居处之微,几于指不胜指。而沿习至深,害效最著者,莫若吸食鸦片、女子缠足二事"⑤。"是鸦片、缠足二事不早为之所,则变法者,皆空言而已矣"⑥。严复从斯宾塞的体育思想出发,得出"君子小人劳心劳力之事,均非气体强健者不为功"的结论,⑦从而把传统儒家思想所鄙视的"力"提高到与"智""德"同等重要的地位,这在当时是难能可贵的。

第二,"开民智",即是开发国民智慧,此为"三民"中最重要者,是"富强之原","此悬诸日月不刊之论也"⑧,其关乎救亡图存之大计。"民智不开,不变亡,即变亦亡。"⑨严复认为,西方之所以富强,在于民智之开。"洎乎二百年来,民智益开,教化大进,奋其智勇,经略全球。

① 严璩:《侯官严先生年谱》,《严复集》第5册,中华书局1986年版,第1550页。
② 严复:《论教育与国家之关系》,《严复集》第1册,中华书局1986年版,第167页。
③ 严复:《原强修订稿》,《严复集》第1册,中华书局1986年版,第28页。
④ 严复:《原强修订稿》,《严复集》第1册,中华书局1986年版,第27页。
⑤ 严复:《原强修订稿》,《严复集》第1册,中华书局1986年版,第28页。
⑥ 严复:《原强修订稿》,《严复集》第1册,中华书局1986年版,第29页。
⑦ 严复:《原强修订稿》,《严复集》第1册,中华书局1986年版,第28页。
⑧ 严复:《原强修订稿》,《严复集》第1册,中华书局1986年版,第29页。
⑨ 严复:《与张元济书》,《严复集》第3册,中华书局1986年版,第539页。

红人、黑人、棕色人与之相遇。始则与之角逐，继则为之奴虏，终则归于泯灭。"①而今，"中国人民智慧，蒙蔽弇陋，至于此极，虽圣人生今，殆亦无能为力也"②。要"开民智"，则"非讲西学不可"，"非另立选举之法，别开用人之涂，而变八股、试帖、策论诸制科不可"③。他利用自然科学经验归纳法的方法论对中国旧学包括宋学义理、汉学考据、辞章等加以批判，第一次从哲学认识论和方法论的高度对中西文化进行比较，论证"开民智"与倡导西学之关系。他说：西学"先物理而后文词，重达用而薄藻饰。且其教子弟也，尤必使自竭其耳目，自致其心思，贵自得而贱因人，喜善疑而慎信古。其名数诸学，则藉以教致思穷理之术；其力质诸学，则假以导观物察变之方，而其本事，则筌蹄之于鱼兔而已矣"④。"一理之明，一法之立必验之物物事事而皆然，而后定之为不易。其所验也贵多，故博大；其收效也必恒，故悠久；其究极也，必道通为一，左右逢源，故高明……且西土有言：凡学之事，不仅求知未知，求能不能已也。学测算者，不终身以窥天行也；学化学者，不随在而验物质也；讲植物者，不必耕桑；讲动物者，不必牧畜。其绝大妙用，在于有以炼智虑而操心思，使习于沈者不至为浮，习于诚者不能为妄"⑤。有鉴于此，严复反复强调教育的目的"不欲其仅成读书人而已"⑥，而应以培养学生的实践能力为目标，在实践中发展人的聪明才智，发挥自己所学。他说："言今日之教育，所以救国，而祛往日学界之弊者，诚莫如实业之有功。盖往日之教育笃古，实业之教育法今；往日之教育求逸，实业之教育习劳；往日之教育成分利之人才，实业之教育充生利之民力。第须知实业教育，其扼要不在学堂，而在出堂后办事之阅历。以学堂所课授者，不

①　严复：《保种余义》，《严复集》第 1 册，中华书局 1986 年版，第 86 页。
②　严复：《救亡决论》，《严复集》第 1 册，中华书局 1986 年版，第 47—48 页。
③　严复：《原强修订稿》，《严复集》第 1 册，中华书局 1986 年版，第 30 页。
④　严复：《原强修订稿》，《严复集》第 1 册，中华书局 1986 年版，第 29 页。
⑤　严复：《救亡决论》，《严复集》第 1 册，中华书局 1986 年版，第 45 页。
⑥　严复：《论小学教科书亟宜审定》，《严复集》第 1 册，中华书局 1986 年版，第 205 页。

过根柢之学，增广知识，为他日立事阶梯云耳。"①总之，在严复看来，"开民智"必大兴西学，兴西学必注重教育，其最终的目的就是致民族昌盛，国家富强。

第三，"新民德"，即是重视德育，讲自由、民主、平等，"至于新民德之事，尤为三者之最难"②。民德作为国民应有的素质，在政治上首先表现为爱国主义，然而，部分中国人"有家无国"的观念制约了这一精神的高扬。严复以资产阶级的自由、民主、平等思想，取代中国封建宗法制度和伦理道德，提高国民的思想品德，形成国家观念、主人翁精神和新的道德风尚。他认为甲午战败的一个主要原因是国民道德的沦丧。对此，严复分析道："西洋之言治者曰：'国者，斯民之公产也，王侯将相者，通国之仆隶也。'而中国之尊王者曰：'天子富有四海，臣妾亿兆。'臣妾者，其文之故训犹奴虏也。夫如是则西洋之民，其尊且贵也，过于王侯将相，而我中国之民，其卑且贱，皆奴产子也。设有战斗之事，彼其民为公产公利自为斗也，而中国则奴为其主斗耳。夫驱奴虏以斗贵人，固何所往而不败？"③又说："自秦以降，为治虽有宽苛之异，而大抵皆以奴虏待吾民。虽有原省，原省此奴虏而已矣；虽有燠咻，燠咻此奴虏而已矣。夫上既以奴虏待民，则民亦以奴虏自待。夫奴虏之于主人，特形劫势禁，无可如何已耳，非心悦诚服，有爱于其国与主，而共保持之也。"④"中国自秦以来，无所谓天下也，无所谓国也，皆家而已。一姓之兴，则亿兆为臣妾。其兴也，此一家之兴也，其亡也，此一家之亡也。天子之一身，兼宪法国家王者三大物，其家亡，则一切与之俱亡，而民人特奴婢之易主者耳，乌有所谓长存者乎！"⑤正是由于中国人"有家无国"的观念，导致在追求个人利益的时候往往置国家利益而不顾。反观

---

① 严复：《论小学教科书亟宜审定》，《严复集》第1册，中华书局1986年版，第206页。

② 严复：《原强修订稿》，《严复集》第1册，中华书局1986年版，第30页。

③ 严复：《辟韩》，《严复集》第1册，中华书局1986年版，第36页。

④ 严复：《原强修订稿》，《严复集》第1册，中华书局1986年版，第31页。

⑤ 严复：《〈法意〉案语》，《严复集》第4册，中华书局1986年版，第948—949页。

西方则与吾国完全不同，"彼西洋所以能使其民皆若有深私至爱于其国与主，而赴公战如私仇者"，"无他，私之以为己有而已矣"①。"是故居今之日，欲进吾民之德，于以同力合志，联一气而御外仇，则非有道焉使各私中国不可也"。要做到这一点，就必须"设议院于京师，而令天下郡县各举其守宰。是道也，欲民之忠爱必由此，欲教化之行必由此，欲地利之尽必由此，欲道路之辟、商务之兴必由此，欲民各束身自好而争濯磨于善必由此"②。严复最后指出："国与国而竞为强，民与民而争为盛也。非以力欤？虽然，徒力不足以为强且盛也，则以智。徒力与智，犹未足以为强且盛也，则以德。是三者备，而后可以为真国民。"③唯其如此，"今世国土种族竞争，其政法之事固亦自为风气，独至教育国民，则莫不以此为自存之脉"④。他进一步分析道："古今谋国救时之道，其所轻重缓急者，综而论之，不外标、本两言而已。标者，在夫理财、经武、择交、善邻之间；本者，存夫立政、养才、风俗、人心之际。"又说："夫人才者，国之桢干也。无人才则所谓标、本之治皆不行。"⑤很显然，严复认为强国之"本"关键在人，在于教育陶铸和培育德、智、体全面发展的人，一句话，只有实现人的现代化方能实现国家之现代化。从这个意义上说，严复对中国在近代所处危势的原因症结的剖析反思是深刻的，因为这已经触及救国救亡、求强求富的根本——人。这样，严复就把自由、民主与爱国、救亡图存的历史使命联系起来，将其"三民"思想提升到救亡图存的高度，视之为"自强之本"⑥，从而首开中国近代关注国民性问题之先河，成为近代中国重塑国民性思潮之滥觞，此后梁启超的"新民论"，陈独秀在五四运动时期倡导的新道德运动，孙中山提倡的"心理建设"，鲁迅对国民性的探讨等，无不启端于严复的"三民论"

① 严复：《原强修订稿》，《严复集》第1册，中华书局1986年版，第31页。
② 严复：《原强修订稿》，《严复集》第1册，中华书局1986年版，第31—32页。
③ 严复：《〈女子教育会章程〉序》，《严复集》第2册，中华书局1986年版，第252—253页。
④ 严复：《与学部书》，《严复集》第3册，中华书局1986年版，第592页。
⑤ 严复：《拟上皇帝书》，《严复集》第1册，中华书局1986年版，第65、68页。
⑥ 严复：《原强修订稿》，《严复集》第1册，中华书局1986年版，第32页。

思想。不仅如此，作为中国近代教育的先驱，严复以近代西方先进思想为借鉴，在比较中西学术政教之差异的基础上第一次系统提出德智体三育并重的教育思想以及由德育、智育、体育构成的教育体系，为中国教育现代化奠定了理论基础。著名学者王尔敏说："三育观念是19世纪由西方介绍过来的，重要的介绍人物就是严复。1895年严复介绍德智体的动机，并不是为了教育，而是揭示强国国民的基本条件。"①

四、以科学教育为"教育救国"之良方

在严复看来，西方自17世纪以来的强盛莫不与培根开创的实证科学之风气有关。他说：西洋"制器之备，可求其本于奈端（牛顿）；舟车之神，可推原于瓦德（瓦特）；用电之利，则法拉第之功也；民生之寿，则哈尔斐（哈维）之业也。而二百年学运昌明，又不得不以柏庚（培根）氏之摧陷廓清之功为称首"②。他进一步指出："名、数、质、力，四者皆科学也。其通理公例，经纬万端，而西政之善，即本斯而立。"③反观"中国之政，所以日形其绌，不足争存者，亦坐不本科学，而与通理公例违行故耳"④。因此，"一言救亡，舍西学格致而不可"⑤。西学格致，"一理之明，一法之立，必验之物物事事而皆然，而后定之为不易。其所验也贵多，故博大；其收效也必恒，故悠久；其究极也，必道通为一，左右逢源，故高明。方其治之也，成见必不可居，饰词必不可用，不敢丝毫主张，不得稍行武断，必勤必耐，必公必虚，而后有以造其至精之域，践其至实之途"⑥。他断言，在当时的历史条件下，唯有科学，方"可

---

① 王尔敏：《中国近代思想史续集》，中国社会科学文献出版社2005年版，第139页。
② 严复：《原强修订稿》，《严复集》第1册，中华书局1986年版，第29页。
③ 严复：《与〈外交报〉主人书》，《严复集》第3册，中华书局1986年版，第559页。
④ 严复：《与〈外交报〉主人书》，《严复集》第3册，中华书局1986年版，第559页。
⑤ 严复：《救亡决论》，《严复集》第1册，中华书局1986年版，第46页。
⑥ 严复：《救亡决论》，《严复集》第1册，中华书局1986年版，第45页。

转变吾人之心习，而挽救吾数千年学界之流弊"①。他分析道："所谓科学，其区别至为谨严，苟非其物，不得妄加其目。每见今日妄人几于无物不为科学。吾国今日新旧名词所以几于无一可用者，皆此不学无所知之徒学语乱道烂之也。夫科学有外籀，有内籀。物理动植者，内籀之科学也。其治之也，首资观察试验之功，必用本人之心思耳目，于他人无所待也。其教授也，必用真物器械，使学生自考察而试验之。且层层有法，必谨必精，至于见其诚然，然后从其会通，著为公例。"②他甚至感慨道："伟哉科学！五洲政治之变，基于此矣。"③基于此，严复疾呼："中国此后教育，在在宜著意科学，使学者之心虑沈潜，浸渍于因果实证之间，庶他日学成，有疗病起弱之实力，能破旧学之拘挛，而其于图新也审，则真中国之幸福矣！"④在严复看来，西学不仅是"开民智"之良方，而且还是政治变革之基础。欲"开民智"、学西学，教育是关键。"以中国前此智育之事，未得其方，是以民智不蒸，而国亦因之贫弱。"因此，"欲救此弊，必假物理科学为之。然欲为之有效，其教授之法又当讲求，不可如前之治旧学。道在必使学者之心，与实物径按，而自用其明，不得徒资耳食，因人学语"⑤。至于教育方法的步骤，严复依据西方教育思想理念设计了一个方案，他说："发蒙之始，自以求能读书写字为先。然于此时，便当教以观物之法，观物以审详不苟为主。欲其如是，莫若教之作画……再进则物理、算学、历史、舆地，以次分时，皆可授课。稍长则可读经书……至于十五以后，则必宜使习西文，英、法、德、意择一皆可……西文既通，无异入新世界，前此教育虽有缺憾，皆可得此为之补苴。大抵二十世纪之中国人，不如是者，不得谓之成学。假使中

---

① 严复：《论今日教育应以物理科学为当务之急》，《严复集》第 2 册，中华书局 1986 年版，第 284 页。
② 严复：《论今日教育应以物理科学为当务之急》，《严复集》第 2 册，中华书局 1986 年版，第 282 页。
③ 严复：《政治讲义·自序》，《严复集》第 5 册，中华书局 1986 年版，第 1241 页。
④ 严复：《与〈外交报〉主人书》，《严复集》第 3 册，中华书局 1986 年版，第 565 页。
⑤ 严复：《论今日教育应以物理科学为当务之急》，《严复集》第 2 册，中华书局 1986 年版，第 285 页。

无间断，其人早则二十四五，迟则三十可望大成，为八面应敌之才，他日入世，达为王侯将相，隐为师农工商，皆可为社会之所托芘。"①据此观之，严复之"教育救国"实则西学救国、科学救国。应该说，倡导科学（即严复所谓的"内籀"与"外籀"法）的教育功能，以经验论和归纳法来研究教育问题，是严复对中国近代教育学理论的最大贡献。从中国近代思想史、教育史上来看，虽不能说严复是"教育救国论"的首倡者，却完全有理由认为正是严复第一次赋予这种在中国近代影响深远的社会思潮以哲学的内涵及方法论上的依据，而他本人则终身是一位坚定不渝的"教育救国论"的提倡者、实践家。②尤其是他对西方近代科学"命脉"及教育根本的蹊径独辟的把握，以及对培养有自由人格的创造性人才的呼吁和追求，到今天仍值得后来者咀嚼深思。

五、结语

严复从19世纪末20世纪初中国民族危机日益加深的具体国情出发，从挽救时艰、解决"救亡图存"这个时代命题的现实需要出发，强调教育改造社会、拯救国家方面的社会功能，将教育视作拯救国家民族危亡的最有力的武器，充分体现了我国近代社会发展变化的要求。在严复看来，提高人们的身体素质、文化水平和道德修养，就像"土壤改良"那样，是一个长期的潜移默化的过程，因此，这一过程不能用革命手段"强为迁变"，只能通过教育启蒙。"盖泰西言治之家，皆谓善治如草木，而民智如土田。民智既开，则下令如流水之源，善政不期举而自举，且一举莫能废。"③他引斯宾塞的话说："民之可化，至于无穷，惟不可期之以骤。"④又说："富强不可为，特可以致致者何？相其宜，动其机，培

---

① 严复：《论今日教育应以物理科学为当务之急》，《严复集》第 2 册，中华书局 1986 年版，第 285—286 页。

② 陈学恂、田正平主编：《中国教育史研究·近代分卷》，华东师范大学出版社 2009 年版，第 373—375 页。

③ 严复：《天演论》，《导言八乌托邦》"案语"，《严复集》第 5 册，中华书局 1986 年版，第 1339 页。

④ 严复：《原强修订稿》，《严复集》第 1 册，中华书局 1986 年版，第 25 页。

其本根，卫其成长，使其效不期而自至。"①他认为"万物皆渐而无顿"乃宇宙"至大公例"②。倘若操之过急，则后患无穷。他说："夫人类之力求进步固也，而颠阶眷乱，乃即在此为进之时，其进弥骤，其涂弥险，新者未得，旧者已亡，怅怅无归，或以灭绝。"③他不赞成孙中山"革命救国"的主张，认为："中国民品之劣，民智之卑，即有改革，害之除于甲者将见于乙，泯于丙者将发于丁。为今之计，惟急从教育上着手，庶几逐渐更新。"④毋庸置疑，严复"革命救国"的实质则是通过教育达到改造社会、推进社会变革的目的，易言之，其思想倾向是主张社会渐变，反对激变和突变。从一个社会理想的发展模式来看，严复的"革命救国"思想是一个非常理想的方案。

众所周知，民主政治的建立离不开一个国家、民族的历史文化传统和社会经济发展水平，更与一个国家的国民素质、民族心理的水平息息相关。严复"革命救国"思想，正是通过人的塑造来实现社会进步，肯定了人作为手段在改造社会中的积极作用。因此，从一般理论意义上说，严复的"教育优先"思想是完全正确的。不仅如此，他所论及教育的救国功能已深入西方文化的价值内核——自由观，注意从深层的价值移植来反观中西文化的差异，从而为中国传统教育的现代化转轨找到了一个牢固的支点，其理论价值亦不容忽视。然而，随着"革命救国"思想及其实践的风起云涌，革命与激进主义日渐成为中国政治的追求甚至统领一切时，严复的"教育救国论"相应地被贴上了资产阶级改良、保守、落后甚至反动的标签，近一个世纪来，严复"教育救国论"思想都没有得到应有的公正的评价。但是，我们应该看到，对于一个有着君主专制历史传统的国家来说，社会变革是先从教育入手还是政治入手，政治上是先建立君主立宪还是民主共和，至今仍是一个值得探讨的问题。从历史

---

① 严复：《原强》，《严复集》第 1 册，中华书局 1986 年版，第 13 页。
② 严复：《政治讲义》，《严复集》第 5 册，中华书局 1986 年版，第 1245 页。
③ 严复：《政治讲义》，《严复集》第 5 册，中华书局 1986 年版，第 1242 页。
④ 严璩：《侯官严先生年谱》，《严复集》，第 5 册，中华书局 1986 年版，第 1550 页。

上看，我们毋庸讳言的是，大凡通过革命的方式获得政权，迎来的却是相当长时间的动荡不安，如法国大革命；通过温和改良的方式建立政权则能实现社会的平稳发展，如英国资产阶级革命。同理，辛亥革命之失败很大程度上是国民素质的低下所致，辛亥革命之后的国内政局的动乱在一定程度上又与革命的方式有关。在愚昧落后的环境下，很难出现良好的民主政治生活，即便通过革命的激进手段建立起了民主的政治体制，但其实际政治生活却仍停留在传统的专制层面，思想和意识上并没有进入到现代民主阶段。而"二战"后的德意志联邦共和国和日本之崛起，亚洲"四小龙"之腾飞，其成功的奥秘在很大程度上就在于这些国家对教育的重视。

综上，从历史发展的角度而言，教育的变革是社会变革的基础和动力之一，是现代社会发展的逻辑起点，是发展经济、富民强国的根本出路，离开教育变革，社会变革就会成为空中楼阁。

我们可以肯定地认为，严复"教育救国"思想及其实践既符合近代中国救亡图存的要求，也顺应了中国现代化的发展潮流，他视教育"为国家之根本大图"、提高民族素质和改善社会文化机制之根本对策，把国家的兴衰归结为国民的素质高下，这在强调教育为本、教育立国、教育兴国的今天，更有现实的借鉴和指导意义，与中国"科教兴国"的发展战略有着内在的一致性。正所谓："亡而存之、废而举之，愚而智之，弱而强之，条理万端，皆归本于学校。"实践证明，这一思想是合理的。

严复"群己"观语义阐释

郑有国

严复是我国近代第一位将西方自由主义引进中国的学者，同时，在他身上凝聚了作为一个最后儒者的感伤与寄托。从严格意义上说，严复不仅仅是在翻译西方的著作，同时，在译著中融入了作为最后儒者对中国近代社会历史的理解与诠释，[1]他遵循着儒家"述而不作""托古改制"的理念，在翻译西方的作品中，向国人表达了作为儒者的他，对西方自由主义如何在中国生存的完整思考。

"群己"关系是研究严复的学者们着重关注的问题之一。长期以来对严复的"群己"观似乎达成了严复是"己轻群重"的共识。台湾学者黄克武打破了学界的这种共识，提出严复自由思想中"群己"的关系是"平衡"的，这一平衡的所以然在于促进个人的福祉，而不是为了一个抽象的群体或国家的理念来服务。

出版于1903年的《群己权界论》，从书名到书中的概念范畴，严复都做了创造性的发明与修改。现本文试图通过"群己"的原始语义辨析、追溯严复《群己权界论》的翻译理念，来重新理解严复作为最后一个儒者对自由主义的理解。

一、书名的变更

严复在翻译西方学者密尔的《论自由》一书时，做了两件大事。第

---

[1] 王宪明认为，严复在翻译过程中对原作所描述的社会类型及相应的时空系统进行了改造，融入了自己的问题意识。参见王宪明：《语言、翻译与政治——严复译〈社会通诠〉研究》，北京大学出版社2005年版。

一，翻译出版时，把原来的《论自由》更改为《群己权界论》。第二，在翻译西方著作中，开创性地使用了与原书并不对应的"群己""小己""国群"的概念，以致引起许多学者的异议，认为这是严复的误译。

严复把原来的《论自由》改成《群己权界论》，并没有太多人关注到严复更改的用意与目的。实际上，在译介出版之前，严复一直使用的是"自由"。而在1903年严复译稿失而复得情况下，在出版之时严复把书名更改为《群己权界论》，并且在书中尽量避免使用"自由"的用词，而以"自繇"代替。严复对此阐述的理由是："由、繇二字，古今通假。今此译遇自繇字，皆作自像，不作自由者，非以为古也。视其字依西文规例，本一玄名，非虚乃实，写为自繇，欲略示区别而已。"[①]显然严复的译作是有自己明确的意旨，并非简单的照译。严复自己也说，他的译著"不按译文，亦字字由戮子称出"，可知其著述的理性与思考。严复自己还说"学者玩之，庶几于自由要义不至于坠落野狐禅也"[②]。

在当时的中国，严复著作的重大意义，不仅仅只是在简单地传播西方的思想，实际上严复是在翻译西方著作之中，融进作为儒者的自己对自由在中国生存的阐释。

密尔在《论自由》中开宗明义指出："这篇论文的主题不是所谓意志自由，不是这个与那个被称为哲学必然性的教义不幸相反的东西。这里所要讨论的乃是公民自由或称社会自由，也就是要探讨社会所能合法施用于个人的权力的性质和限度。"对密尔来说，他当然强调群己权界之分"界"，与界内的自由，但界不是他要讨论的重点，他的重点是以悲观主义的认识论来论证：界内个人自由的范围，尤其是如何使思想自由的范围得以尽可能地广。[③]

西方自由主义史源远流长，群己之界限的存在，实际上无须再用任何的文字来表达，作为自由主义支脉的密尔在《论自由》中根本也无须给

---

① 严复：《群己权界论·译凡例》，商务印书馆1930年版。
② 严复：《法意》，商务印书馆1982年版。
③ 黄克武：《严复与中国式个人主义的起源与发展》，《中国近代启蒙思想家——严复诞辰150周年纪念论文集》，2004年。

这一讨论提出一个论域。只是面对近代中国有关自由的意识、知识的贫乏，严复认为有必要首先让士大夫明白自由在中国意味着什么，自由的界限何在。严复正是深刻地看到了这两个方面，所以他将《论自由》翻译为《群己权界论》。他说："十秒之间，吾国考西政者日益众，于是自繇之说常闻于士大夫。顾竺旧者既惊怖其言，目为洪水猛兽之邪说。喜新者又姿肆泛滥，荡然不得其义之所归。""明乎己与群之权界，而后自繇之说乃可用耳。"①严复明确告诉士大夫，自由不是可以空谈的，自由是有其个体属性特征的。尤其是在中国儒家等级思想森严的社会，自由既不是"洪水猛兽"，也不是可以"姿肆泛滥"的。严复明确正告这些士大夫，只有"明乎己与群之权界，而后自繇之说乃可用耳。"这里严复明白提出了自由的权界概念，提出对个人自由的价值性的把握，同时，明确强调了士大夫精英们对自身的约束。

严复既然改变了书名，不讨论抽象的自由，明确讨论的重点是群体与个体的权界，那么，在严复思想中，这个界的观念应当是明确的。严复自己说人不是孤立于社会的单独的个体，人"自入群而后"，就应遵守社会中共同的规则，因此，自由必"以他人之自繇为界"，只要人生活在群体中，就应"明乎己与群之权界，而后自繇之说乃可用耳"。所以严复认为在界没有搞清楚前，空谈自由是危险的。

那么，严复论述两者自由的"度"或者"界"又在哪里呢？

书名翻译的变更实际上直接地反映了严复本人作为儒者对自由在中国生存的理解。或者说可以从翻译中反映严复对自由的重新定义。实际上严复的翻译之外，还有一大半是在阐释。阐释的过程，就是严复对自由在中国生存状况的理解与把握。

西方认定自由是一种状态。严复不是抽象地讨论自由的来源，自由的定义，而是明确要讨论"己"和"群"的自由"权界"。

严复翻译密尔《论自由》，是在引进西方自由观念，并为自由思想在中国的传播铺平道路。他独创性地提出"群己权界"说，这是囿于当

---

① 严复：《群己权界论·译者序》，商务印书馆1930年版。

时中国社会的现状，制定的自由的界限，划分个人自由的区间。从这个思想中可以看到作为最后儒者的严复，饱含着对于自由在中国现实的理解与期待。

显然，书名的变更，绝非可有可无的。书名的变更，隐含了严复要表达的思想和要进行"托古改制"的理念。

二、"群己"观的提出

实际上书名的变更，书中严复自己发明创造的"群己""小己"概念的提出，对严复来说，都是自成一体的东西。对于严复来说，变更书名才能让人正确理解到书中要表达的思想，"群己""小己"概念的提出，才是达到内容与形式的高度统一。

严复使用了"群己""小己""国群"的概念，许多学者认为这是严复的误译。黄克武就提出："由于严复与密尔思想、文化背景迥然不同，严复的译文中有不少误译……严复尤其不易翻译：privacy（个人隐私）、taste（品位）、right（权利），以及 legitimate self-in-terest（既合理又合法的自我利益）等，环绕着伯林（Isaiah Berlin）所谓'消极自由'的概念。同时，对于 will（意志）、reason（理性）、judgment（判断）、individual spontaneity（个人自然流露之思想与行为）等与个人特质相关的想法，其翻译也很模糊。"这里提到的是严复与密尔思想、文化背景不同，所以不易翻译一些概念。接着，黄克武又说："严复之所以误译，其原因之一是以儒家的视角来观察西方个人主义所致。"[1]这里明显出现了矛盾。如果说思想、文化的不同，"不易"翻译西方著作的一些概念，产生误译，这是一回事；但是如果说严复是以儒家的视角来观察、理解、诠释西方个人主义，那么就显然不是误译了，而是有意识的创造了。

笔者个人理解更偏向于后者——严复是在用儒者的思想，在对原著作进行创造。

---

① 黄克武：《严复与中国式个人主义的起源与发展》，《中国近代启蒙思想家——严复诞辰 150 周年纪念论文集》，2004 年。

在对严译的思想深度理解和把握上，我认为台湾学者黄克武比汉学家史华兹更准确地把握了严复思想的脉络。归结黄克武几篇文章的看法，其观点整理如下。

第一，"严复于1903年所出版的《群己权界论》（由密尔《论自由》一书译成），是国内第一本宣扬自由主义、个人主义的翻译作品。然而，由于严复与密尔思想、文化背景迥然不同，严复的译文中有不少误译"。曾经提到"严复之所以误译，其原因之一是以儒家的视角来观察西方个人主义所致。值得注意的是，密尔受到德国人文主义与浪漫主义的影响，强调个人独创性与差异性，并尽可能缩小个人对权威的顺从，亦即个人免于受他人干涉，而能成就其独特性的自由。这一点正涉及伯林所说的消极自由。然而在儒家传统之中，理想的个人人格不强调个人的原创性，而是重视实践人道与克服私欲的能力，能立德、立功与立言。在此观念下，悠游或沉浸于一个私人空间并与他人有所不同，并非儒家圣人的生活目标，也不是严复的生活目标"。黄克武通过一段一段翻译的中文与原文对照来证明，"严复将德国人文主义的个人观转移为一个儒家的追求道德理想的个人观"，"拙见以为，严复之所以误译，其原因之一是以儒家的视角来观察西方个人主义所致。"

第二，"严复不但发明了'小己''国群'的对照，也从'小己自由'的用法之中创造了密尔所没有的'国群自由'的概念。"

第三，"在此视角之下，严复将individual与self翻译成'小己'，individuality译为'小己主义'是很自然的事。此一'小己'是与'国群''社会'相对立。严复在《群学肄言》的'译余赘语'中表示，'小己'一语源于《史记》，其实与日本人所译的'个人'类似，但严复不采'个人'而用'小己'，主要是因为'小己'的用词之中隐含了由小到大、由己及群的意涵，可以配合斯宾塞的'社会有机体论'。"

黄先生提到这几个观点确实是发人深思的。

由于黄克武关注的是哲学意义上个人主义的思考，遗憾的是黄克武并没有从这几个概念的原始语义上去探索严复采用这些概念的思想意涵，没有继续深入探究严复为什么使用这些概念，这些概念的构成又对形成严复思想究竟起了什么作用。但是，黄克武在文章中已经接触到关键的问题：严复不采"个人"而用"小己"，主要是因为"小己"的用词之中隐含了"由小到大""由己及群"的意涵，可以配合斯宾塞的"社会有机体论"。

这是非常有启示性的。

密尔《论自由》中关注的是个人自由的范围，尤其是思想自由的范围应该如何尽可能地扩大。而严复关注的是从"己"如何及"群"，由"小"如何到"大"的意涵。这显然讨论的方向是并不同一的。

"由小到大"内涵容易理解，由"己及群"，如何理解呢？小如何变大，小和大的界限何在？个体如何进入群体，个体与群体的界何在？这恰恰是严复在《群己权界论》这本书中要讨论的核心问题。

我们来看看作为儒者的严复如何来界定二者的关系。

我们希望紧紧抓住"由己及群"的转变过程，来理解严复所要表达的"己"是什么，"群"又是什么，二者转变的界是什么。

"己群"这是一对范畴。严复使用的这一对范畴的内涵与外延是什么呢？严复使用的与"群"相对的"己"，来源于中国古代文献中的"小己"。严复说"小己"就是"个人"。但是，又比"个人"有更丰富的内涵。也正是因为此，严复选择了"小己"来相对于"群"。我们首先来理解"小己"，理解了"小己"，就会理解"群"的意义了。

《汉书》颜师古注："小己者，谓卑少之人，以对上言大人耳。"这里提到的"小己"，是有明确的上、下，尊、卑界限的，是相对于"大人"而言的。严复是典型的儒者，内心是承认社会的等级，内心并不强调平等，而且，不同情下层社会的群众运动。严复使用小己当然有其明确的阶层认同。

"小己"与"大人"相对，那么"大人"又是什么呢？我们看儒家经典著作《大学》。明代大儒王阳明在回答《大学》的基本精神时是这样说明的："《大学》者，昔儒以为大人之学矣。敢问大人之学何以在于明明德乎？阳明子曰：'大人者，以天地万物为一体者也。其视天下犹一家，中国犹一人焉。若夫间形骸而分尔我者，小人矣。'"大人，首先在道德气象上是与其他小人不同的，"大人者，以天地万物为一体者也。其视天下犹一家，中国犹一人焉"。这里提到了大人，大人是一种儒家理想的道德规范的楷模，是一种人格气象。

大人是怎么形成的呢？《大学·章句·序》中说，人生8岁至15岁入小学，"教之以洒扫应对进退之节，礼乐射御书数之文"；及15岁成人之后，才"教之以穷理正心修己治人之道"，是为大学。事实上，在儒家心目中，一个人的教养必须分成两步走，在大学之前要有一个小学教育的阶段，小学承载着入德初阶的任务。在《大学·或问》中，朱熹进一步阐明了小学与大学之关系：学之大小固有不同，然其为道则一而已。是以方其幼也，不习之小学，则无以收其放心，养其德性，而为大学之基本。及其长也，不进于大学，则无以察夫义理，措诸事业，而收小学之成功。显然，在朱熹内心，《大学》所讲的是"大人之学"，这是相对于"小子之学"而言的。①

这里说的大人之大学也是从小学开始的。大学是相对于小学而言的，小学是与小己相对应的。

《大学》还提到要成就"大人"学问"三纲领"原则，而实现这些原则的步骤还有"八条目"。这就是儒家所谓：格物、致知、诚意、正心、修身、齐家、治国、平天下。在这8个条目中，修身之前的4条是指作为个体的人的自觉和努力，后4条则是作为社会成员所承担的责任和政治使命。换句话说，在前4条实践中，人只是"己""小己""小学"，在后4条实践就是"大人""大学"。

从"小学"到"大学"，从"小己"到"大人"，从"己"到"群"，按儒家思想中，是一个质的飞跃。

"大学"相对的是"小学"，"大人"相对的是"小人"，严复在翻译时，不使用"小人"，而用"小己"，明显地回避了古代文献对"小人"的阶级偏见与社会歧视。但是作为儒者的严复明确意识到相对于"小己"的"大人"，其境界是截然不同的，不可同日而语。

---

① 《大学·或问》。

"大人"的境界与思想高度是什么呢？

作为儒家思想的实践者们，是把自己的实践行动作为人生的一个终极目标，而且他们是自认为是一个整体，求仕，经世致用，党同伐异。每一个儒家实践者，从不把自己个体的意义看作最大，而是关注的整体或者说群体的命运。这是儒家学派的本质。他们是以共同的精神和理念来形成的一个群体。在他们的整个群体中，是在共同实践"修身、齐家、治国、平天下"，他们往往淡化了个体的形象，而是儒者的"群体"形象。

儒家单个的个体与整体形象的统一问题，在黄克武先生的文章中也有提及。黄克武在讨论严复的翻译时对照了两段的翻译后，说："值得注意的是，密尔受到德国人文主义与浪漫主义的影响，强调个人独创性与差异性，并尽可能缩小个人对权威的顺从，亦即个人免于受他人干涉，而能成就其独特性的自由。这一点正涉及伯林所说的消极自由。然而在儒家传统之中，理想的个人人格不强调个人的原创性，而是重视实践人道与克服私欲的能力，能立德、立功与立言。在此观念下，悠游或沉浸于一个私人空间并与他人有所不同，并非儒家圣人的生活目标，也不是严复的生活目标。""在原文中，密尔强调：人的目的是使个人所有的能力得到一个最高度、最和谐的发展，而能成就一个完整而一致的整体，此一整体必须表现出个人活力、歧异性与原创性。密尔所揭示的正是德国人文主义的个人理想。但在严复的翻译之中，此一个人主义的思想却成为'使各进极其高明，而成纯粹雍和之全德'。在中文语境之中，此一'高明''雍和'之'全德'，表现出儒家天人和睦之道德形象，很难展现西方个人主义之价值。同时，密尔所强调的个人的歧异性与原创性，在严复的译笔之下变成'异撰'。但是对严复来说，'异撰'本身不足以成为一独立的价值，必须将此一个人特色导致到外在事功，亦即'异撰着则庶功兴，而非常之原举矣'，才能成为有意义的成就。此一成就自然是个人'全德'的外在展现，亦即由内圣通向外王的发展。同时，在严复的翻译之中'manifold diversity'（多种的歧异性）并没有清楚地被表达出来，密尔对个人多元性的发展之强调，因而消失了。严复从儒家角度所看到的个人价值反复地出现在译文中。又如密尔说：'Among the works of man, which human life is rightly employed in perfecting and beautifying, the first in importance surely is man himself.' 严复的翻译则是：'今夫生人之业，所谓继善成性以事天者，能理万物而整齐修美之也，然其事必以修身成物为之本。' 在此处，密尔强调人类整体的进步其关键在个人。严复的译文却把焦点转移到群己关系之上。他运用源于《易经·系辞》的"继之者善也，成之者性也。仁者见之谓之仁，知者见之谓之知"中的"继善成性"，与《大学》《中庸》中的"修身成物"，不但导引出个人与宇宙的关系，也提示个人之价值是以修身为基础，达成'成己……成物'的儒家理想。在以上的翻译之中，个人主义的观念在儒家经典语句之下增添了原文中所没有的儒家道德的意涵。"①

由"小到大"，由单一的个体修行后进入一个大的群体，由"己及群"，是由一个小学到大学、小人到大人的转变。严复翻译中不断出现的"及人群""入群""自入群而后"，实际上，就是表达的这样一个转变的过程。

在儒家思想中，独立个体是良莠不齐的，需要教化，所以一部分人经过小学修行，可以成大学，并升迁成"大人"进入体制内形成"群"，大部分人一直停留在个体状态。相对于独立个体，进入"群"的个体就必须失去其原有独立意志，失去个体的自由，而要有悲天悯人的胸怀，要有向外批判的精神，要有稳重对下宽容的精神，而且这是不求回报的道德自由。

在严复的精神世界中，社会是有机体的结构。密尔在《论自由》中有一章的标题是《论个性为人类幸福的因素之一》，而严复对此误译为："释行己自繇明特操为民德之本。"密尔说："只有通过对这些生动的和有能力的个人冲动的培养，社会才算既尽其义务又保其利益。"而严复的译文是"有国家者，必知扶植如是之秀民，而后为尽其天职，而其种

---

① 黄克武：《严复与中国式个人主义的起源与发展》，《中国近代启蒙思想家——严复诞辰 150 周年纪念论文集》，2004 年。

之名贵，其国之盛强，视之，盖圣智豪杰，必出于此首"。

严复不断阐述的从"小学"到"大学"、从"小人"到"大人"、从"己"到"群"的转变，实际上包含了两个层面的意思。从原始语义来说，二者的界就是传统思想中"穷则独善其身，达则兼济天下"的两个形象。从后来西方近代自由主义概念中，又有个体与群体的概念糅合其中。严复借用古代文献中的概念，指明中国儒家的出路就是在于出仕，经世致用，在白衣之身时，要注意"修身成物"。一旦入仕了，"成己……成物"就是"高明""雍和""全德"之儒家天人和睦之道德形象。这些用语，用于官场的人身上，比如"儒将"，不会用在白丁身。入仕为官，就是个体与群体的最大分界线。

这种出仕为官"修身成物"，已经成了严复用一辈子心血交织成的儒家思想的最高理念。

说到底，关于"界"的思想，就是关于没有官身份的人与有官身份人的区别。严复说在中国，个人不可以也没有权利过问社会的事情。如果个人过问了"社会"的事情、国家的统治，就会被认为是有野心、有政治野心的人。官吏对这样的人有权力做出处罚，"夫泰西之俗，凡事之不逾于小己者，可以自由，非他人所可过问。而一涉社会，则人人皆得而问之。乃中国不然，社会之事，国家之事也。国家之事，惟君若吏得以问之，使民而图社会之事，斯为不安本分之小人，吏虽中之以危法可也"①。

严复一生，用尽全部心血，在实践儒家思想与规范。他年仅27岁就已经当上北洋水师学堂总教习，干了8年总教习的严复，于1885年、1888年、1889年多次参加科举考试，希望获得官场身份。甚至在1890年已经升为北洋水师学堂会办、总办（相当于校长）了，还坚持在1893年参加最后一场科举考试，仍然未中。严复不光热衷于科举考试，还热衷于用钱买官。在1889年买了一个道员的官衔，10年后，到了1898年，严复已然是一个全国著名的风云人物了，仍然再次用钱买了一个同知官

---

① 严复：《法意·按语》，商务印书馆1982年版。

衔。可见，官员身份在作为儒者的严复的内心是多么重要。

独立个体到体制的群体的"界"，是知识分子的出路选择，进入体制，入仕。"界"就是得到一官半职。以前半生的努力，终无所获。绝望与思考，终于无法从体制内突破这个"界"。无法进入这个群体中。所以选择了对这个体制的批判。花了几年时间参加考试，希望什么？他就是进入一个官的身份。

为什么这么重要？这就是儒家经典中"群"的作用，"群"在儒家思想中，是一种体制、一种力量，只有进入这个体制，才能获得承认，获得地位和话语权。这种"群"的意义，应当是严复使用"群己"的最初本义。当然，在"群己"的概念使用上，在后期的作品中，严复的"群己"概念已经上升到个体与社会利益的另一个层面上了。1921年，严复在其遗嘱中写道："事遇群己对待之时，须念己轻群重，更且毋造孽。"已经很明显地具有了个人与社会的抽象概念了。

三、"国群自由"

个体与群体，个人与他人，是讨论自由的重要范畴。上面反复讨论的是"己"与"群"的对立关系。"群"，实际上是儒家一个个实践的个体的融合，是一个有思想约束的整体。所以严复用"群"来对应于"己"。由于身在19世纪的中国，由于深受儒家思想的浸透，严复在讨论这个命题时，明显带上深深的时代和个人思想的烙印。

最后一个问题，我们讨论的是"国群"。

在翻译孟德斯鸠原著《论法的精神》一书中，严复讨论个体自由与群体自由界限时，严复不用"群体"，而用了"国群"。许多人都认为，这是严复的误译。

认为严复误译的学者提出理由：第一，就"国群自由"而言，它在自由主义中是不存在的。第二，他们对照了孟德斯鸠原著《论法的精神》与严译的《法意》指出，孟德斯鸠原著用的是"政治自由"，而不是什么"国群自由"。

我们知道严复对"政治自由"是有精深研究的，并不可能不理解什么叫"政治自由"。①令人关注的是，严复在这段的翻译之下，还特意做了评价："此章孟氏论释国群自由之义最为精审，不按译文，亦字字由戥子称出，学者玩之，庶儿于自由要义不至于坠落野狐禅也。"②被公认为近代中国第一译手的严复，显然是有特别用意地更换了这个"国群自由"，不使用"政治自由"。

"国群自由"这一概念，严复并没有加以阐述，也从来没有正面对其做过界定。因而，一些学者把"国群自由"定义为"国家自由"，认为这是严复处于中国近代落后的现实，严复希望建立一个民族主权国家。这里，自由的主体就是中华民族这一"国群"，其含义是民族的独立和自主，是不受外族的奴役、欺凌和控制。

实际上这样的理解同样是有问题的。从西方自由主义思想史来看，自由是一种状态。自由只能是个人自由和人类的自由，其主体只有个人和整个人类，而从来没有以国家为主体的所谓自由。实际上，严复自己对自由这个概念也是非常明确的，面对世界列强与弱国的状况，他曾经提到"身贵自由，国贵自主"，说明严复在使用"国群自由"一词上，是别有一番深的用义。

我们有必要深究严复"国群自由"概念的定义与提出。

"国群自由"概念是出现在严复翻译孟德斯鸠《论法的精神》一书中。论法的精神，讨论的是西方政治学原理，主要是讨论权力的制衡问题。在讨论权力制衡时，必然关注到公共政治权力内部或者外部，存在着哪些与权力主体相抗衡的力量。这些力量一般表现为一定的社会主体，包括个人、群体、机构和组织等。理解了这些，我们再来阅读一下严复在《法意》中提到的"国群自由"概念。

"夫庶建之制，其民若得为其凡所欲为者，是固然矣。然法律所论者非小己之自由，乃国群之自由也。夫国群自由，非无遮之放任明矣。政府国家者，有法度之社会也，既曰有法度，则民所自由者，必游于法中，凡所可愿，将皆有其自主之权，凡所不可愿，将皆无人焉可加以相强，是则国群自由而已矣。"①

在这里的论述中，第一个"民"字，严复使用的是全体意义上的抽象的人民意涵。接下来的"小己"，是单一的个体。"小己"的概念在上面已经阐述过，是没有权力的身份低下的古代文献中使用的"小人""小民"是相同意义的。严复接下来说，法律提出的对权力的制衡，不是指对这些没有身份地位的"小己"的制衡，而在于对有权力者——各种利益群体——的制衡。这个思想是孟德斯鸠"三权分立"存在的基础。"群"的意义表达，从原始意义到延伸义，我们上面也已经讨论过了，原始意义指的是有身份和有权力的"大人""大夫"。在这里严复明确地指出，制衡的对象是对在国家中有权力者（群体）的制衡。权力制衡目的就是对一国内不同权力群体利益——"国群自由"——的约束与限制。这才是严复要表达的意思。

严复在讨论将来国家的政治形式时，提到"设议院于京师"。"而令天下郡县各公举其守宰。是道也，欲民之忠爱必由此，欲教化之兴必由此，欲地利之尽必由此，欲道路之辟、商务之兴必由此，欲民各束身自好而争濯磨于善必由此。呜呼！圣人复起，不易吾言矣！"②严复也提到如果无法立即实施"议院代表之制"，可先实行"地方自治"以"合亿兆之私以为公"。"窃谓居今而为中国谋自强，议院代表之制，虽不即行，而设地方自治之规，使与中央政府所命之官，和同为治，于以合亿兆之私以为公，安朝廷而莫盘石，则固不容一日缓者也。失今不图，行且无及。"③严复相信将来的国家形式，一定是以群体的利益存在的。因而，加强对不同权力群体的约束与制衡，应当成为将来国家政治的重要任务。

严复的自由主义思想，更多的是政治性的，强调以民主、分权来保障个人的自由与权利，约束与制约权力群体，并以渐进改良，而非暴力革命的方式来达到此一目的。严复指出，在立宪民主国家，个人应该向

① 严复译：《法意》，商务印书馆1982年版。
② 严复：《原强》，《严复集》第1册。
③ 严复译：《法意》，商务印书馆1982年版。

"社会""国群""流俗"争自由："穆勒此篇本为英民说法，故所重者，在小己国群之分界。然其所论，理通他制，使其事宜任小己之自睬，则无间君上贵族社会，皆不得干涉者也。"在这里，严复认为穆勒的教义在中国同样适用，君主、贵族、社会不得干涉个人自由。①

上面我们讨论过严复站在儒家的认识角度对自由的主体进行了权界的划分，提出了儒家思维下的社会结构痕迹的个体与群体的划分。个体是独立自由的，精神是开放的不受约束的，相对于个体的"大夫""大人"群体，则是指的经过教化而达到具有克服私欲的能力，能立德、立功与立言的群体。可以说这是儒家思想的代表的群体。这一群体是可以引领国民向上的精神力量。这个群体对下是自由的、宽容的，对自身是具有约束力的。严复反复强调的自由，是一种道德上的宽容的自由，就是指这批人。在对自由的论述中，严复提到，中国的自由是道德的，不是求回报的。相比于西方的自由，中国的"恕道"和"絜矩之道"则是一种不对等的宽容，是一种不要回报的施予宽容，这种不要回报的施予宽容实际上是一种以高尚的道德情操所支撑的。在这种情形下，自由变成了一种道德施舍。这批人是承载着整个民族的精神和力量，是未来国家机器运转的主要力量。可以说是精英群，但不是国家。国家是一个运转的机器，不是这批人。

作为大思想家的严复当然知道，在讨论自由这个定义时，自由只属于个体与群体，不能用国家这个含混不清的概念来定义自由。严复在相对于个体来讨论时，用的是"国群"，这里"群"是相对于个体而提出的，这是非常明确的。而加上国的"群"的定义，则包含了严复对"中国精英群体"的启蒙和对本民族思想的启蒙。

如果只用"群"来讨论，就容易和西方的学者一样，站在抽象的个体与群体的属性来讨论自由，作为严复翻译论自由的目的来说，是在于启蒙国内的士大夫在谈论自由时的不良心态而进行的有针对性的讨论。严复认为自由不是那么虚空的。其一，要明白"己群"的"界"之所在，

---

① 严复译：《群己权界论》，商务印书馆 1930 年版。

"小人"与"大夫"的责任所在，然后才能说自由，换句话说，自由对于不同的人是不一样的东西，不是任何一种人都可以随意谈的。正是因为专门针对性地对中国士大夫进行的启蒙，所以用上"国群"的概念，对于启发中国士大夫来说是有警示作用的。而不是泛指一般意义上的人群。这是其一。

其二，"己群"关系，主要还不在于大小的不同，而是价值高低的区别。进入体制的"群"——士大夫，是承载着将来国家精神力量的，所以严复鄙视这些进入体制或者已经进入体制的这些"大夫""大人"群体，没有自觉地担当国家复兴的重任，不约束自己而恣肆泛滥，没有道德上的高度，不能宽容对待一般的社会言论，缺乏了儒家的思想和道德高度。严复特别强调指出，这并不是他所要引进的西方的自由。他指出，自由虽然在原初意义上是一种无拘无束的状态，但是当自由被施加到社会环境中时，自由就应该是一种有限制的自由了。生活于社会中的个人为了享受到实际的真实的自由，需要限制自己的自由，从而两者之间"相剂而不相妨"。他说："自由者，惟个人之所欲为。管理者，个人必屈其所欲为，以为社会之公益，所谓舍己为群是也。是故自由诚最高之幸福，但人既入群，而欲享幸福之实，所谓使最多数人民得最大幸福者，其物须与治理并施。"[①]

其三，作为儒家思想的坚定支持者，严复思想中的社会结构仍然是有等级的。严复认为将来中国进入"军国社会"，建立的国家制度，一定是由这些精英人士组成的，这些人是政府的成员，所以要施行法律对其权力进行约束制衡，不能只依靠传统的道德力量来约束。"国群"的意义当然更多的是对一个国家一群进入体制内作为管理者的人的称呼，如果从当时现实意义上来说，则是指的士大夫"精英群体"。这应当是严复在阐述用"国群"的特殊意义，而不应理解为误译。

其四，"国群自由"的另一层含义是，作为个体一进入群体的视野，作为个体的批判精神必须开始转向对外的批判，不能对体制内进行批判

---

① 参见《政治讲义》，《严复集》第 5 册。

了，这是和儒家思想一致的道德境界，"达则兼济天下"了。儒家思想关注的是大一统的维护以及中国与周边国家的关系问题，这就是"国群"之国提出的本质意义。在这里独立的个体必须让位于群体的利益。这是作为儒家的信条。他的遗言中明确提到，"己群"关系冲突时，"己"之利益要让位于群体。作为最后的儒者，严复一生都在实践这个信条。

严复认为个体一进入群体，那么，就要维护群体的利益，代表国家，维护国之主权，维护国家自由。"事关纲常名教，其言论不容自繇，殆过西国之宗教。观明季李贽、桑悦、葛寅亮诸人，至今称名教罪人，可以见矣。虽然，吾观韩退之之《伯夷颂》，美其特立独行，虽天下非之不顾。王介甫亦谓圣贤必不流俗，此亦可谓自繇之至者矣。至朱晦翁谓孔子所言，亦须明白讨个是非，则尤为卓荦俊伟之言。谁谓吾学界中无言论自繇系。"①

严复思想中非常明确地把个人自由、群体自由、国与国各自的自由区分开的。国与国的自由，讨论的是国家的主权，严复在《政治讲义》中把"国群自由"解释为"以国家的独立自主，不受强国干涉为自由"。

个人、群体、国与国，这是三个不同的概念，而这三个相互联属的概念，是从最基本的以个人自由为基础开始的。没有个人自由，一切的自由都是不可能存的。但是，个人自由在近代国家政治形态中，只有不断争取进入"群"，进入社会，才能实现自由的目的。但是，群体的自由又是通过统一的行动与规范实现的。从法的意义上，必须加强对群体的利益约束与制约，才能增强本国的力量。

但是，严复在论述这个自由时，又明确地提到一个国家与外界的相处状况，与实行自由的不同。强调在大敌当前"大旨谓一国之立，若封疆难守，寇仇孔多，欲求自存，其政法不得不力为遒紧。譬如临阵碧堡，与平时城市之比，碧堡之中，处处皆法令所部勒，而城市不然。其故无他，正坐寇仇近耳。国处冲散之地，随时有见袭之忧，其政令安得以不严密？外患如此，内忧亦然。闾阎纷争，奸宄窃发，欲求社会安稳，亦不能不

---

① 严复：《群己权界论·译凡例》，商务印书馆1930年版。

减夺自由"，"政治宽严，自由多少，其等级可以国之险易，内患外忧之缓急轻重为分。且各国风气不齐，其所干涉放任之端，往往大异"①。

我们应当看到严复的自由主义，实际上强调的是"一种以精英主义为基础的教育思想和对积极自由的强调结合在一起"的"一种国家学说，或有关人类政治生活的思想、意识形态，也涉及行动和制度安排"，严复更强调以民主、分权来保障个人的自由与权利，并以渐进改良，而非暴力革命的方式来达到此一目的。②

只有真正从严复使用"群己"概念的本义上出发，才能理解严复作为最后一个儒家对自由主义的理解。只有真正从原始概念意义出发才能明白最后一个儒家严复不是为了一个抽象的群体或国家的理念来服务。③严复的"群己"概念，既不是梁启超的"群"高于"己"的国家主义，也不是章太炎的"团体是幻，个体是真"的无政府主义。严复的"群己"观的核心，代表了传统儒家思想中强调群与伦理思想。严复毕竟不是完美的西化主义者，在作为最后的儒家的身上，严复仍然有许多的思想局限性，这是时代使然。

四、小结

作为最后一个儒者，生活在19世纪的中国，严复在功名不达的状况下，翻译西方著作，采取的态度并不是生吞活剥地照抄照译，而是在译著中融入自己对中国现实政治的思考与期盼。在中国落后挨打、全民放眼看世界的时代，严复希望在他的译著中，托西方思想者之口，融合他对中国政治现实的思考，提出系统的中国自由与政治的理念，以此启蒙中国。这才是严复的伟大之处。

---

① 参见《政治讲义》，《严复集》第5册。
② 黄克武：《自由的所以然：严复对约翰·密尔自由思想的认识与批判》，上海书店出版社2000版。
③ ［美］本杰明·史华兹著，叶凤美译：《寻求富强：严复和西方》。以一个外国学者的视野来看待严复的思想，史华兹认为寻求富强当是认识严复的主线。

严复经济自由主义思想
及其对开放型经济的启示

赵麟斌

摘　要　作为闽都文化的重要代表人物之一的严复，在中国近代化的发展史上占有举足轻重的地位，他在传播西方的进化论、社会学、经济学、政治学等方面都起到了至关重要的作用。严复的经济思想，主要体现在他翻译的《原富》一书中。经济自由主义是严复经济思想的重要内容。他的这一主张有着更为深层的思想内涵，那就是他所信奉的达尔文的进化论和斯宾塞的社会有机体学说。通过对中西文化在行为、思想、价值观的差异对比，严复认为，个体"活力"的释放与禁抑，是中西方富强与贫弱的根源。而自由是个体"活力"得以无约束发挥的环境与条件。这才是严复自由经济的深刻内核。此外，严复自由贸易的思想，对于当前开放型经济建设富有启发意义。

关键词　严复　经济自由主义　活力　开放型经济

在中国近代发展史上，福州是一颗璀璨的明珠。林则徐是"开眼看世界的第一人"。马尾船政造就的一大批精英人物书写了中国近代史的光辉历程。其中，伟大的启蒙思想家严复就是最为杰出的代表。严复，字几道，福建侯官人，是与洪秀全、康有为、孙中山等"代表了在中国共产党出世以前向西方寻找真理的一派人物"（毛泽东语）。他是旧中国先进知识分子的代表，既有极为深厚的国学功底，又通晓西方文化，才兼文理，学贯中西，著译宏富，启发了无数中国人向西方寻求真理，探索国家民族的富强自立。

作为闽都文化的重要代表人物之一的严复，在传播西方的进化论、社会学、经济学、政治学等方面都起到了至关重要的作用。严复的经济思想，主要体现在他翻译的《原富》一书中。从1896年至1901年，严复花费了5年时间翻译英国著名古典政治经济学家亚当·斯密的《国民财富的性质和原因的研究》一书，取名《原富》，意为探究、寻找国家富强的原因。在45万字译著的基础上，严复又撰写了300多条、6万多字的案（按）语。他说："……不佞每见斯密之言，于时事有关合者，或于己意有所枨触，辄为案论。丁宁反复，不自觉其言之长而辞之激也。"[①]严谨的译述，精彩的按语，使《原富》成为严复著译中极为重要的经典著作。梁启超称赞说："严氏于中学西学，皆为我国第一流人物，此书复经数年之心力，屡易其稿，然后出世，其精美更何待言！"[②]虽然由于时代等原因，《原富》一书在当时的中国并未形成广泛的影响，但其中所探讨的经济学理论直到现在仍有其现实意义，而其深层所蕴含的严复对中西文化、思想、价值观等方面差异的反思与检讨，更具有深远的意义。

一、严复翻译《原富》之原因探析

怀揣着实现民富国强的伟大理想，严复留学英伦。在严复留学英国期间，资本主义各种学说已是纷至沓来，为什么严复特别选择翻译亚当·斯密的《原富》呢？严复自己有很明确的解释。他说："晚近欧洲富强之效，识者皆归功于计学。"[③]在他看来，西方近代的惊人发展，国家的繁荣富强，都是由于经济学发展的结果。而"计学者，首于亚当斯密者也"，其所著《原富》一书，"……其择焉而精，语焉而详，事必有征，

---

① 严复：《原富·译事例言》，北京商务印书馆1981年版，第11页。本文凡引用本书，均为此版本。后文只注书名、页码。

② 《壬寅新民丛报汇编》。转引自缪志明，《从热赞到冷讪——严复对梁启超评议之演变》，《历史教学》，2002年第12期。

③ "严译名著丛刊"《天演论》"案语"，商务印书馆1981年版，第34页。

理无臆设，而文章之妙，喻均智顽。则自有此书，而后世知食货为专科之学。此所以见推宗匠，而为新学之开山也"①。不仅如此，"此书的系要书，留心时务、讲求经济者所不可不读，盖其中不仅于理财法例及财富情状开山立学，且于银号、圜法及工农商诸政，西国成案多所征引。且欧亚互通以来，一切商务情形皆多考列，后世之师，端在于此"②。《原富》一书实为资本主义各种学说之开山之作，对西方列强经济的发展产生了广泛而深远的影响。而中国则积贫积弱，饱受列强的欺侮，正是由于不懂得经济学的缘故。"今日之中国，患不知理财而已，贫非所患。"要想改变这种状况，中国亟须学习经济学。"夫计学者，切而言之，则关于中国之贫富；远而论之，则系乎黄种之盛衰。"③况且"其书所驳斥者多中吾国自古以来言利理财之家病痛，故复当日选译特选是书，非不知后来作者之愈精深完密也"④。正是出于这样的考虑，严复用5年的时间，精心翻译了《原富》一书，以启迪民智，进而实现其民富国强的梦想。

为了更好地理解严复的思想，我们就要先简要介绍亚当·斯密与他的著作。《原富》是苏格兰经济学家、哲学家亚当·斯密的一本经济学专著，全名为 *An Inquiry into the Nature and Causes of the Wealth of Nations*（《国民财富的性质和原因的研究》）。该书原著于1776年第一次在伦敦出版，书中总结了西方各国资本主义发展初期的经验，批判吸收了当时的重要经济理论，对整个国民经济的运动过程做了系统的描述，被誉为"第一部系统的伟大的经济学著作"。1931年郭大力和王亚南改用白话文重译此书，改名《国富论》，1972年，经过校改的王、郭合译本再次出版，书名按原著全称译为《国民财富的性质和原因的研究》。在该书中，亚当·斯密批判了传统重商主义、重农主义者的诸多片面观点，反对政府干涉商业和商业事务，提倡低关税和自由贸易，强调劳动分工会

---

① 《原富·译事例言》，第11页。
② 《与张元济书》第5函，《严复集》第3册，中华书局1986年版，第533页。
③ 《原富·译事例言》，第11页。
④ 《与张元济书》第5函，《严复集》第3册，第533页。

引起生产的大量增长等。这些观点在整个19世纪对西方国家政府政策都有决定性的影响。在这一系列的经济思想中，影响最为广泛的当属其中的"自由经济"理论。亚当·斯密认为，看起来似乎杂乱无章的自由市场实际上是个自行调整机制，自动倾向于生产社会最迫切需要的货品种类的数量。例如，如果某种需要的产品供应短缺，其价格自然上升，价格上升会使生产商获得较高的利润，由于利润高，其他生产商也争先加入生产这种产品。生产增加的结果会缓和原来的供应短缺，而且随着各个生产商之间的竞争，供应增长会使商品的价格降到"自然价格"即其生产成本。在这个过程中，谁都不是有目的地通过消除短缺来帮助社会，但是问题却解决了。用亚当·斯密的话来说，每个人"只想得到自己的利益"，但是又好像"被一只无形的手牵着去实现一种他根本无意要实现的目的……他们促进社会的利益，其效果往往比他们真正想要实现的还要好"①。在这样的情形下，"利己"与"利他"不期而合地统一在一起，其结果带来了资源的优化配置和市场经济的繁荣。

对亚当·斯密提出的自由主义，严复深信不疑。他认为，英国之所以能在列国竞争的世界大局中保持了霸主的地位，就是因为采用了亚当·斯密《原富》一书所大力提倡的经济自由政策。"论者谓考英国计政之所以变，而国势之所以日臻富强者，虽曰群策，斯密氏此书之功为多。"②是英国采取了"守自由商政（自由贸易）之效也"③。他总结说，在英国资本主义发展的早期，"凡变革商宗（重商主义）学者之所为，皆大利而无害"④。在严复看来，自由之政对于经济发达的英国社会有如此功效，同样，对于经济落后的国家也会如此，甚至功效更为显著："自由平通之义，不独能使工商之业自无而为有，自困而为亨也，且能持已倾者使不至于覆，保方衰者使无及于亡。"⑤自由经济不但能使国家繁荣

---

① 《国富论》第四卷，郭大力、王亚南译，上海三联书店2009年版，第二章。
② 《原富》下册，第387页。
③ 《原富》下册，第546页。
④ 《原富》下册，第489页。
⑤ 《原富》下册，第546页。

富强，甚至有起死回生的巨大功效。对自由之政的深信不疑，形成了严复经济思想的重要特征。

二、严复经济自由主义的基本主张[①]

通过理论的学习和对资本主义世界经济的观察，严复认识到市场自有其自己的必然规律，"一国财赋之事，惟其理有固然，斯其势有必至，决非在上者所得强物从我，倒行逆施也"[②]。"民之生计，只宜听民自谋，上惟无扰，为裨已多"[③]。"政烦者其国之岁殖必退也"[④]。政令烦苛必导致经济衰退和人民"不得安生乐业"[⑤]。因此，统治者必须尊重经济规律，顺应经济发展的自然趋势，还政于民，听民自谋，实行自由经济之策，让人民在经济活动中享有充分的自主权。"盖财者，民力之所出，欲其力所出之至多，必使廓然自由，悉绝束缚拘滞而后可……民力之自由既侵，其收成自狭。"[⑥]为此，严复反对社会经济活动随意干预，如若"设官斡之，强物情，就己意，执不平以为平，则大乱之道也"[⑦]。而只有采用经济自由的政策，才会使民富国强。他还征引了中国古代思想家的观点进行论证："史迁、申老之言曰，善者因之，其次利导之，其次教诲之，其次整齐之，最下与之争。又曰，此岂有政教发征期会哉！各劝其业，乐其事，若水之趋下，日夜无休时，不召而自来，不求而民出之。岂非道之所符而自然之验耶？其丁宁反复之意，可谓至明确矣！"[⑧]中外先哲的精辟见解，让严复深为服膺。

为了使他的观点能够具有说服力，严复还举例进行论证，他说欧洲有一座阿尔卑斯山，游客到达沙蒙尼后，就会雇用当地的"山夫"作向

---

① 本节所论述于俞政所著《严复著译研究》多有参考，特以说明。
② 《原富》上册，第 35 页。
③ 《原富》上册，第 286 页。
④ 《原富》下册，第 414 页。
⑤ 《原富》下册，第 414 页。
⑥ 《原富》下册，第 886 页。
⑦ 《原富》下册，第 395 页。
⑧ 《原富》下册，第 879 页。

导翻越该山。大约20年前，"山夫尽人可为，而听客之自择，于是山夫骁捷，马骡驵骏"。后来法国政府为加强管理，就下令"凡为山夫，必先由官察验给凭，始得执业。而其受雇也，以次及之，周而更始"。结果，在不到20年的时间里，"山夫健者皆亡，而马骡亦一无可用者"。此后游客便不再从沙蒙尼翻山，都跑到别处去了。由这样一个生活中的小故事可以看出，自由竞争能够激发"山夫"的潜能，而政府的干预，严重破坏了自由竞争的条件，滋养了山夫的惰性，最终使当地居民失去了一份谋生的差事。因此，严复指出："此事虽小，而可以推其大者矣。"[①]也就是说，自由经济能极大促进经济的发展，而政府干预的结果只能是适得其反。

从经济自由主义出发，严复反对官商对商业经济的垄断，提倡民办资本，主张贸易自由。

1. 鼓励民办资本的发展

严复认为："官治之事往往较之民办费多而事窳，故凡事之可以公司民办者，宜一切诿之与民，而为上者特谨其无扰足矣。"[②]例如，"道涂河海之大工，厉学设教之要政，皆民之所能自为，而不必为上者代大匠斫也"。严复鼓励民办资本的发展，其实是针对洋务运动形成的官僚资本的批判与改革。"洋务运动包括各个方面的内容，而究其对中国社会的影响，则应首推兴办一系列官办、官督商办的军用和民用企业。"[③]这些官办、官督商办民用企业形成的封建官僚资本，具有浓厚的封建官僚色彩，存在诸多问题，诸如：不计盈亏、严重浪费、任用私人、贪污腐化、中饱私囊等，使得其所生产的产品竞争力不高。严复说："中国自海通以来，咸同间中兴诸公，颇存高瞻远瞩之概。天津、江南之制造局，福州之船厂，其尤著也。顾为之者一而败之者十，畛域之致严，侵蚀之时有，遂使事设三十余年无一失效之可指。至于今治战守之具，犹

---

① 《原富》上册，第124—125页。
② 《原富》下册，第677页。
③ 林增平：《早期官僚资产阶级与洋务运动》，《历史研究》，1982年第4期。

糜无穷之国帑，以仰鼻息于西人，事可太息，无愈此者。"① 所以严复说，《原富》一书"其中所指斥当轴（局）之迷谬，多吾国言财政之所同然，所谓从其后而鞭之"②。这些问题严复深有感触，这是严复清醒而高于同时代人之处。

当然，正像斯密从没有严格排斥政府对经济的干预一样，严复没有绝对排斥"官办"，认为应根据情况采取具体分析，区别对待。例如，他就说以下3种情况可以官办："一，其事以民为之而费，以官为之则廉，此如邮政电报是已；二，所利于群者大，而民以顾私而莫为，此如学校之廪田、制造之奖励是已；三，民不知合群而群力犹弱，非在上者为之先导，则相顾趑趄。"③ 至于哪种情况适宜官办，哪些情况适宜民办，"此则各国互异，而亦随时不同，为政者必斟酌察度，而后为之得以利耳"④。严复采取了具体分析，区别对待的态度。

2. 主张自由贸易

自由经济必然要求自由贸易。严复说："盖国之财赋必供诸民，而供诸民者，必其岁入之利，仰事府畜之有所余，而将弃之以为盖藏者也。是故君上之利，在使民岁进数均，而备物致用之权力日大。求其如是者，莫若使自由贸易。"⑤ 而自由贸易的关键就是提倡公平竞争。他说："自由贸易非他，尽其国地利民力二者出货之能，恣贾商之公平为竞，以使物产极于至廉而已。"⑥ 自由竞争的结果，不仅使百姓将能购买到物美价廉的商品，更将极大地提高生产能力，丰富人民的生活，"凡日用资生怡情浚智之物，民之得之，其易皆若水火"⑦，有利于社会经济的富庶。严复不仅提倡国内自由贸易，而且在国际贸易中，也同样贯彻自由贸易的主张。这一点，我们留待后文再进一步展开论述。

---

① 《原富》下册，第888—889页。
② 严复：《原富·译事例言》，北京商务印书馆1981年版，第11页。
③ 《原富》下册，第589—590页。
④ 《原富》下册，第590页。
⑤ 《原富》下册，第519页。
⑥ 《原富》下册，第519—520页。
⑦ 《原富》下册，第520页。

三、严复经济自由主义的思想根源

严复经济自由主义思想之大略已如前所述。在市场经济发展已到了一定阶段的当前看来，他的这些观点似是普通的经济学常识。然而，在20世纪相当长一段时间的中国社会里，甚至可以说直到改革开放以前，严复的经济自由主义思想是远远地超过了时代的发展水平的。但若想更深刻地理解严复经济自由主义的思想，我们需要更进一步追溯严复经济自由主义思想的根源与实质。严复经济自由主义思想的根源与实质是什么呢？美国学者本杰明·史华兹所著的《寻求富强：严复与西方》，为我们在这方面的探索提供了颇具启示和有价值的观点。

史华兹先生在《寻求富强：严复与西方》一书中，提出了一个引人注目的观点：即严复认为，"活力"——人的活力潜能之释放与抑制，是导致西方日富且强、中国日贫且弱之别的根源所在。这是严复整个思想的出发点，也是其思想的核心。史华兹指出，严复思想之与以前及同时代人最大的区别即在于，他认为造成中西贫弱富强的关键性差别不应仅从武器和技术上去寻找，也不应仅从经济、政治结构中去寻找，更重要的应该从观念和价值观的领域去寻找。[1]他看到："中西事理，其最不同而断乎不可合者，莫大于中之人好古而忽今，西之人力今以胜古。中之人以一治一乱、一盛一衰为天行人事之自然，西之人以日进无疆，既盛不可复衰，既治不可复乱，为学术政化之极则。"[2]严复在英国留学期间，深受达尔文进化论、斯宾塞社会有机体论等的影响。他认为，人类社会如同生物群体一样，是一个不断进化演变的过程。所谓"物竞者，物争自存也；天择者，存其宜种也"。这种"物竞天择，适者生存"的生存竞争，是导致人与人乃至国与国强弱存亡之进化的根本因素。这样的生存竞争同时也激发了个体的活力和潜能。斯宾塞认为，社会也是一个有机

---

[1]　林庆元、翁纪阳、杨波：《活力与富强：严复思想轨迹的鸟瞰》，《'93严复国际学术研讨会论文集》，海峡文艺出版社1995年版。此节颇受此文启发，于该文多有参考。

[2]　《论世变之亟》，《严复集》第1册，第1页。

体，社会群体的质量有赖于组成它的个体的质量，而每个个体本身又是禀赋"活力"单元，即体力、智力、道德三位一体。严复对此深信不疑。为什么中西方在社会进化的过程中会出现这样的强弱贫富差距呢？严复意识到，关键在于中西方迥然相异的社会伦理原则道德观，决定了个体"活力"的抑制与释放。他说："英债虽重，而国终以富强者……凡物皆有其所以然之故。……英国自斯密氏所处之世以来，其所以富强之政策众矣……然自其最有关系者言之，则采是书之言……除护商之大梗，而用自由无沮之通商。"①史华兹指出："大英帝国所做的任何事都是为了鼓励和解放人们的经济活力，政府也能够为了自己的目的发掘这一取之不竭的财源。"②在西方，人们强调宇宙中的力量的至上性，以及生物界和人类世界中的活力的冲突，而正是活力、能动性、斗争、自主以及无畏地实现全部人类潜在可能性，使得西方的进化过程不受约束地进行，并最终走向富强。而在中国，"盖我中国圣人之意，以为吾非不知宇宙之为无尽藏，而人心之灵，苟日开瀹焉，其机巧智能，可以驯致于不测也。而吾独置之而不以为务者，盖生民之道，期于相安相养而已。夫天地之物产有限，而生民之嗜欲无穷，孳乳寖多，镌谗日广，此终不足之势也。物不足则必争，而争者人道之大患也。故宁以止足为教，使各安于朴鄙颛蒙，耕凿焉以事其长上"③。这种崇尚忍受、宁静，回避斗争和冲突，以及绝对地害怕维护人类生命的活力的观念和价值观，正是造成中西社会发展观上巨大悬隔的根本所在，它使中国的进化过程凝滞，并终至贫弱。"嗟乎！此真圣人牢笼天下，平争泯乱之至术，而民智因之以日窳，民力因之以日衰。其究也，至不能与外国争一日之命，则圣人计虑之所不及者也。"④中国的圣人们千方百计地去限制和禁抑个人的潜在活力，而近代西方却着力创造和培养了旨在释放这些活力的制度和

---

① 《原富》下册，第 959 页。
② ［美］史华兹著，滕复等译：《严复与西方》，职工教育出版社 1990 年版，第 100 页。
③ 《论世变之亟》，《严复集》第 1 册，第 1 页。
④ 《论世变之亟》，《严复集》第 1 册，第 1 页。

思想。史华兹深刻指出："严复从他（斯宾塞）那里获得一个意义深长的信念：潜在于个人之中的活力从根本上解释了西方社会有机体的富裕和强盛，这些活力由于受到正当的利益的驱使而更为有力量。而自由、平等、民主则提供了正当的自利得以表现自己的环境条件。在这种条件下，人类的肉体、理智和道德的潜力得到了实现。"[①] 正是从"活力"的释放与抑制出发，严复敏锐地从价值观上抓住了中西方思想文化差异的基点乃在于自由。中西之间"自由既异，于是群异丛然以生"[②]。"则如中国最重三纲，而西人首明平等；中国亲亲，而西人尚贤；中国以孝治天下，而西人以公治天下；中国尊主，而西人隆民；中国贵一道而同风，而西人喜党居而州处；中国多忌讳，而西人众讥评。其于财用也，中国重节流，而西人重开源；中国追淳朴，而西人求欢虞。其接物也，中国美谦屈，而西人务发舒；中国尚节文，而西人乐简易。其于为学也，中国夸多识，而西人尊新知。其于祸灾也，中国委天数，而西人恃人力。"[③] 所有这些政制、风俗、学术思想等各方面的截然相异，皆从"自由不自由异耳"导出。严复于是唱叹"夫自由一言，真中国历古圣贤之所深畏，而从未尝立以为教者也"。数千年来，中国的圣贤统治者们就是以愚民抑民来禁锢人们的活力，束缚他们潜在的无穷的积极性与创造性，以此维持一个低水平的和谐社会，导致了中国在世界面前停滞不前。严复之所以选择翻译亚当·斯密的《原富》，不仅因为该书是西方经济学的智慧之源，更主要的是因为亚当·斯密认为，经济领域的活力就是个人追逐幸福的活动，利己之心是社会经济发展的动力，而社会则是一切经济活动的最终受益者。因此，严复强调："夫所谓富强云者，质而言之，不外利民云尔。然政欲利民，必自民各能自利始；民各能自利，又必自皆得自由始；欲听其皆得自由，尤必自其各能自治始。"又说："国之强弱，必以富庶为量，而欲国之富，非民智之开，理财之善，必无由也。"这样，我们从

①　[美]史华兹著，滕复等译：《严复与西方》，职工教育出版社1990年版，第44页。
②　《论世变之亟》，《严复集》第1册，第1页。
③　《论世变之亟》，《严复集》第1册，第1页。

对严复《原富》的研究似可以得出这样的结论："国家的富强只能通过个人的活力和能力（在此情况下特别是经济）的解放而获得。"①

至此，我们可以看出，严复以社会进化论的观点来审视中西方之间的强弱贫富差距，认为西方列强之所以能战胜中国，表面上看是由于列强的坚船利炮和强大国力，而其最根本的原因乃是由于蕴藏于其个人之中的"活力"（民力、民智、民德）均强于中国，而这些个人"活力"之所以能得到充分释放和发展，则得源于西方信奉弥久的自由主义。因此，严复认为，中国要富强，要救国保种，首先应着眼于释放民众的活力，只有每个人都能够充满活力，在此基础上才可能实行资本主义的民富国强。为此他坚信"鼓民力、开民智、新民德"是当前刻不容缓的根本任务，并将其毕生奉献与译著和教育事业，投入到梦寐以求的国富民强的理想之中。

四、严复经济自由主义与现代开放型经济

如前所述，提倡自由贸易是严复的基本主张。他的这一原则不仅适用于国内贸易，同样也应该贯彻到国际贸易。因此，严复反对狭隘的民族主义，倡导国家之间的自由贸易，并对重商主义提出批评。重商主义的根本症结一个是设立"关税壁垒"，在此问题上，严复赞成斯密提出的"非锁国门""任民自治"的对外自由贸易政策，由此就产生了他关于"弛关税"的说法。他说："弛关者，内外平等，不于入口诸货畸有重征也。"②不多征收关税，要让各国的经济主体平等竞争，以促进经济的飞速发展。当然，让各个国家之间的商品进行自由竞争，也可能带来另一个结果，那就是导致部分民族工业的萎缩甚至是部分商品完全由外国控制，但这恰恰是实行经济模式转变，进行产业结构调整的契机。他举例说，在当时的英国，为了保护国内的纺织业的发展，英国政府对法国进口的丝织品都征收了百分之五十的关税，但英国的纺织业最终没强盛

---

① ［美］史华兹著，滕复等译：《严复与西方》，职工教育出版社1990年版，第99页。

② 《原富》下册，第122页。

起来。后来，英国政府对法国丝织品不再征收进口税，英国的纺织业就更衰落了，但是这并不影响英国整个国家的经济发展。严复总结说，英国之"天时地利皆不利蚕桑，而水性风日亦不宜于烘染之事，强而为之，亦终以无利也"[①]。也就是说，在国家经济竞争的过程中，可以选择性地放弃一些本国、本地区没有竞争优势的产业，要着力发展适合于本国国情的产业，以实现经济的繁荣。重商主义的另一症结是只看中贸易的顺差，将金银简单地等同于财富。在当时中国统治阶层流行的正是这种只注重贸易顺差的"漏卮"论，他们"言通商则徒争进出之相抵"[②]，"以出口土货多、进口洋货少为佳征"[③]。严复对这种只重视顺差的做法进行了批判，他甚至采取了全盘否定的态度："所谓保商权、塞漏卮之说，无所是而全非。"[④]并进而提出引进外资、利用国外的先进技术，开发铁路和矿山以摆脱贫困的主张。严复不是紧紧揪住当前的得失，而是从长远的发展着眼。他的这一思想对于今天的开放型经济仍有其重要的启示意义。

　　什么是开放型经济？开放型经济是与封闭型经济相对立的概念，是一种经济体制模式。在开放型经济中，要素、商品与服务可以较自由地跨国界流动，从而实现最优资源配置和最高经济效率。开放经济强调把国内经济和整个国际市场联系起来，尽可能充分地参加国际分工，同时在国际分工中发挥出本国经济的比较优势。在经济全球化的趋势下，发展开放型经济已成为各国的主流选择。在开放型经济中，既出口，也进口，基本不存在孰重孰轻的问题，关键在于发挥比较优势，既吸引外资，也对外投资，对资本流动限制较少。开放型经济的这些特征，正与严复对国际自由贸易的思想遥相呼应。

　　随着我国经济的不断发展，市场的运作逐渐成熟，开放型经济的建设也就成了我国当前经济发展的主要方向。福建地处东南沿海，众多的

---

① 《原富》下册，第 183 页。
② 《原富》上册，第 168 页。
③ 《原富》上册，第 168 页。
④ 《原富》下册，第 395 页。

海湾良港为海外贸易提供了极有利的条件。远在汉代，福建已有对外贸易活动。唐宋以降，它更一直是我国古代对外贸易的重要地区之一。沿海居民"资海为田，浪舶云帆，交于域外"。第一次鸦片战争后，福州、厦门辟为通商口岸，从而揭开了福建对外贸易史新的一页，奠定了福建对外贸易的根基。如今，在建设开放型经济的浪潮中，福建省更以主动积极的姿态紧跟时代的步伐。2011年4月30日，《福建日报》刊发福建省"十二五"规划纲要解读文章《全面提升开放型经济发展水平》，文中指出："全面提升福建开放型经济发展水平，就必须实施更加积极主动的大开放战略，在稳定规模中提高利用外资质量，在扩大份额中加快转变外贸发展方式，在调整结构中提升境外投资水平，在创新机制中发挥各类开发区载体作用，在拓展平台中密切闽港澳侨合作，构建内外联动、互利共赢、安全高效的开放型经济体系，加快建设外经贸强省。"[①]文中从宏观全局的角度，为"十二五"福建省的经济发展指明了方向。

五、严复对于促进福州开放型经济发展的启示

作为省会城市，福州的文化、政治地位依然具有不可比拟的优越性。如何抓住经济开放的机遇真正成为龙头城市？这成为福州城市发展面临的重要课题。时任福建省委常委、福州市委书记的杨岳同志指出："福州作为海峡西岸省会中心城市，过去的快速发展靠的是开放，未来实现科学发展新跨越更要坚定不移地大力发展开放型经济。只有顺应时代潮流，强化开放理念，进一步发挥区位优势、港口优势、侨台优势，把开放的大门打得更开，把开放的步伐迈得更大，才能再创福州发展新优势，充分发挥省会中心城市龙头引领作用。"[②]为此，我们可以从以下几个方面为切入点进行展开。

第一，必须深度挖掘闽都文化丰富内涵，大力推进文化强市建设，助推开放型经济发展。福州地处闽江下游，背山面海的地理条件，天然

---

① 全面提升开放型经济发展水平 ——福建省"十二五"规划纲要解读 http://www.fujian.gov.cn/ztzl/jkjshxxajjq/zcwj/201104/t20110430_355431.htm。
② 杨岳：《实施大开放战略，发展开放型经济》，《求是》，2012年第17期。

的便利海港，塑造了闽都人民向着海洋谋生的习俗，形成了开放有为的经济格局。早在汉朝时期，位于闽江口附近的东冶港就是当时对外交流的重要口岸，"旧交趾七郡贡献转运皆从东冶泛海而至，"（《后汉书·郑弘传》）是连接越南等东南亚国家与中原地区的重要交通枢纽。唐宋时期，福州港更加壮大繁荣，五代王闽政权时期开凿了甘棠港，"尽去繁苛，纵其交易，关畿廛市，匪绝往来"①，与新罗、日本、东南亚、印度、大食、西亚及非洲诸国都有贸易往来，极大地促进了商业的繁荣。宋元以后，随着全国经济重心的南移，福州海上交流的进一步繁荣，福州港口的重要地位更加凸显。郑和七下西洋均驻舶福州港伺风起航；明成化十年（1474），福建省管理对外贸易的市舶司从泉州移到福州，福州港的影响不断扩大，经济不断繁荣。诚如明万历时期的林燫在《洪山桥亩记》中说："商舶北自江至者，南自海至者，咸聚于斯，盖数千家云。"②特别是近现代时期，福州作为"五口通商"口岸之一，海上贸易更是大幅增长，帝国主义势力集结在仓前山。正如毛泽东指出："外国资本主义对于中国的社会经济起了很大的分解作用，一方面破坏了中国自给自足的自然经济基础，破坏了城市的手工业和农民的家庭手工业；又一方面，则促进了中国城乡商品经济的发展。"福州仓前山的经济在"五口通商"后从以农业为主的经济转变为以商贸、工业和航运为主的商品经济。自1844年起，先后有英、法、美、荷、葡、德、意、俄、日、丹麦、瑞典、挪威、奥地利、比利时、匈牙利、墨西哥等17国在仓前设立领事馆。这些国家的商人在不平等条约的庇护下纷纷在仓前山开洋行、创办工厂、设立公司，从事进出口贸易，输入鸦片、工业品等，输出以茶叶、木材为主的土特产品。一时间闽江南岸货仓连片，码头遍布，江上轮船穿梭如织。③光绪年间《闽县乡土志》记载："八闽物产以茶、木纸为大宗，皆非产自福州。然巨商大贾其营运所及，必以福州为的。"可见当时的

---

① 于竞：《琅琊王德政碑》。转引自薛菁：《闽都文化述论》，中国社会科学出版社2009年版，第337页。

② 薛菁：《闽都文化述论》，中国社会科学出版社2009年版，第337页。

③ 齐上志：《"五口通商"对福州经济文化的影响》，《史志》，2008年第1期。

繁荣景象。

商业的繁荣，思想的解放，造就了以马尾船政文化为代表的一批改变中国近现代发展命运的精英人物，他们卓绝的见识，高瞻远瞩的视野，对今天的社会发展依然发挥着作用，散发着智慧的光芒。以严复为代表的船政精英们是我们福州人的骄傲，是闽都文化的宝贵财富。在全球化背景下，今天的福州人，特别是领导干部们，更应该有博大的胸襟，国际的视野，才能更好地引领福州融入国际化的进程之中。

第二，充分利用侨资侨力，促进福州经济建设。如前文所述，福州自古以来就有非常浓厚的商业传统，有高度发达的海上贸易。福州的商人，便通过这些发达的海上贸易将其商业扩散到了世界各地，同时，福州人也借此散居于世界的各个角落。随着改革开放国门的打开，更多的福州人移民境外。据初步统计，目前祖籍福州的海外华人华侨多达300余万人，遍布世界上120多个国家和地区。在东南亚，旅居当地的福州人民往往同族、同宗、同乡聚集一处，形成了众多的社团和"新福州"，他们有着非常浓厚的家乡情怀。我们可以充分发挥海外这一优势，采取积极的行动，为海西建设谋求更加有利的外部条件与资源。目前，福州每年的"6·18"国际招商大会，"世界福州人大会"（即十邑同乡会）等活动，都大大团结和吸引了遍布五大洲、四大洋的福州海外乡亲，他们不仅能带来巨大的外资，又能带来诸多全新的管理经验，这些都是促进福州经济发展的宝贵资源。

第三，充分调动福州当地企业的活力，积极谋求国内国际资源，稳步走向国际市场。在第14届海峡两岸经贸交易会（以下简称"海交会"）开幕期间举办的首届"开放型经济海西发展论坛"上，中华民营企业联合会会长保育钧建议，福州应重点支持本地的民营企业做强做大，从一定程度上改变如今政府引导招商引资的现状，变民营企业成为吸引投资的主要力量。正如我们在前文所指出的，在充分竞争的条件下，个体的潜能与活力将会被极大地发挥出来，各企业家要及时抓住海西建设的机遇，充分利用经济发展的优惠政策，敢打敢干，把自身企业做大做强，稳步地走进国际市场，在国际的大舞台上展现拳脚。比如，现有东南汽车城、马尾工业园区光电产业已经拥有较好的基础，可抓住能源结构调整的契机，着力开发绿色产品，进一步深化，打造产业品牌名片。又比如福耀玻璃、香格里拉、世纪金源等等，都是目前福州地域发展较好、具有较强国际竞争力的大企业。为此，我们应该进一步深化体制改革，改变政府以往的管理模式，实行有利于经济发展的服务模式，为企业的发展壮大创造更为有利的条件与资源，帮助企业走出国门，走向世界。

结　语

如果说，由于时代客观原因的限制，严复提倡的经济自由主义在当时没能形成广泛的影响，只能如孤鸿哀鸣般消失于漫漫的历史长河的话，那么，时过境迁，随着社会主义市场经济发展到今天这样的阶段，严复所提倡的经济自由主义已被我们吸收消化并运用于日常生活之中，成为当前建设开放型经济的丰富养料。另一方面，严复所主张的个体活力的释放也有其深远的价值。因为在组成生产力的各种要素中，人（劳动者）是最主要也是最活跃的因素，人（劳动者）的体力、智力、德的能力的挖掘与发挥，对促进和推动生产力的全面发展无疑有积极的作用。充分调动人的积极性，培养和提高劳动者的素质，实施科教兴国的伟大战略，至今仍是我们社会主义现代化建设所急需关注和解决的艰巨任务。这些应该是严复经济自由主义思想现代意义的重要指向。

参考文献

[1]王栻主编：《严复集》，中华书局1986年版。

[2]"严译名著丛刊"《原富》，商务印书馆1981年版。

[3]俞政：《严复著译研究》，苏州大学出版社2003年版。

[4]《'93严复国际学术研讨会论文集》，海峡文艺出版社1995年版。

[5]［美］史华兹著，滕复等译：《严复与西方》，职工教育出版社1990年版。

[6]郑斌孙：《严复经济思想研究》（硕士学位论文），福建师范大学，

2009级。

［7］《严复诞辰一百四十周年纪念活动专辑》，福州，1994年。

［8］福建省严复学术研究会、福州市严复研究会主编：《严复与中国近代化学术研讨会论文集》，海峡文艺出版社1998年版。

［9］福建省严复学术研究会编：《中国近代启蒙思想家——严复诞辰150周年纪念论文集》，方志出版社2003年版。

［10］李建平主编：《严复与中国近代社会》，海风出版社2006年版。

［11］马勇：《严复学术思想评传》，北京图书馆出版社2001年版。

严复思想中的变革精髓

杨华基

在大约一个半世纪以前，因闭关自守、蒙昧无知而导致落后挨打，"被排斥于世界体系之外而孤立无依"（马克思语）的中国，开始派出自己的优秀学子，到欧美探究西方富强的奥妙，感知世界文明的潮流，寻找拯疴起弱的良方。那些优秀学子中的许多人，后来成为中国最早具有世界眼光、把握时代脉搏的先知先觉，为中国现代化的起步做出了突出的贡献，严复是他们之中最杰出的代表之一。一百多年来，中国人民一直为民族复兴苦苦追求，到今天，国家兴盛的局势已是举世公认；中华民族的伟大复兴，必将势不可当地成为21世纪人类历史最壮观的图景。在这样的历史关节点上，我们不但要更加缅怀近代以来仁人志士先知先觉的开拓之功，而且要以更加清醒的头脑，回观他们在诊治中国病根过程中的所思所想，从他们的殚思竭虑中，吸取思想精华，为社会主义现代化建设服务。

中国的现代化之路，是从学习西方开始的；而中国人真正深入、全面地了解西方，是从严复开始的。在严复之前，中国人囿于"中体西用"的观念，试图在不改变封建政治和文化制度的前提下，通过学习西方军事和工业技术来达到富强。但是，这一梦想却被甲午战争的炮火炸得粉碎。在举国悲怆的气氛中，严复喊出了"不变法则必亡"的时代最强音。他以学贯中西的深厚学养，系统地介绍西方政治和文化，指出西方富强之本不在器物而在于制度和文化。学习西方，仅学其技术而不学其政治制度和学术文化，是舍本逐末，只能得到"淮橘为枳"的结果。这些崭新的视野和观念，给国人的思想带来振聋发聩的影响。一部《天演论》，更是彻底地颠覆了国人的历史观和社会观。在此之前，中国人信奉的是治乱、兴衰、合分的历史循环论。《天演论》问世后，社会不断发展进步，"既盛不可复衰，既治不可复乱"的观念深入人心；"物竞天择，适者生存"规律的揭示，唤起了国人救亡图存的激情。后来无论是戊戌变法、辛亥革命还是新民主主义革命的先驱，无不深受严复思想的影响，从这个意义上可以说，没有严复的思想启蒙，就没有孙中山领导的资产阶级革命，也不会有中国共产党领导的新民主主义革命的胜利。在中国现代化的漫漫路程中，严复是一座醒目的里程碑。

严复思想是很深刻的，他敏锐地看到，中国之贫弱、财力的匮乏和军事的落后只是表面现象，其深层原因在于政治、文化的不合时宜；而政治、文化不合时宜的根源，又在于"不知平等自由之公理"。长期被封建专制制度"虐待"的人民，都是没有人生保障的"苦力"；驱"苦力"与西方享有民主权利的"爱国者"对抗，没有不失败的道理。所以中国要强盛，就应找到一个"道"，能够使国人"各私中国"，也就是使人人都成为国家的主人，把国家兴旺当作自己的事。这就要求在制度设计上，使每个公民的自由权利得到保障，因此他指出，"今日之治，莫贵乎崇尚自由，自由则各行其所自致，而天择之用存其最宜，太平之盛，可不期而自至"。能够保障个人自由的制度，莫善于民主政体，由此，严复提出"自由为体，民主为用"的深刻命题。建立使人民享有民主权利的政治制度，是严复理想的终极目标。

严复又是个很现实的改革思想家，针对当时国家已经失去独立的状况，他认为不宜急于提倡个人自由，当时中国"所急者，乃国群自由，非小己自由"，中国人应该团结起来，先争取国家独立和民族解放，才可能求得个人的自由民主权利，这是一方面；另一方面，由于中国历来缺乏自由民主的传统，在封建专制制度的长期压迫下，民德、民智、民力都极其卑弱，所以中国社会在向现代化的变革当中，不可"期之以骤"，而应以渐次推进的方式，先从教育入手，"鼓民力、开民智、新民德"，培养现代国民的素质，才可以逐步实现国家政治的现代化和民族的振兴。这种思想，在今天看来，是非常切合中国国情的，也是符合中国近代以来历史发展的实际逻辑的。

　　严复对国家命运和民族文化的前途充满信心，临终前还交代家人"须知中国不灭"。他一生提倡西学，被公认为中国"西学第一"，但他对中国传统文化没有持极端否定的态度，而是主张"阔视远想，统新旧而视其通，苞中外而计其全，而后得之"，强调中西文化的融合创新。他相信中国传统文化中的优秀成分"耐久无弊""最富矿藏"，只是需要用"新式机器"，也就是用现代科学智慧去发掘、淘炼而已。有的朋友曾表示对大力提倡西学将会造成中国传统文化精神丧失的担心，对此，严复明确地回答，引进西学不但不会造成中国传统文化的式微，相反，将大大有利于中国文化去伪存真、去粗存精，使其中的优秀成分发扬光大。他认为，中国传统文化最缺乏的，是科学方法和科学精神，所以，"中国此后教育，在在宜着意科学，使学者之心虑沉潜，浸渍于因果实证之间，庶他日学成，有疗病起弱之实力，能破旧学之拘挛，而其于图新也审，则真中国之幸福也"。严复对中国传统文化缺乏创新精神的批判，以及对如何促进中国文化现代化的见解，可谓入木三分。

　　综观严复思想，一个很显著的特点就是，他非常强调中国发展进步的过程中"人"的因素，人的自由应该解放，人的权利应该保障，人的观念应该转变，人的素质（德、智、体）应该提高，人民应该成为国家的真正主人。如果说，从洋务运动开始，中国学习西方先进技术，实行变法维新，直到后来的辛亥革命和新民主主义革命，贯穿的是一条从器物到制度的社会客体现代化主线的话，那么，由严复开其端的启蒙运动，就是一条推动作为社会主体的人的现代化的主线。事实证明，主体现代化和客体现代化是现代社会发展不可或缺的两个方面，甚至可以说，作为社会主体的人的现代化，是一种更加根本的现代化。西方近现代社会突飞猛进的发展，正是以人文主义为核心的文艺复兴和17至18世纪启蒙运动，确立了人的尊严和人的价值，使人的潜在能力得到充分释放的结果。

　　由于中华民族危机的空前深重和民生的极度困苦，严复所提出的渐进式的改良主张，没有来得及被人们普遍理解并成为社会主流意识，便被疾风骤雨般的革命声浪所淹没。严复作为一位坚持己见的深邃的思想家，也逐渐被许多人视为过时的人物。但是，历史的发展，最终是避不开严复所提出的深刻命题的。正如严复所自许的那样，"有王者兴必来取法，虽圣人起不易吾言"，中国社会的发展进步，终究要补上人的自身完善、人的全面发展这一课。我们应该清醒地看到，中国是从半殖民地半封建社会直接进入社会主义社会的，在现代化过程中，仍然遗留着许多忽视人的权益、人的尊严、人的价值的封建意识残余；我国人民的综合素质与先进国家相比，还有相当大的差距，人们的法制意识、平等观念、文明习惯和创新能力，都有待提高。这就要求我们在新的历史条件下，重新正视人的因素。严复"自由为体，民主为用"的思想和"鼓民力、开民智、新民德"的主张，在现实中都有很强的借鉴意义。

多年来福建省严复学术研究会一直致力于推动严复研究和宣传。我们很高兴地看到，在海内外专家学者的努力下，近年来严复研究取得了丰硕的成果，研究领域不断深入，研究队伍不断扩大，对严复思想持肯定态度的学术见解也越来越多。这也说明严复的思想在新的历史条件下，正在获得越来越多的共鸣和知音。然而我们也感觉到，严复博大精深的思想体系及其对中国社会的进步意义，并没有完全为人们所认识，有待于开拓的研究领域还很多，严复研究原始资料的积累还不够充分；作为启蒙思想家的严复的历史作用，也还没有为社会公众所广泛理解，严复的社会知名度还不够高。这些，都是与严复思想的深远影响和巨大历史贡献不相称的。我们愿意与海内外专家学者和有志之士一道，继续把严复研究事业不断推向深入。

严复的社会变革思想及其当代意义

苏振芳

摘 要 严复把进化论介绍到中国，并结合具体实际进行改造和运用，成为一种观察自然和社会的新的认识方法。提出"鼓民力、开民智、新民德"的社会教育思想，比较系统地提出了培养年轻一代的基本教育内容。强调"群重"是社会发展的前提，要使社会群体中的每一个人都集聚起来，形成一个强有力的"群体"，才能改变旧的社会制度。弘扬严复的社会变革思想，对发挥福州在海西建设中的枢纽作用，也具有重要作用。

关键词 严复 社会变革思想 福州 海西

诞生于福州并从福州走向世界的严复，是我国近代史上的一位伟大的启蒙思想家、教育家、翻译家，是有系统、有理论地将西方的先进思想文化介绍到中国的第一人。他阐述的"物竞天择，优胜劣败，适者生存"的社会变革思想至今还在激励着人们，成为人类社会发展的永恒真理。

一、严复的社会变革思想的主要表现

1.严复把进化论介绍到中国，并结合具体实际进行改造和运用，成为一种观察自然和社会的新的认识方法

严复的社会变革思想集中体现在他翻译的《天演论》这部著作中。《天演论》是严复翻译的英国社会学家、科学家赫胥黎《进化论与伦理学》一书的节译本。原著的基本内容是宣传达尔文"物竞天择"的进化论

和"适者生存"的生存斗争学说。严复取名《天演论》，也是要系统地介绍和宣传"优胜劣败"的自然演化的进化论思想。《天演论》功绩不仅在于首次向国人介绍了达尔文的进化思想和演变规律，而且阐述社会发展规律的客观必然性，揭示了"国家落后就要挨打"的定律，激发人们救亡图存、变法维新的新观念，向世人敲响了国家危亡的警钟，成为近代中国资产阶级改良政治和社会革命的先导。

严复认为，社会犹如生物有机体，"物竞天择"是人类保存自己的必要条件。中国要避免亡国灭种，只有遵循"适者生存"的规律，顺应社会发展潮流，进行社会变革。社会变革的前提是要向西方学习，不仅要学习西方的物质文明，更重要的要学习西方的政治和社会制度。西方文明的基础是"自由为体，民主为用"，即自由是西方社会的实质，民主只是自由在政治上的表现。个人自由和自由竞争是社会存在的必要条件，社会进化最终要归结为个人的自强。因此，中国必须变革才能实现自由与民主。严复以其独特的评述方式，系统地介绍了社会进化论思想，成为近代中国传授新文化的第一人。严复之所以要以著译的方式来介绍赫胥黎的著作，有三个目的：一是在于能够方便人们的理解接受。当时国人对接受西方的理论和学说还存在一定的语言和思维的差异，因此需要做一些必要的变动和改造。二是为了打破国人的一种偏见，严复认为通过这种方式进行著译，可以使国人了解到，西学也有深邃精密的形而上学。三是根据当时的实际，推崇一种持久的社会变革思想。严复的《天演论》是在洋务派"体用之学"已日渐丧失对社会变革的推动力的时候，提出一种真正具有持久的社会变革推动力的思想，它让人们从"物竞天择"的天演论中确立人的行为准则，并以乐观主义的人类持久进步的信仰对几代人产生了深远的影响。也就是说，严复在著译中，注意结合中国实际，而不是照抄照搬，更不同于这时已初露端倪的"全盘西化论"的幼稚症。严复是为救亡自强而向西方学习的先进分子的代表，成为近代中国传播先进文化的第一人。

严译《天演论》在宣传进化论时也传播机械力学、实证论、唯心主义和不可知识等哲学思维方式，这种用进化论的思维方式来观察思考自然尤其是观察人类社会的发展过程，是一种以近代科学为基础的一种全新的认识论，尤其是人类社会是一种以近代科学为基础的一种全新的认识论，使得人们的世界观开始跳出古代朴素唯物主义哲学的思维方式，进入了近代哲学思维阶段。有人认为，严复在《天演论》中阐述的进化论思想，是"对旧哲学的突破，成为从封建主义旧哲学到马克思主义哲学的桥梁"，"成为从变易史观发展到唯物观的重要中间环节"。显然，这种评价是实事求是的，一点也不过分。

严复把进化论介绍到中国，使得西学的传播有了明确的思想内容。第一次鸦片战争后，中国人开始认识到西方的船坚炮利，在西学东渐中较之兵法工艺这类应用科学成为主要方向，其译著不在少数。但在人文科学和社会思想方面的著作还鲜被翻译传播。甲午战败使得精通西学的严复认识到西学命脉在于"于学术则黜伪而崇真，于刑政则屈私以为公"。严译《天演论》在中国近代思想文化史上开创了一个新纪元，它提出的"天道变化，不主故常""物竞天择，适者生存""优胜劣败，弱肉强食""以人持天，与天争胜"等观点，不仅震撼了当时的思想界，而且为国人带来了新的资产阶级世界观和人生观，看到了西方还有比中国先进得多的学术思想和理论学说，大大拓宽了人的眼界。在思想界中影响之深广是罕见的，所接受的主动性和速度之快是史无前例的。随后，西方的哲学、政治、社会、经济、历史、文学、新闻等人文科学著作被源源不断地引进，改变了西学东渐过程中重理工轻人文的倾向，使得西学东渐有了明确的内容，不仅激励中华民族奋发图强，启蒙了人们的思想，为中国人救亡图存提供了理论武器。

2.提出"鼓民力、开民智、新民德"的社会教育思想，比较系统地提出了培养年青一代的基本教育内容

严复对旧的科举制度深恶痛绝，认为以"八股取士"有"锢智慧、坏心术、滋游手"三大弊端。严复认为必须"废除八股，大讲西学"，以"鼓民力、开民智、新民德"的社会教育思想来提高国民的素质，这是事关国家前途、民族命运和人类未来的百年大计。严复认为，一个国家的强弱决定于三个基本条件："一曰血气体力之强，二曰聪明智虑之强，三

曰德行仁义之强。"在严复看来，中国未来的年青一代必须具备这三个条件，才能为国家的富强贡献力量。严复所提出的这三个条件，对中国教育的最大贡献，就是第一次在中国比较系统地提出了资产阶级培养年青一代的基本教育内容（"鼓民力、开民智、新民德"），有重大的历史进步意义。

严复提出的"鼓民力"，就是锻炼体魄、禁止恶习，认为身体健康是最重要的，是德育和智育的基础。严复提出的"开民智"，在于以"用"为本，学习西文、西艺、西政，提倡科学民主，实际上是强调以智取胜是国富民强之原（"民智者，富强之原"），大力提高国民的智力，才能使国家立于世界之林而不败。严复提出的"新民德"，在于打掉奴性，倡导爱国，讲民主，是要求国人要深刻认识旧道德的缺陷，学习西方新的道德文明，提高国人的道德水准（"中之人好古而忽今，西之人力今以胜古"）。严复提出的"鼓民力、开民智、新民德"的社会教育主张，是对传统的八股科举制度的挑战，在当时，这种主张具有积极的进步意义，对推动社会进步和社会发展具有重要的作用。

首先，抓住学习西方、追赶时代发展步伐的关键。中国开始学习西方，始于19世纪60年代的洋务运动。但是，当国人在军事、工矿、外交等12个方面把西方国家视为"至美之制"引入中国之后，却出现了"若亡若存，辄有淮濡为枳之叹"。这其中的原因是什么？受过英国高等教育，目睹中国封建社会变迁的严复，在进行中西方比较之后，认为原因可能是多种多样的，但其中重要的原因之一，是由于"民智既不是以与之，而民力民德又弗足以举其事故也"[1]。"欧人之富强，由于欧人之学问与政治"[2]。西方经济发展和政治制度的先进，是因为在社会科学、自然科学和意识形态等"学术"上的先进，即"民之性质"优良。民的性质好比土壤，枪炮、议院政治（善政）犹如草木，有适宜的土壤，"草木"

---

① 卢云昆编：《社会剧变与规范重建——严复文选》，上海远东出版社1996年版，第17页。

② 卢云昆编：《社会剧变与规范重建——严复文选》，上海远东出版社1996年版，第63页。

才能长势良好，否则"立槁"而已。①而当时中国的"民之性质"是民智已下，民德已衰，民力已困。鉴于此，严复认为要学习西方，赶上时代发展的步伐，关键在于"鼓民力、开民智、新民德"，提高国民的素质。而要提高"民之性质"在于学习，"西洋今日，业无论兵、农、工、商，治无论家、国、天下，蔑一事焉不资于学"②。

其次，指出"鼓民力、开民智、新民德"是与西方争胜的根本所在。西方帝国主义列强为什么能够通过种种不平等条约，疯狂地掠夺中国？在于其民力、民智、民德方面均高于中国。这是中西强弱差距的根本所在。严复痛感当时中国"民力已荼，民智已卑、民德已薄"③。这样的国民素质"虽有富强之政，莫之能行"④。因此，中华民族要振兴并屹立于世界民族之林，就要从民力、民智、民德抓起，提高国民素质，这是振兴中华民族的"治本"之策。个体有"活力"，群体才有"活力"，群体有"活力"，国家才有"活力"，民族才能强盛，中华民族的强盛，才能与西方"争胜"，才能屹立于世界民族之林。严复提出的"鼓民力、开民智、新民德"这是资产阶级改良派的最高的政治和教育主张。但是，严复不懂得，这种教育思想不是孤立的，而是受中国社会经济、政治、文化等多种社会因素的影响与制约的，所以严复的这一思想在当时所起的作用是有限的。

3.强调"群重"是社会发展的前提，要使社会群体中的每一个人都集聚起来，形成一个强有力的"群体"，才能改变旧的社会制度

严复在1921年逝世前给后人留下三条遗嘱："一，中国必不亡，旧法可损益，必不可叛；二，新知无尽，真理无穷，人生一世，宜励业益智；三，两害相权，己轻、群重。"从这三条遗嘱中可以看出，严复认为个人的历史不过沧海之一粟，"己轻、群重"，国家民族的前途大业是

① 卢云昆编：《社会剧变与规范重建——严复文选》，上海远东出版社1996年版，第13页。
② 卢云昆编：《社会剧变与规范重建——严复文选》，上海远东出版社1996年版，第52页。
③ 王栻编：《严复集》第1册，中华书局1986年版，第26页。
④ 王栻编：《严复集》第1册，中华书局1986年版，第26页。

壮阔的大海、巍峨的高山，为祖国人民的利益，"则舍己为群"。"群"是什么呢？严复认为"群"有三个重要特点：第一是作为生物数量群体的"群"；（"群者，因积人而成者也"①。）第二，是作为生理有机体的"群"；（"一群一国之成之立也，其间体用功能，实无异于生物之一体，大小虽殊，而官活相准"）②第三，是作为社会国家的"群"。（"群有数等，社会者，有法之群也，社会，商工政学莫不有之，而最重之义，极于成国"③）对于"群"的上述三个特点，严复认为是由于"群"自身的存在方式不同而形成的。作为生物数量群体的"群"，其存在方式是为了求得物质利益的获得和生存的安全；作为生理有机体的"群"，群体中的个体与个体之间，具有相互吸引与相互排斥的关系，如果相互排斥占居上方，则"群体"必然离散而不复存在。（"相吸力胜者，其么匿聚而成体，相拒胜甚者，其么匿散而亡"④）作为社会和国家的"群体"，如果国家这一"群体"不能为公民获取权利和利益而创造机会，反而剥夺公民的权力和利益，这样一来，会导致社会和国家这一"群体"缺乏凝聚力，最终导致社会和国家的分崩离析。

如何解决上述问题？严复认为要把"群重""聚众"放在首位。而要实现"群重""聚重"的凝聚力作用，必须做如下几方面的工作：一、用道德良心去整合生理有机体这一"群体"。因为生理有机体的基本构成要素是单个个体的人，每一个单个个体的人都具有基本的道德觉悟、道德良心和道德体验，因此，在基本道德上有一个普遍的认同的问题。而如何实现基本道德的认同呢？严复认为，只有用中华传统的道德良心去唤起每一个个体的人，使千千万万个个体的人都具有中华优秀传统道德良心的体验，才能凝聚成坚不可摧的中华民族的"群体"道德。二、要整合个体与"群体"之间的关系，充分并优先考虑个体的利益。严复认为，社会之"群"与生物之"群"有着本质上的区别，社会"群体"中的个体，

---

① 《原强》，王栻编：《严复集》第1册，第7页。
② 《原强》，王栻编：《严复集》，第1册，第7页。
③ 《〈群学肄言〉译余赘语》，王栻编：《严复集》第1册，第125页。
④ 《导构上华民国立国精神议》，王栻编：《严复集》第2册，第342页。

既有理智觉悟，又有利益的需求，个体道德觉悟的提高是以个体自身利益是否满足为前提，只有充分考虑到个体自身利益，才能充分调动其积极性。严复进一步指出，既然社会这一"群体"的强大是以个体为基础的，那么，作为社会的"群体"必须时时处处关心个体（小己）的喜怒哀乐，关心个体（小己）的利益，至少也要在个体（小己）与群体之间求得平衡。三、要通过社会政治制度的改革，使得广大民众有参与国事、政事，进而获得个人利益的权力。严复认为，作为社会群体中的个人，不仅有道德理性的要求，而且有强烈的权力欲望，这种民众个体的强烈欲望，在中国漫长的封建社会体制中是做不到的。因此，要使社会群体中的每一个人都集聚起来，形成一个强有力的"群体"，必须彻底改变旧的社会制度，这是赋予民众参与政事获得个人利益的最佳途径。

二、严复社会变革思想的当代意义

1.严复的社会变革思想，激励后人为国家的兴亡而奋斗

严复一生都在牵挂着祖国的命运与前途，认为自己所做的一切只不过是沧海一粟罢了，为了国家民族的振兴发展，每个人都要为之努力奋斗。严复社会变革思想对后人起着一种示范作用，也启蒙教育了许多中国人，特别是有志的青年。

台湾著名学者李敖在《严复之孙在台湾——我最难忘的一位老师》一文中写道："我总觉得严氏一门，正是中国现代史上最好的家传资料。第一代严复，身逢帝制不绝，志在引进新潮，赍志以没了；第二代严璩，身逢新旧交替，志在富国强兵，家破人亡了；第三代严侨，身逢国共斗争，志在建国大业，自己报废了；第四代严正，身逢国民党在台湾通吃，志在经济挂帅，埋头做白领阶级了。严氏家传的横剖，岂不正是中国现代史的缩影？"

严复及其后人的行为活动体现出了一个伟大社会变革者的情怀，其后代也深受父辈的影响，积极实践着严复一生变革图强的理念，这正是参与、协作、奉献的福州船政社会变革思想的具体体现。

2.严复的社会变革思想，对人才培养具有重要的意义

在向西方寻找真理过程中，严复是由感性到理性、具体到抽象、形式到内容、现象到本质这条"天路历程"中不断上升的一个典范。严复开创了中国近现代思想史上的新纪元，使广大的中国知识分子第一次真正打开了眼界，看到了知识的广阔前景，使中国近代的先进人士踏上了向西方寻求真理的新征程。

严复呼吁废八股、兴西学，将人才培养与自强救国相结合；主张教育应培养智力德三者兼备的人才，以民智、民力、民德作为衡量人才的三大要素；提倡人才培养应该以体育为本，德育为基，西学为主；认为应将"治学"与"治事"人才相分离，发挥各类人才各自的专长；同时，严复还提倡普及教育、实施实业教育以提高人才的素质。他认为中国今日自救之术，当以实业教育为最急，救国之道，皆不若实业之有明效。"惟此乃有救贫之实功，而国之利源，乃有以日开，而人人有自食其力之能事。"

严复把人才培养、进化论与素质教育相结合起来，改变了落后的传统人才培养观，促进了中国教育的近代化，提高了国人的思想素质。严复重视科教与人才培养的思想对于我们今天的教育改革与中西文化交流，特别是为海西经济区建设培养急需的各式人才仍然具有借鉴意义。

3.弘扬严复的社会变革思想，对发挥福州在海西建设中的枢纽作用，也具有重要作用

严复是福州独有的地域名人。研究严复与闽都文化的关系，弘扬严复的社会变革思想，塑造闽都文化品牌，提高福州知名度，促进闽都文化建设，做大做强省会中心城市文化事业、文化产业，推进海峡西岸经济区建设，为促进祖国统一大业，为福州全面建设小康社会营造良好的文化氛围，具有重要的意义。

作为社会变革精英的杰出代表，严复积极开拓创新，在教育理念上坚持与时俱进，采用新式教育体制，促进中国近代高等教育的发展，使闽都文化散发出独特的光芒与魅力。研究严复与闽都文化的内在联系，

将为福州经济发展提供强有力的精神动力、文化条件和舆论氛围，更好地发挥福州在海西建设中的中心枢纽作用。

参考文献

［1］严复：《论世变之亟》。

［2］马勇主编：《严复语萃》，华夏出版社1993年第1版，第124页。

［3］罗炳良：《严复天演论》，华夏出版社2002年版。

［4］余政：《严复著译研究》，苏州大学出版社2003年版。

［5］习近平主编：《科学与爱国——严复思想新探》，清华大学出版社2001年版。

［6］黄瑞霖主编：《中国近代启蒙思想家》，方志出版社2003年版。

［7］皮后锋：《严复大传》，福建人民出版社2003年版。

［8］李敖：《严复之孙在台湾——我最难忘的一位老师》。

朱熹、李贽与严复思想比较与思考

苏振芳

摘　要　历史名人是时代文化积淀的产物。他们之所以能被铭刻在历史的丰碑上代代相传，既有个人的魅力，也有时势造就的机遇。福建历史上人才辈出、代有英才，这些名人包括思想家、文学家、史学家、教育家、军事家、艺术家、民族英雄……他们的影响范围，小至地方社会，大至王朝国家，成为地方文化宝库的重要资源，也成为福建文化底蕴厚实的基石，对凝聚人心具有不可估量的作用。福建在中国封建社会后期和近代，出现过朱熹、李贽和严复三位很有代表性的人物。研究这三位代表人物，发掘其文化内涵，对福建文化建设具有重要的促进作用。

关键词　朱熹　李贽　严复　思想　比较

一、朱熹、李贽、严复是福建三位历史性的代表人物

1. 朱熹

朱熹是中国宋代大儒，理学集大成者。他的学说，从宋末历元、明至清的700年间，一直被奉为官方文化。无论其正负面影响，都遍及全国，至深且巨。

朱熹继承周敦颐、二程，兼采释、道各家思想，形成了一个庞大的哲学体系。这一体系的核心范畴是"理"，或称"道""太极"。

朱子的宇宙观，是以周敦颐的《太极图说》为本，而融合邵雍、张

载与二程之说，提出一个"理"和"气"。他认为宇宙万物都有一个"理"的存在，这个客观的"理"就是"太极"。"人人有一太极，物物有一太极"，而"太极只是极好至善的道理"，及至表现而为具体的形象，则有赖于"气"，曰："理也者，形而上之道也，生物之本，气也者，形而下之器也，生物之具也。"由此而解释到人身的形成，"理"与"气"合构而成人，而"气"中之"理"，即人之"性"。他又认为气有清浊，禀气清者，为圣人；禀气浊者，为愚人。人之所以明德修身，就是用来涤除此"浊气"。

朱熹所谓的理，有几方面互相联系的含义。第一，理是先于自然现象和社会现象的形而上者。第二，理是事物的规律。第三，理是伦理道德的基本准则。朱熹又称理为太极，是天地万物之理的总体，即总万理的那个理，"太极只是一个理字"。太极既包括万物之理，万物便可分别体现整个太极。这便是人人有一太极，物物有一太极。每一个人和物都以抽象的理作为它存在的根据，每一个人和物都具有完整的理，即"理一分殊"。气是朱熹哲学体系中仅次于理的第二位的范畴。它是形而下者，是有情、有状、有迹的；它具有凝聚、造作等特性。它是铸成万物的质料。天下万物都是理和质料相统一的产物。朱熹认为理和气的关系有主有次。理生气并寓于气中，理为主，为先，是第一性的；气为客，为后，是第二性的。

根据上述原则，朱子乃提出"穷理以致其知"，"反躬以践其实"的主张。他认为修养的目的在于"存天理，去人欲"。方法便是要在"持敬"与"致知"方面用力。"持敬"所以专心致志，"致知"在于"格物"，即"物而穷其理，穷理以故其知"。若能将宇宙事物一一研究，用力既久，自能豁然贯通。至此时，则万物之理皆在吾性中，"众物之表裏精粗无不到，吾心之全体大用无不明"。

2.李贽

李贽以孔孟传统儒学的"异端"而自居，对封建的男尊女卑、假道学、社会腐败、贪官污吏，大加痛斥批判，主张"革故鼎新"，反对思想禁锢。

李贽在反对政治腐败和宋明理学的过程中，形成了他的政治思想，主要有：第一，主张个性解放，思想自由。李贽终生为争取个性解放和思想自由而斗争。他蔑视传统权威，敢于批判权威。第二，提倡人类平等。李贽认为，按照万物一体的原理，社会上根本不存在高下贵贱的区别。老百姓并不卑下，自有其值得尊贵的地方；侯王贵族并不高贵，也有其卑贱的地方。第三，反对封建礼教。李贽还对被封建统治者奉为金科玉律的儒家经典进行抨击，认为儒家经典的"六经"，如《论语》《孟子》等并不都是圣人之言，是经过后人吹捧拔高形成的，不能当作万年不变的真理。他反对歧视妇女，主张婚姻自由，热情歌颂卓文君和司马相如恋爱的故事。第四，反对理学空谈，提倡功利主义。李贽揭露道学家的丑恶面目，指出他们都是伪君子，仁义道德不过是掩盖他们卑鄙龌龊的假面具。针对正统理学家的"存天理，灭人欲"的命题，他提出"穿衣吃饭，即是人伦物理"的主张，认为"理"就在百姓的日常生活当中，对正统思想提出了挑战。第五，"至道无为"的政治理想。针对明王朝的腐败政治，李贽提出了"至道无为、至治无声、至教无言"的政治理想。他认为人类社会之所以常常发生动乱，是统治者对社会生活干涉的结果。他理想的"至人之治"则是"因乎人者也"，顺乎自然，顺乎世俗民情，即"因其政不易其俗，顺其性不拂其能"，主张对人类的社会生活不干涉或少干涉。

李贽是晚明浪漫思潮中的先驱者，是一位批判理学的勇士。李贽提倡个性解放，宣扬众生地位平等，这是带有民主启蒙性质的萌芽思想文化。

3. 严复

严复是中国近代启蒙思想家、翻译家，是中国近代史上向西方国家寻找真理的"先进的中国人"之一。严复系统地将西方的社会学、政治学、政治经济学、哲学和自然科学介绍到中国，是中国20世纪最重要的启蒙译著。

严复的思想成就，主要包含在两类成果中：一是他自撰的政论文章；二是他所翻译的一系列西方哲学、社会学、科学名著。在严复看来，他翻译西方著作的目的，绝不在"汽机兵械"及"天算格致"，而是要直探资本主义社会的命脉所在。所以，他不仅翻译和介绍了西方资产阶级的古典政治经济学说、社会学说等，还介绍了西方政治、哲学思想和自然科学的新成就。这样，严复的翻译，其意义不仅超过明末徐光启、李之藻等对西方天文水利知识的介绍，同时也超过洋务派、维新派有选择的支离破碎的译书活动。不仅如此，在严复一生所翻译的170多万字的西方著作中，约有十分之一的内容是他自己撰写的按语，它们或对名物做诠释，或对原书观念做补充与纠正，或对国内外实际问题提出见解，突出地反映着严复的政治倾向，强烈地表现了他的政治态度和主张，体现了严复的爱国热情与思想精华，特别值得重视。

严复具有突出的政治热情。他最主要的著述活动，都可以视为通过文字表现出来的政治斗争方式。这一点，不仅在他的自撰文章中有所表现，就是从他所翻译的著作序言、译例、按语中，也可以明显看出。在具体的政治主张方面，严复的思想可概括为如下几点。

第一，主张变法维新。这一认识主要体现于他1895年发表于《直报》上的《论世变之亟》《原强》《救亡决论》和《辟韩》4篇震动一时的政论，以及1898年出版的译著《天演论》中。认识论和方法论，以及"旧学"的主要内容，包括宋学义理、汉学考据和辞章等加以全面的否定，同时将西方经济、学术等思想理论大致系统地介绍进来。

第二，在哲学思想方面。严复的历史功绩主要在于两个方面：一是宣传进化论，二是提倡唯物论。从哲学发展史的角度来看，主张进化发展，提倡变法维新，无疑对中国传统哲学中"天不变，道亦不变"的概念做了根本的否定；与进化论相关的"人定胜天"的认识，也在充实、发挥中国古代哲学积极因素的基础上，具有了更多的唯物主义的倾向。为了推行维新主张，严复还针对清末流行的"中学为体，西学为用"的主张，提出了"体用为二"的原则。他认为，"体"与"用"应是一个问题的两个方面，是不能分开的。"体用者，即一物而言之也。有牛之体，则有负重之用，有马之体，则有致远之用。未闻以牛为体以马为用者也……故中学有中学之体用，西学有西学之体用，分之则两立，合之则两亡。"

从理论上看，严复的这种认识并不完全正确，但在当时，却在反对洋务派名为新政，实则妥协投降的"中体西用"观方面，起到了积极的作用；同时也为资产阶级世界观和政治制度在中国的广泛传播，提供了积极的思想基础。

但与此同时，严复的唯物主义观点并不彻底。当他批判唯心论时，又说外力作用决定着事物的发展，从而陷入机械唯物论；当他自觉地表明自己的哲学观点时，又往往回避唯物主义和唯心主义两条路线的对立，而以一个超然者自居，采取了中间派的态度，说自己是一个不可知论者；当他尖锐地批判陆、王心学并攻击封建主义的旧学时，他要求人的主观认识符合于客观实际；而当他声言自己是不可知论者时，便背弃了这个基本立场，说客观实际虽然存在，但人的主观认识是否最后能够符合于客观实际，那就不是人所能知道的了。所以，尽管他坚持着外物是客观的存在，并且是人的感官意识所由发生的原因，即他所谓"有外因，始生内我"，然而，只要他认可"因果同否，必不可知"，就转向了唯心主义。这表现出严复在反对旧学斗争中的软弱性。

第三，在经济学方面。严复是介绍资产阶级古典学派经济理论到中国来的第一人，也是介绍资产阶级庸俗经济学到中国来的第一人。他的经济思想，主要体现于《原富》的翻译之中。

第四，在学术研究的方法上。严复对于西方逻辑学最为着意，这就是他所谓"于学术则黜伪而存真"的科学方法。他在自己的著作及译作中对此均有涉及，还专门翻译了约翰·穆勒《名学》及耶方斯的《名学浅说》两部逻辑学专著，并撰成逻辑学著作《政治讲义》。然而，严复丝毫也不能逾越历史所许可的范围来发挥他的智慧和才能。半殖民地半封建的中国社会环境，以及他所代表的中国新兴资产阶级两面性的特点，不能不在他的身上打下深刻的烙印。这一点限制着严复在近代思想史领域取得更大的成就，为近代中国的历史进程做出更大的贡献。

严复留学英国，接受了西方的民主、科学、文化。他将西方的自然科学、文化和社会政治学说介绍到中国，并以近代西方文化为参照，对中国传统文化进行一次深刻的清理和反思，在中国近代文化文化史上，开辟了一个崭新的历史时期。

二、朱熹、李贽、严复对中国文化发展的重大影响

从儒学发展方面来看，朱熹集理学之大成。朱熹是理学的集大成者，中国封建时代儒家的主要代表人物之一。学术上造诣最深、影响最大的是朱熹。他的学术文化，在中国元明清三代，一直是封建统治阶级的官方文化，标志着封建社会意识形态的更趋完备。他总结了以往的文化，尤其是宋代理学文化，建立了庞大的理学体系，成为宋代理学之大成，其功绩为后世所称道，其文化被尊奉为官学，而其本身则与孔子圣人并提，被称为"朱子"。

李贽作为中国16世纪伟大的启蒙思想家、文学家、评论家、史学家，敏锐地洞察时代的矛盾和社会发展趋势，以非凡的超前意识和过人胆识，深刻地认真反省中国传统文化，探索人生真谛，致力于从道德理想主义到经验主义的理性重建。

李贽在思想文化、史学文化、道德伦理文化、经济政治文化、文艺美学文化和宗教文化诸方面的理论创造，不仅超迈前古，也远远超过了他的同时代人。他的富于自由精神的文化和新兴气锐的言论，不仅使他成为晚明中国早期启蒙思潮的文化旗帜和一代思想文化巨人，而且对于晚清文化解放运动、日本明治维新、五四新文化运动都产生了深刻影响。

李贽进步的历史观。一、不以孔子是非为是非。李贽对"六经"《论语》《孟子》表示了极大的轻蔑，认为这些著作是当时懵懂弟子、迂阔门徒随笔记录，大半非圣人之言，即使是圣人之言，也只是一时所发之药石，不能成为"万事之言论"。二、反对历史保守主义。主张"与世推移"的历史发展观。"夫是非之争也，如岁时行，昼夜更迭，不相一也。昨日是而今日非也，而可遽以定本行商法哉？"他提出"于世推移，其道必尔"的主张，认为春秋替三代，战国代春秋都是一种正常的历史发展现象。三、民本思想。虽然孟子早就提出"民为贵，君为轻，社稷次之"的主张，但在历代统治者中，实际均未成为一种政治实践。而李贽大胆

提出"天之立君，本以为民"的主张，表现出对专制皇权的不满，成为明末清初启蒙思想家民本思想的先导。

严复"求新声于异邦"，引进了西方文化、自然科学和社会政治学说，对中国传统文化进行彻底的"价值重估"。

严复作为20世纪初中国学术史上激进的启蒙文化家，对传统社会文化的近代转型以及本土化的社会学体系的构建这一时代赋予的重大历史课题极为关注。他在近代社会学文化嬗变中的开拓与守成，为我们考察传统社会文化在近代的转换提供了独特的视角。对严复社会学文化进行研究，有助于我们从严复为代表的时代典型人物身上透视近代中国传统社会文化被迫向近代转型这一坎坷不平的历史道路，以及近代国人在"西方社会学中国化""传统社会文化近代化"历程中多舛的命运。

三、朱熹、李贽、严复思想变化的现代启示

1.如何看待传统文化创新

有学者指出：朱熹是中国传统文化的一面镜子。从春秋的孔子到南宋的朱熹，这两位儒家文化的伟人，是中华文明历史长河中的两个巨浪。宛如泰山和武夷，在传统文化漫长的历程上矗起了两座辉映天宇的丰碑。华夏民族传统的伦理道德、心理结构、价值观念、生活方式乃至文化性格等，就是在从孔子到朱子的"路漫漫其修远兮"的文化历史进程中，逐渐地积淀、凝聚、成型的。弘扬我国传统文化，理所当然要科学清理和批判总结朱熹留下的一份文化遗产。朱熹的思想，对中国社会的发展是有独特贡献的，特别是在精神人文方面，更是为我们构筑起了一个道德框架，但历史形态向来就是这样，一种理论思想达到一定的高度总会面临着来自四方的驳斥、指责。

朱熹的思想体系，既继承了孔孟儒学和北宋理学之精华，又融合了佛、道思辨文化，可谓综合了古今文化，在初建时，是活跃的、有生命力的新文化。随着历史的发展，朱熹文化所赖以产生的时代背景业已改变，朱熹文化失去了原有的意义和价值。特别是进入明清之际，我国资本主义萌芽在封建制度内部成长，社会、经济和文化都发生了巨大变化，

而理学体系数百年不变，没有创新，有其必然僵化的成分。如何化僵化而走向创新，需要认真地探讨。

明末，李贽批判程朱理学，而且改造了它，在一定程度上反映了时代的要求。李贽的进步文化充满着革新意识和批判精神，在中国文化史占有十分重要的地位，影响深远，至今仍然具有重要启迪和借鉴意义。

严复的社会变革思想，对中国近代文化名人投身于新文化运动也提供了强大的精神食粮，开启了渴求进步的知识分子探索救国真理的方向，影响了整整一代知识分子的成长。严复以他在哲学、政治、经济、伦理等方面的广泛著述，有效地批判了封建专制主义及洋务派的所谓新政，同时开启了介绍资本主义文明的一个新阶段。他的思想成分包含着"黜伪崇真""更革心思"的宝贵精神，亦有着提倡民主自由以反对君主专制的改革因素。除此而外，严复在法律、教育、史学诸方面，也都有自己的看法。这些认识来源于西方资产阶级思想营养，又体现着严复对中国文化的深入了解。今天看来，这些看法仍有其学术价值。比如他强调法治以及在真理面前人人平等，控制人口增长，注重人口素质，彻底解放妇女，维护思想自由和言论自由等等。从这个意义上说，严复对中西文化交流的功绩是巨大的。虽然从今天的角度来看，他仅仅为此搭起了一座便桥，然而这座便桥却开辟了一条通向西方又立足于中国现实的崭新道路，这是完全可以肯定的，他不愧为一个先进的中国知识分子。然而，他从思想上一开始就以改良主义为宗旨，以"物竞天择，储能择实"为渐变的张本，所以不但不赞成革命派的行动，而且不赞成变法派的政变。他虽然批判洋务派"大抵皆务增其新，而未尝一言变旧"，但只以天演为"时进之义"，强调"愈愚"为救国之根本。由此可知，严复的变法论实在是很温和的改良主义，而他的君主立宪的主张，甚至比之康梁更缺乏实践的能力与勇气。我国现代著名的哲学史家、历史学家王蘧常所说"先生之为人，但能坐而言而不能起行者也"，深刻地说明了严复在理论认识与实践活动中的特点。

2.如何对待传统文化和外来文化

在中国传统文化上，严复是最早对中西文化进行比较研究的中国人之一。他对中国传统文化的批判改造，主要以西方近代文化为基本依据。西方文化的科学性、实证性、逻辑性与中国文化的人文性、实践性、现世性有很大差别。也就是说，从人类思维的宏观特征看，中国传统文化并不是应该抛弃的，而是有其独到价值的。所以，严复用西方近代文化评判、裁剪中国传统文化，在很大程度上破坏了中国传统文化的价值体系。因此，如何吸收外来文化而不使本土文化丧失其特有价值，严复中西文化比较研究给我们以启迪。

3.中国传统文化如何近代转型

严复之所以以著译的方式来系统地介绍赫胥黎的社会进化论思想，有两个目的：一是在于能够方便人们的理解接受。当时国人对接受西方的理论和学说还存在一定的语言和思维的差异，因此需要做一些必要的变动和改造。二是为了打破国人的一种偏见，由于受五千年传统文化的影响，当时读书人心中有一种很深的偏见，即认为中国道德文化天下第一，西学只是形而下的象数之学比较发达。严复认为通过这种方式进行著译，可以使国人了解到，西学也有深邃精密的形而上学。

从李贽到严复的过程，也正是包括中国传统文化在内的整个传统文化向近代转型的时期。

中国传统文化近代转型，一方面所依凭的"已有的文化材料"，一个比较切近的前缘，便是明清之际的早期启蒙思想（如李贽、黄宗羲和王夫之等人的思想），中国近代思想家多求之于"晚明遗献"。另一方面则是严复等人所提倡的"新学""西学"。当时，民主与科学开始成为近代文化中最核心和最基本的价值观念。这种来自中国传统文化的内部因素和来自近代西方国家文明冲击的外部因素所形成的合力，共同推动了中国传统文化的近代转型。

参考文献

[1]朱熹：《孟子·尽心下》，《四书章句集注》，朱子全书本第六册，

上海古籍出版社、安徽教育出版社2002年版。

[2]李贽：《李贽文集》（共七卷），社会科学文献出版社2000年版。

[3]苏中立、涂光久主编：《百年严复》，福建人民出版社2011年版。

后生霑被定谁贤

——论陈寅恪对严复的继承与超越

林 怡

摘 要 严复思想直接并深刻影响了陈寅恪。"独立之精神"和"自由之思想"是严复和陈寅恪共同推崇和努力践履的现代理念与人格操守。他们是中国传统文明和现代西方文明共同陶冶、造就出的知识分子,他们"旧学"淹贯,却不弃"新知"。严复认为转型中的中国社会与文化建设应"斟酌新旧间";陈寅恪认为"旧"与"新"、"中"与"西"虽"相反"而适"相成"。在他们看来,"相反"的中西文明能够互相成全。如果说严复和他的同道们尚是从传统向现代转型的过渡性学人,那么陈寅恪则以他一生的实践,继承并超越了严复,将自己成全为真正意义上的现代学人。

关键词 严复 陈寅恪 继承 超越 文化价值

一、引言

1980年6月,上海古籍出版社刊出《寒柳堂集》,其"出版说明"写道:陈寅恪"尚未摆脱传统士大夫思想影响";1999年11月,李慎之先生为中山大学召开的陈寅恪学术研讨会撰文《独立之精神,自由之思想——论作为思想家的陈寅恪》,则称:"陈寅恪先生是举世公认的20世纪中国伟大的史学家,但是很少有人注意到他还是中国近代史上一位杰出的思想家……然而在临近世纪末的时候，我们却要看到陈先生乃是中国本世纪最杰出的思想家之一，他的思想的光芒将照耀中国人进入21世纪，也许直到永远。"①就像学术界对严复思想的评价歧见纷纭一般，对陈寅恪的学术思想的评价也难得众口一词。严复和陈寅恪，作为近现代中国思想的巨人，皆为学界所分外关注。但是，对二者之间思想上的渊源关系，迄今未见系统的研究。②当代学者刘克敌论及陈寅恪的师承时，指出陈寅恪的学术、人格和人生观，深受其祖父陈宝箴、其父陈三立、其兄陈衡恪以及司马光、曾国藩、张之洞、郭嵩焘、梁启超、沈增植、王国维等人的影响，并未提及严复之于陈寅恪的影响。③但在《陈寅恪与新文化运动》一文中，刘克敌说陈寅恪"早在五四时期他与吴宓等就不满于严复介绍进化论，认为此类介绍过于功利主义"④。其实，陈寅恪之于严复，不是简单的"不满"，而是师承并超越了严复。在《王观堂先生挽词》中，有"名词瘤瞀领编修"⑤句，这是陈寅恪正面以"名词"赞美了严复的译述之才名。当代学者谢泳收购有中山大学某教授抄录的近现代名人诗词若干，"这个稿本主要抄了6个人的诗。这6个人都与陈寅恪家或者与陈家及近代中国诗坛有关系……第5个是严复，有较多的评注。第6个就是陈寅恪。可见抄者的眼光极高，所抄录的近代名诗，与陈家的趣味非常接近"⑥。这个抄本的主人——20世纪陈寅恪的同辈朋友，已经很自然地意识到严复与陈寅恪是紧密相关联的。作为世家子弟，"陈寅恪是一个严守家法的学者。这不仅是中国的学术传统，更是西方的学术传统"⑦。陈寅恪自己说过："夫士族之特点既在其门风之优美，不同

① 《学术界》，2000年第5期。
② 王毅在《社会学研究》（2006—3）发表论文《严复对中国社会形态的认识与他对宪政法理的译介——纪念严译〈法意〉发表一百年》，其注释［6］简要论及严复与陈寅恪之间的渊源。
③ 刘克敌：《陈寅恪与中国文化精神》，福建教育出版社2009年版，第171页。
④ 胡文辉：《陈寅恪诗笺释·序二》（上卷），广东人民出版社2008年版，第3—4页。
⑤ 陈寅恪：《陈寅恪集·诗集》，三联书店2001年版，第14页。
⑥ 胡文辉：《陈寅恪诗笺释·序二》（上卷），广东人民出版社2008年版，第3—4页。
⑦ 《学术界》，2000年第5期。

于凡庶，而优美之门风实基于学业之因袭。"①本文辨析了严复和陈寅恪之间"学业之因袭"的渊源，认为严复思想直接并深刻地影响了陈寅恪。"独立之精神"和"自由之思想"是严复和陈寅恪共同推崇和努力践履的现代理念与人格操守。他们是中国传统文明和现代西方文明共同陶冶造就出的知识分子，他们"旧学"淹贯，却不弃"新知"，认为"新"与"旧"虽"相反"而适"相成"。在他们身上，"相反"的中西文明能够互相成全。他们主张转型中的中国社会与文化建设应"斟酌新旧间"。②如果说严复和他的同道们尚是从传统向现代转型的过渡性学人，陈寅恪则以他一生的实践，继承并超越了严复，将自己成全为真正意义上的现代学人。无论严复还是陈寅恪，他们对"独立之精神"和"自由之思想"的认知和持守，是因为他们认识到，非如此，中国社会将难以真正实现现代意义上的社会转型；非如此，中国社会将难以突破传统文明的局限而迈向现代文明的新境界。他们所持守的这一理念至今依然是中国社会进步发展的真正基石，它对当代急剧转型中的中国社会与文化变革依然有重要的启迪作用。

二、郭嵩焘和陈三立：严复与陈寅恪相关联的枢纽

陈寅恪的父亲陈三立和严复同生于清咸丰三年（1853，癸丑）。③郭嵩焘是陈三立的老师，陈宝箴和陈三立父子异常敬重郭嵩焘。陈氏父子在湖南推行的一系列社会变革很大程度上是深受郭嵩焘思想影响的结果。陈三立撰写《先府君行状》，云陈宝箴"与郭公嵩焘尤契厚，郭公方言洋务，负海内重谤，独府君推为孤忠闳识殆无其比，及巡抚湖南，郭公已前卒，遇设施或抵牾，辄自伤曰：'郭公在不至是也。'"④。陈寅恪在《读吴其昌撰梁启超传书后》也述及其父祖二人与郭嵩焘及戊戌变

①　陈寅恪：《陈寅恪集·唐代政治史述论稿》，三联书店 2001 年版，第 260 页。
②　《严复集》第二册《诗文·郑太夷时文》（下），中华书局 1986 年版，第 368 页。
③　严复生于 1854 年（清咸丰四年甲寅）1 月 8 日，但按照中国农历依然在咸丰三年癸丑。
④　陈三立：《散原精舍诗文集》（下），上海古籍出版社 2003 年版，第 855 页。

法的关联:"当时之言变法者,盖有不同之二源,未可混一论之也。咸丰之世,先祖亦应进士举,居京师。亲见圆明园干霄之火,痛哭南归。其后治军治民,益知中国旧法之不可不变。后交湘阴郭筠仙侍郎嵩焘,极相倾服,许为孤忠闳识。先君亦从郭公论文论学,而郭公者,亦颂美西法,当时士大夫目为汉奸国贼,群欲得杀之而甘心者也。至南海康先生治今文公羊之学,附会孔子改制以言变法。其与历验世务欲借鉴西国以变神州旧法者,本自不同。故先祖先君见义乌朱鼎甫先生一新《无邪堂答问》驳斥南海公羊春秋之说,深以为然。据是可知余家之主变法,其思想源流之所在矣。"①陈寅恪明言戊戌年间主变法者,有不同的两种指导思想及路径,陈宝箴、陈三立所选择的变法思想与路径深受郭嵩焘的影响,而迥异于康有为,陈氏父子与郭嵩焘才是志同道合者。而严复留英期间曾得到年长他35岁的郭嵩焘的激赏,两人是忘年知己,他们的变法思想是一脉相承的。严复和陈三立的交往当因中国惨败于甲午战争和戊戌变法而起。甲午战争后,严复发表了一系列呼吁中国变法的政论文,陈三立则于1895年随出任湖南巡抚的父亲陈宝箴在湖南厉行变法。陈三立对严复翻译出版的一系列启迪中国社会改革的西方名著极为关注。1903年,严译《群己权界论》出版,陈三立作诗《读侯官严复氏所译英儒穆勒约翰〈群己权界论〉偶题》;1904年,严译《社会通诠》出版,陈三立又作《读侯官严氏所译〈社会通诠〉讫聊书其后》。前诗云:"复也雄于文,百幽竭一嗽。扬为曦日光,吐此大块噎。玄思控孤诣,余痛托绍介。挑灯几摩挲,起死偿凤快。"②1904年底严复因开平矿局讼事再赴英伦,陈三立作《送严几道观察游伦敦》诗:"哺啜糟醴数千载,独醒公起辟鸿蒙。"③陈三立对严复翻译以"救时"的"西学"无比推崇,赞赏有加。上述这些因缘使得陈三立和严复惺惺相惜,互相钦慕。1891年,郭嵩焘病故。陈三立挽联称:"孤愤塞五洲之间,众醉独醒,终古行吟

---

① 陈寅恪:《寒柳堂集》,三联书店2001年版,第167页。
② 陈三立:《散原精舍诗文集》(上),上海古籍出版社2003年版,第83—84页。
③ 陈三立:《散原精舍诗文集》(上),上海古籍出版社2003年版,第138页。

依屈子；抗心在三代以上，高文醇意，一时绝学并船山。"①严复挽联称："平生蒙国士之知，而今鹤翅鷙鷙，激赏深惭羊叔子；惟公负独醒之累，在昔蛾眉谣诼，离忧岂仅屈灵均。"②陈三立和严复不约而同都将郭嵩焘比作"众人皆醉吾独醒"的屈原。我国著名近代史学家汪荣祖曾这样论及在遭遇三千年未有之巨变的清晚期对中外时局有着清醒认识的郭嵩焘："（郭氏）要走向世界，但出世过早，没有跟从的人。"③其实，作为郭嵩焘的后辈严复和陈三立、甚至更晚的陈寅恪，都是郭嵩焘的追随者，他们一代又一代地持守着家法、师法，和郭氏一样，"旧学淹贯而不鄙夷新知"④，不仅追随郭氏，而且在相当程度上超越了郭氏。

三、师徒之间：严复对陈寅恪的影响

严复和陈寅恪，两人堪称师徒关系。陈三立与严复惺惺相惜，这让陈寅恪成了严复主持下的复旦公学的学生。1906年前后，严复在上海与陈三立多次会面，⑤严复自己记载："复近以伏假，休沐沪上，义宁伯子亦在此。相见怅触，凄凉可知。"⑥1906年底严复同意出任复旦公学监督（即校长）。1907年，陈三立让从日本回国养病的陈寅恪入读严复任校长的复旦公学，直到1909年陈寅恪以第一名的成绩毕业于复旦公学。⑦陈寅恪在18岁至20岁时曾是严复主持下的复旦公学的学生，这正是年轻人最愿意也最容易自觉地接受新思想的时期。这一时期，严复是备受社会推崇的思想家和教育家，他奔忙于安庆、上海两地，致力于整顿学风，试图以教育革新来培养适应社会变革的一代新人。1906年12月17日，他在安庆高等学堂演说《宪法大义》，主张缓行君主立宪，说："制

---

① 陈三立：《散原精舍诗文集》（下），上海古籍出版社2003年版，第742页。
② 王栻主编：《严复集》第5册，中华书局1986年版，第1548页。严璩将此挽联系于《侯官严先生年谱》中的1893年，云"湘阴郭侍郎卒"。郭嵩焘当卒于1891年。
③ 汪荣祖：《走向世界的挫折——郭嵩焘与道咸同光时代》，岳麓书社2000年版，第319页。
④ 王栻主编：《严复集》第5册，中华书局1986年版，第1550页。
⑤ 《郑孝胥日记》有多处记载，可参看。中华书局1993年版。
⑥ 孙应祥：《严复年谱》，福建人民出版社2003年版，第280页。
⑦ 卞僧慧纂：《陈寅恪先生年谱长编》，中华书局2010年版，第54页。

无美恶，期于适时；变无迟速，要在当可……顾欲为立宪之国，必先有立宪之君，又必有立宪之民而后可。立宪之君者，知其身为天下之公仆，眼光心计，动及千年，而不计一姓一人之私利。立宪之民者，各有国家思想，知爱国为天职之最隆，又济之以普通之知识，凡此皆非不学未受文明教育者之所能辨明矣。且仆闻之，改革之顷，破坏非难也，号召新力亦非难也，难在乎平亭古法旧俗，知何者之当革，不革则进步难图；又知何者之当因，不因则由变得乱。一善制之立，一美俗之成，动千百年而后有，奈之何弃其所故有，而昧昧于来者之不可知耶！是故陶铸国民，使之利行新制者，教育之大责，此则仆与同学诸子所宜共勉者矣。"①这些思想对陈寅恪的一生都产生了极大的影响。具体说来，严复对陈寅恪的影响主要表现在如下方面。

（一）对教育，尤其是对女子教育即"女学"高度重视

严复认为，中国的"根本救济，端在教育"②。严复和陈三立都非常重视女子的教育。陈三立诗云："安得神州兴女学，文明世界汝先声。"③"家庭教育谈何善，顿喜萌芽到女权。"④他和严复一样认为女子教育的完善有助于中国社会的变革与进步。1906年底严复开始设法创办上海女学，旨在"完全国粹教育"⑤，并为吕碧城草拟的《女子教育会章程》作序，主张凡男子所接受的德智体教育，女子也应该全面接受，因为"教育之业端本于襁褓、家庭之中，而女子之所以辅相其夫者，不仅织衽尸饔已也。国事之大、学术之微，皆不出家而获"⑥。希望通过女学，改变"女之视男也，如霸主暴君；男之视女也，如奴隶玩好"⑦的局面，以期男女平等。1906年11月23日，严复为外甥女何纫兰事致书上海中西女塾校长，信中说道："然则吾人必须另辟蹊径。中国之社会

---

① 《严复集》第2册，中华书局1986年版，第240—246页。
② 《严复集》第3册，中华书局1986年1月版，第675页。
③ 陈三立：《散原精舍诗文集》（上），上海古籍出版社2003年版，第8页。
④ 陈三立：《散原精舍诗文集》（上），上海古籍出版社2003年版，第87页。
⑤ 孙应祥：《严复年谱》，福建人民出版社2003年版，第293—294页。
⑥ 孙应祥、皮后锋编：《严复集补编》，福建人民出版社2004年版，第85页。
⑦ 应祥、皮后锋编：《严复集补编》，福建人民出版社2004年版，第86页。

过于苛戾，须有温顺而具伦教女子净化之。"①

6天后，他再次致信何纫兰说："吾意所欲必成者，完全女学耳。"②1907年1月，对投考安徽高等学堂的王恺銮大为赞赏，因为17岁的王氏在考试作文《张巡论》中疾呼"明男女并重之道"，反对张巡"使人相食"的做法。③1907年夏，严复代外甥女何纫兰复吕碧城书，阐述兴办女学的目的："窃谓中国不开民智、进人格，则亦已耳。必欲为根本之图，舍女学无下手处。盖性无善恶，长而趋于邪者，外诱胜，而养之者无其术也。顾受教莫先于庭闱，而勖善莫深于慈母，孩提自襁褓以至六七岁，大抵皆母教所行之时；故曰必为真教育，舍女学无下手处。"④1907年6月，他主持苏、皖、赣三省官费留美学生考试，录取女生3名、备取2名，"此为官费女留学生留学西方之始"⑤。1908年秋北上天津，收女学生吕碧城。他称赞并同情吕氏，谓其"高雅率真，明达可爱，外间谣诼，皆因此女过于孤高，不放一人在于眼里之故……渠看书甚多，然极不佩服孔子，坦然言之；想他当日出而演说之时，总有一二回说到高兴处，遂为守旧人所深嫉也。可怜可怜"⑥。又云"此人年纪虽少，见解却高，一切尘腐之论部啙唾之，又多裂纲毁常之说，因而受谤不少。初出山，阅历甚浅，时露头角，以此为时论所推，然礼法之士疾之如仇。自秋瑾被害之后，亦为惊弓之鸟矣……其处世之苦如此"⑦。同年10月27日，严复翻译天津《泰晤士报》所载美国教会麦美德女士《书吴芝瑛事略》一文。吴芝瑛，其夫廉惠卿，其大伯父吴汝纶，皆是严复的挚友。芝瑛与秋瑾为金兰姐妹。秋瑾被杀，其家族惧怕连坐，不敢收尸，吴芝瑛和浙江石门徐寄尘女士为秋瑾收尸，并在杭州西湖西泠桥畔购墓地葬之。清廷顽固官员奏请铲平秋瑾之墓，欲将吴芝瑛和徐

---

① 孙应祥：《严复年谱》，福建人民出版社2003年版，第291—292页。
② 孙应祥：《严复年谱》，福建人民出版社2003年版，第292页。
③ 王栻主编：《严复集》第3册，中华书局1986年版，第833—834页。
④ 王栻主编：《严复集》第3册，中华书局1986年版，第572页。
⑤ 孙应祥：《严复年谱》，福建人民出版社2003年版，第310页。
⑥ 王栻主编：《严复集》第3册，中华书局1986年版，第839页。
⑦ 王栻主编：《严复集》第3册，中华书局1986年版，第840页。

寄尘等严拿惩办。此事使得许多社会名流大为愤激，纷纷上书为吴芝瑛打抱不平，并昭示于中外媒体。严复翻译这篇营救吴芝瑛的文章，称赞廉惠卿、吴芝瑛夫妇"道合志同，皆爱国具最真诚"。并指出："顾女士所为，其最勇而忘其身者，莫若葬秋一事。秋瑾者，至不幸之女子也……女士以主持公道之故，至忘其身；又以友谊爱情之故，为死者求葬地立碑文。虽明知由此可以杀身而不恤，若此女者，乃举世不为一动心焉，则此世为何如世乎……中国今少者，正爱人不恤己私之男女耳！吾意方将扶植之不暇，而忍自诛锄乎！"①此文于1908年11月2日刊于《大公报》。12月1日，严复又撰写了《廉夫人吴芝瑛传》，亦发表于《大公报》。他称赞吴芝瑛："以慈善爱国称中外女子间……其始终为遵守法律国民，临难不幸苟免又如此……廉夫人者，吾先友挚甫先生犹子，平生多闻长者精至独往之言，故能不循常自树立如此。呜呼！男子可以兴矣。"②

　　严复重视教育，尤其是女子教育。他认为，勇于担当而见识和胆略皆超凡脱俗的女子可以激励中国男子振作奋发。他对"高雅率真"、见解非凡的吕碧城的赞赏，对"爱人不恤己私""慈善爱国"、敢作敢为的吴芝瑛的敬重，甚至对秋瑾的同情，这些都深刻影响了陈寅恪。陈寅恪一生以教育和研究为职守。他对教育和女学的重视，尤其见于他晚年对思想自由活泼、文采胆识非凡的陈端生、柳如是等的研究。他说，在陈端生的年代，中国的知识界女性，可分为三类："第一类为专议中馈酒食之家主婆。第二类为忙于往来酬酢之交际花。至于第三类，则为端生心中之孟丽君，即其本身之写照，亦即杜少陵所谓'世人皆欲杀'者。前此二类滔滔皆是，而第三类恐止端生一人或极少数人而已。柳如是之理想，生若彼之时代，其遭逢困阨，声名湮没，又何足异哉！又何足异哉！"③他特别表彰陈端生"天才卓越……在吾国文学史中，亦不多见"④，指出

---

① 孙应祥：《严复年谱》，福建人民出版社2003年版，第332页。
② 王栻主编：《严复集》第2册，中华书局1986年版，第266—267页。
③ 陈寅恪：《寒柳堂集》，三联书店2001年版，第66—67页。
④ 陈寅恪：《寒柳堂集》，三联书店2001年版，第68页。

（左侧竖排）严复研究论文选编

"女之不劣于男，情事昭然"①。他认为陈端生的非凡才识是源于她拥有自由活泼的思想，"故无自由之思想，则无优美之文学，举此一例，可概其余。此易见之真理，世人竟不知之，可谓愚不可及矣"②。陈寅恪晚年不惜以汪洋恣肆的笔墨为江南名妓柳如是作传，高调赞美这一文采风流的"不世出之奇女子"③，也是为了表彰柳如是的"独立之精神，自由之思想"。他在《柳如是别传》第一章《缘起》中写道："披寻钱柳之篇什于残缺毁禁之余，往往窥见其孤怀遗恨，有可以令人感泣不能自已者焉。夫三户亡秦之志，九章哀郢之辞，即发自当日之士大夫，犹应珍惜引申，以表彰我民族独立之精神，自由之思想。何况出于婉娈倚门之少女，绸缪鼓瑟之小妇，而又为当时迂腐者所深诋，后世轻薄者所厚诬之人哉！"④严复赞赏推崇吕碧城、吴芝瑛，陈寅恪看重并研究陈端生、柳如是，他们对这些被传统或世俗的文化观视为"非圣"或者"下流"（起码"并非上流"）的普通女子的肯定，其实质是挑战文化大一统、思想不自由的中国传统社会秩序，是实践其所认定的"独立之精神，自由之思想"的现代文明理念。无论严复还是陈寅恪，他们对教育、对女学的重视，目的都在于培育、弘扬国人独立、自由、平等的现代文明理念。

（二）对国史，尤其是对宋史的高度重视

严复对国史，尤其对宋史的高度重视，对陈寅恪的影响是深刻而持久的。1909年2月25日，严复为商务印书馆出版发行的英国所编《万国通史》撰序。序文云："文明进步，群治日新，必借鉴于古先，乃可求其幸福……其书序者之言曰：'处今之日，身为国民，人人有不可放弃之天职。求胜厥职，史学必不可无。无史学者，欲攘臂于政治之间而求其无误国者，难已。'"⑤于此，严复强调了历史之于现实政治的重要性。1917年4月，他致信熊纯如，云："鄙人行年将近古稀，窃尝究观哲理，

① 陈寅恪：《寒柳堂集》，三联书店2001年版，第64页。
② 陈寅恪：《寒柳堂集》，三联书店2001年版，第73页。
③ 陈寅恪：《柳如是别传》（上），三联书店2001年版，第347页。
④ 陈寅恪：《柳如是别传》（上），三联书店2001年版，第4页。
⑤ 王栻主编：《严复集》第2册，中华书局1986年版，第271页。

以为耐久无弊,尚是孔子之书。四子五经,故(固)是最富矿藏,惟须改用新式机器发掘淘炼而已;其次则莫如读史,当留心细察古今社会异同之点。古人好读前四史,亦以其文字耳。若研究人心政俗之变,则赵宋一代历史,最宜究心。中国所以成于今日现象者,为善为恶,姑不具论,而为宋人之所造就什八九,可断言也。"①陈寅恪一生的治学重点正在国史研究上。俞大维在《谈陈寅恪先生》中说道:他"研究的重点是历史。目的是在历史中寻求历史的教训。他常说:'在史中求史识。'……'国史'乃寅恪先生一生治学研究的重心"②。和严复一样,陈寅恪对宋史和朱熹都评价极高。他说:"故宋元之学问文艺均大盛,而以朱子集其大成。朱子之在中国,犹西洋中世之托马斯·阿奎那,其功至不可没。而今人以宋、元为衰世,学术文章,卑劣不足道者,则实大误也。"③"在中国文化史上有两个时代,六朝与宋代,最为辉煌,至今尚不能超越宋代……朱子无忌讳,不似清人,不似明人门户之见,最公正,最深刻。今日中国,旧人有学无术;新人有术无学……朱子有学有术,宋代高等人物皆能如此。"④

严复和陈寅恪之所以高度重视宋史,是因为他们都认识到,宋儒积极主动地吸收佛教这一外来文化,给中国固有之儒教传统文化注入新的活力,即陈寅恪所谓:"宋儒若程若朱,皆深通佛教者,既喜其义理之高明详尽,足以救中国之缺失,而又忧其用夷变夏也。乃求得二两全之法,避其名而居其实,取其珠而还其椟。采佛理之精粹以之注解四书五经,名为阐明古学,实则吸收异教。声言尊孔辟佛,实则佛之义理,已浸渍濡染。与儒教之宗传,合而为一。此先儒爱国济世之苦心,至可尊敬而曲谅之者也。故佛教实有功于中国甚大。"⑤宋儒这种借"佛教之裨助",使中国学问"增长元气,别开生面"的做法,正是严复、陈寅恪所

① 王栻主编:《严复集》第 3 册,中华书局 1986 年版,第 666—668 页。
② 卞僧慧纂:《陈寅恪先生年谱长编》,中华书局 2010 年版,第 58—59 页。
③ 卞僧慧:《陈寅恪先生年谱长编》,中华书局 2010 年版,第 74 页。
④ 卞僧慧:《陈寅恪先生年谱长编》,中华书局 2010 年版,第 366—367 页。
⑤ 卞僧慧:《陈寅恪先生年谱长编》,中华书局 2010 年版,第 73 页。

推崇和坚持的对待中西文化的态度和立场，即"一方面吸收输入外来之学说，一方面不忘本来民族之地位"①。

（三）对时局的关切与独具主见

从甲午战争、戊戌变法到辛亥革命、五四运动，严复一生都关注时局并不时身陷政治旋涡之中。陈三立因和陈宝箴一起受戊戌变法的牵连而被清廷革职，从此远离政治中心，他虽称自己是"神州袖手人"②，实际上是"以世外闲人与人家国事"者。陈寅恪一生"从来不谈政治，与政治决无连涉，和任何党派没有关系"③，但这不等于他不关注时局。事实上，作为远见卓识的历史学家，他和严复一样，对时局始终关注，并独具主见。具体表现如下。

1911年底严复虚岁60，陈三立有诗《赠严几道六十生日》，云："夫子实先觉，观海动颜色。雅记张九家，宝书辨百国。道论贯异文，咀华返其质。"④同年10月，在瑞士的陈寅恪听说国内武昌起义，"立刻就去图书馆借阅《资本论》。因为要谈革命，最要注意的还是马克思和共产主义，这在欧洲是很明显的"⑤。1912年陈寅恪回国，家居上海。2月，严复应袁世凯之请，接任京师大学堂总监督，接管大学堂事务。为了整顿摇摇欲坠的京师大学堂，严复除四处筹款以维持学校不至于关门外，还计划"将大学经、文两科合并为一，以为完全将治旧学之区，用以保持吾国四五千载圣圣相传之纲纪彝伦道德文章于不坠，且又悟向所谓合一炉而冶之者，徒虚言耳，为之不已，其终且至于两亡。故今立斯科，窃欲尽从吾旧，而勿杂以新；且必为其真，而勿循其伪，则向之书院国子之陈规，又不可以不变，盖所祈响之难，莫有逾此者……以往持此说告人，其不瞠然于吾言者，独义宁陈伯子，故监督此科者，必得伯子而后胜其职。而为之付者，曰教务提调，复意属之桐城姚叔节。得二

---

① 陈寅恪：《金明馆丛稿二编》，三联书店2001年版，第284—285页。
② 陈三立赠梁启超诗有"凭栏一片风云气，来作神州袖手人"残句，见李开军编《散原精舍诗文集·散原精舍诗集外传》，上海古籍出版社2003年版，第737页。
③ 陆键东：《陈寅恪的最后20年》，三联书店1995年版，第112页。
④ 陈三立：《散原精舍诗文集》（上），上海古籍出版社2003年版，第340页。
⑤ 卞僧慧纂：《陈寅恪先生年谱长编》，中华书局2010年版，第57页。

公来，吾事庶几济，此真吾国古先圣贤之所有待，而四百兆黄人之所托命也"①。然而，陈三立谢绝了严复的邀请。5月，严复致信熊纯如，说："伯严已坚辞不来，可谓善自为谋矣。"②严复钦佩陈三立的道德文章和对时事不可为的洞察。这一年严复的作为及其与陈三立的相知相敬，回国家居的陈寅恪必有所知。1913年春，陈寅恪赴巴黎留学。1914年8月，第一次世界大战爆发。陈寅恪于此前后离欧归国。1915春陈寅恪在北京，曾短暂担任蔡锷的秘书数月。这期间他目睹了袁世凯称帝的纷扰世态，对袁称帝之举十分不满。1918年底陈寅恪留学美国，于1919年初入哈佛大学。1921年又从美国再赴德国柏林大学。1925年底陈寅恪从马赛启程回国，1926年初回到国内，应聘为清华国学研究院的导师。从1909年毕业于复旦公学后，到1926年，陈寅恪辗转于欧美之间长达十六七年，这期间有三四年短暂逗留国内。十余年间，中国政局发生了巨大变化，清廷逊位，国共两党已在中国兴起发展，父执们各奔前程。陈三立从戊戌变法受牵连获罪后，十余年来，虽"百忧千哀在家国"③，但对"文武道尽"④的时局只能"来做神州袖手人"⑤。自称"已将世变付烟云，空厌人群逐声响"⑥。他对清廷、袁世凯当局或此后的北洋政府、国民政府，都保持着相当的距离，尽管他与入袁世凯当局和北洋谋事的严复、依然尽忠于已逊位的清廷的郑孝胥、陈宝琛等人始终保持着深厚的友谊。这一时期的严复则对时局不时发表自己的见解，对当时的民国种种"新变"带来的许多社会问题表示极其不满。他并不对袁世凯抱根本的希望，说："袁世凯赋闲太久，又面对着完全变化着的政治形势，现在不再胜任他的工作了。"⑦但又认为在当时的形势下，只有重兵在握的袁能使中国避免发生大的内乱和分裂，因此又乐得为袁氏所器重。

---

① 王栻主编：《严复集》第3册，中华书局1986年版，第604—605页。
② 王栻主编：《严复集》第3册，中华书局1986年版，第606页。
③ 陈三立：《散原精舍诗文集》(上)，上海古籍出版社2003年版，第616—617页。
④ 陈三立：《散原精舍诗文集》(上)，上海古籍出版社2003年版，第2页。
⑤ 陈三立：《散原精舍诗文集》(上)代前言，上海古籍出版社2003年版，第6页。
⑥ 陈三立：《散原精舍诗文集》(上)，上海古籍出版社2003年版，第9页。
⑦ 孙应祥、皮后锋编：《〈严复集〉补编》，福建人民出版社2004年版，第302页。

　　1916年12月，严复用英文发表《中国古代政治结社小史》，指出：治国之道（"治术"）与道德伦理（"德行"）是不同的两个界域，中国传统政治思想的一大缺陷是将二者混为一谈。他说："中国古代政治思想之一大缺陷在于：从不敢理直气壮直言，为政之道一如治病救人之医术，又如引导海船安全通过风暴之航海术，而与伦理判然有别。国之福祉无疑显系乎民品，吾辈适逢乱时，旧政治秩序正在崩溃，国家与社会之新问题又层现迭出，而吾辈要释既往，测方来，系统地总结其规律，因治术德行杂而不分，实难得出坚确之论。"[1]1917年1月，严复反思梁启超等人的作为，云："任公自是当世贤者，吾徒惜其以口舌得名，所持言论，往往投鼠不知忌器，使捣乱者得借为资，己又无术能持其后，所为重可叹也……鄙人年将七十，暮年观道，十八、九殆与南海相同，以为吾国旧法断断不可厚非……共和国体……至于中国，地大民众，尤所不宜，现在一线生机，存于复辟，然其事又极危险，使此而败，后来只有内讧瓜分，为必至之结果，大抵历史极重大事，其为此为彼，皆有天意存焉，诚非吾辈所能预论者耳。（即他日中国果存，其所以存，亦恃数千年旧有之教化，决不在今日之新机，此言日后可印证也。）"[2]1917年11月，严复在致熊纯如书中云："中国目前危难，全由人心之非，而异日一线命根，仍是数千年来先王之泽，足下记吾此言，可待验也。但此时天下汹汹，而一切操持权势者，皆是奴才，所谓地丑德齐，莫能相尚，必求平定，自当先出曹孟德、刘德舆辈，以收廓清摧陷之功，而后乃可徐及法治之事。"[3]1917至1918年，以孙中山为首的南方军队与北京政府不停交战，严复对内战的时局痛心无比，他在1918年1月致熊纯如的又一书中说："时局至此，当日维新之徒，大抵无所逃责。仆虽心知其危，故《天演论》既出之后，即以《群学肄言》继之，意欲锋气者稍为持重，不幸风会已成，而朝宁举措乖缪，洹上逢君之恶，以济其私，贿赂奔竞，跬步公卿，举国饮醒，不知四维为何事。至于今不但国家无可信

---

①　孙应祥：《严复年谱》，福建人民出版社2003年版，第479页。
②　王栻主编：《严复集》第3册，中华书局1986年版，第661—662页。
③　王栻主编：《严复集》第3册，中华书局1986年版，第678页。

之爪牙，即私人亦无不渝之徒党，郑苏戡五十自寿诗长句有云：'读尽旧史不称意，意有新世容吾侪'，嗟呼！新则新矣，而试问此为何如世耶！"[1]同年3月，严复论及"平生师友中，其学问行谊，性情识度，令人低首下心，无闲言者"，有吕增祥、郭嵩焘、吴汝纶、熊季廉、陈宝琛、陈三立、张元济等"寥寥数公而已"，他们共同的特点是"虽皆各具新识，然皆游于旧法之中，行检一无可议"[2]。1918年7月，历时近4年的第一次世界大战尚未结束，严复无限感慨道："西国文明，自今番欧战，扫地遂尽。"[3]"不佞垂老，亲见脂那七年之民国与欧罗巴四年亘古未有之血战，觉彼族三百年之进化，只做到'利己杀人、寡廉鲜耻'八个字。回观孔孟之道，真量同天地，泽被寰区。此不独吾言为然，即泰西有思想人亦渐觉其为如此矣。"[4]1919年6月，针对五四运动，严复批评道："咄咄学生，救国良苦！顾中国之可救与否不可知，而他日绝非此种学生所能济事者，则可决也。"[5]"学生须劝其心勿向外为主，从古学生干预国政，自东汉太学，南宋陈东，皆无良好效果，况今日耶！"[6]当严复得知就读于唐山工业学校的儿子严璿声援了五四学生运动后，写信加以斥责，说："如此等事断断非十五六岁学生如吾儿所当问也。""随俗迁流，如此直不类严氏家儿，可悲孰逾于此者。今吾与汝母均极伤心。"[7]同年7月，他作诗《书示子璿四十韵》，劝儿子埋头读书，不要过问政治："内政与外交，主者所宿留。就言匹夫责，事岂关童幼。"[8]1919年11月17日为苏共布尔什维克领导的十月革命胜利两周年纪念日。严复对此评论说："欧东过激党，其宗旨行事，实与百年前革命一派决然不同，其党极恶平等、自由之说，以为明日黄花过时之物。所绝对把持者，破坏资

① 王栻主编：《严复集》第3册。中华书局1986年版，第678页。
② 王栻主编：《严复集》第3册，中华书局1986年版，第684页。
③ 王栻主编：《严复集》第3册，中华书局1986年版，第690页。
④ 王栻主编：《严复集》第3册，中华书局1986年版，第692页。
⑤ 王栻主编：《严复集》第3册，中华书局1986年版，第695页。
⑥ 王栻主编：《严复集》第3册，中华书局1986年版，第696页。
⑦ 孙应祥著：《严复年谱》，福建人民出版社2003年版，第514页。
⑧ 王栻主编：《严复集》第2册，中华书局1986年版，第410页。

产之家，与为均贫而已。残虐暴厉，其在鄂得萨所为，报中所言，令人不忍卒读，方之德卒入比，所为又过矣。（其政体属少数政治）……如此豺狼，岂有终容于光天化日之下者耶？此如中国明季政窳，而有闯、献，斯俄之专制末流，而结此果，真两间劫运之所假手，其不能成事，殆可断言。"① 1920年，严复虽"总觉二三十年间，无太平希望"，但他坚决反对再兴复辟之说，道："须知清室若可再兴，则辛亥必不失国。"② "世事江河日下，民生困苦，日以益深……鄙人自始洎终，终不以共和为中华宜采之治体……然今之所苦，在虽欲不为共和民主而不可能……惟有坐视迁流，任其所之而已。呜呼！此吾辈身世，所为可痛哭也。"③ 严复逝世于1921年10月27日。而在去世前的10月3日，严复已自觉病深，手书遗嘱。遗嘱第一条便是"须知中国不灭，旧法可损益，必不可叛"④。陈三立闻讯后写下《挽严几道》："死别犹存插海椽，救亡苦语雪灯前。埋忧分卧蛟蛇窟，移照曾开蠛蠓天。众噪飞扬成自废，后生霑被定谁贤。通人老学方追忆，魂湿沧波万里船。"⑤ 陈三立认为，严复的临终遗嘱犹如定海神针，指明国人该如何在外来新知和中国旧法之间取得平衡以自强自立。正如萧公权所指出："严氏维新主张之特点在办本末，明次第，而无取于支离鲁莽之躁进。故严氏对时人之主张骤变或革命者深致不满，而加以驳斥纠正……严氏据《天演论》以言变法，其结果遂成为一'开明之保守主义者'……逮严氏晚年，其对中西文化之态度，则发生根本变化。向之鄙中尊西者一转而崇中贱西……及民国改元以后，严氏之态度乃大变而为忠实之守旧者，力持保存国粹之说，以与五四之新文化运动相对抗……持此以与前者所言相较，是非顿异，判若两人。此殆环境所激，有为而言，非托根于《天演论》矣。"⑥ 在国外的陈寅恪是否从陈三立处闻知严复去世的消息，是否对严复的逝世有所感慨，我们不得而知，

---

① 王栻主编：《严复集》第3册，中华书局1986年版，第704页。
② 王栻主编：《严复集》第3册，中华书局1986年版，第708页。
③ 王栻主编：《严复集》第3册，中华书局1986年版，第711—712页。
④ 孙应祥：《严复年谱》，福建人民出版社2003年版，第547页。
⑤ 陈三立：《散原精舍诗文集》（上），上海古籍出版社2003年版，第5页。
⑥ 萧公权：《中国政治思想史》，新星出版社2005年版，第538—539页。

但是，我们依然可以从陈寅恪这一时期的思想中看到他与严复千丝万缕的联系。

1921年9月，已过而立之年的陈寅恪结束了美国哈佛大学的学习，赴欧入德国柏林大学研究院学习。这时的他，对国事人生都已自有主见。1919年吴宓经俞大维介绍认识陈寅恪后，经常听取陈寅恪的谈论，认为"寅恪不但学问渊博，且深悉中西政治、社会之内幕"①。1919年12月14日，《吴宓日记》记载了陈寅恪与其纵谈中外文化的要点。陈寅恪认为，中国不仅科学逊于西方，哲学、美术也远不如希腊。这一观点与严复在翻译《法意》时所加按语如出一辙。严复说："我国有最乏而宜讲求，然犹未暇讲求者，则美术是也。夫美术者何？凡可以娱官神耳目，而所接在感情，不必关于理者是已。"②文学、音乐、图画、雕塑、建筑、街道、城市社区的标志（坊表）等，都关乎人的心神情感之美。他说：美术是传统"乐教"的内容，"使吾国而欲其民有高尚之精神，佚荡之心意，而于饮食、衣服、居处、刷饰、词气、容仪，知静洁治好，为人道之所宜，否则，沦其生于犬豕，不独为异族之所鄙贱而唤讥也，则此后之教育，尚于美术一科，大加之意焉可耳"③。无论严复还是陈寅恪，都重视对国人的美术教育。陈寅恪认为："中国古人，素擅长政治及实践伦理学，与罗马人最相似。其言道德，惟重实用，不究虚理。其长处短处均在此。长处即修齐治平之旨；短处则实事之利害得失，观察过明，而乏精深远大之思。"他认为"天理人事之学，精深博奥者，亘万古、横九垓而不变。凡时凡地，均可用之。而救国经世，尤必以精神之学问（谓形而上学）为根基……夫国家如个人然。苟其性专重实事，则处世一切必周备，而研究人群中关系之学必发达。故中国孔孟之教，悉人事之学。而佛教则未能大行于中国。尤有说者，专趋实用者，则乏远虑，利己营私，而难以团结，谋长久之公益。即人事一方，亦有不足，今人误谓中国过重虚理，专谋以功利机械之事输入，而不图精神之救药，势必至人欲横流，道义

---

① 卞僧慧：《陈寅恪先生年谱长编》，中华书局2010年版，第69页。
② 王栻主编：《严复集》第4册，中华书局1986年版，第988页。
③ 王栻主编：《严复集》第4册，中华书局1986年版，第988页。

沦丧，即求其输诚爱国，且不能得……中国家族伦理之道德制度，发达最早，周公之典章制度实中国上古文明之精华"①。陈西滢回忆说："1922年的春天，在我柏林寓中，第一次听到陈寅恪先生的妙论。我不记得他怎样说的了。他好像是说平常人把欧亚作东西民族性的分界，是一种很大的错误。欧洲人的注重精神方面，与印度的比较相近些，只有中国人是顶注重物质，最讲究实际的民族。这在我当时是闻所未闻的奇论，可是近几年的观察，都证实他的议论，不得不叫人惊叹他的见解的透彻了。"②细究陈寅恪的上述认识，在严复的论著和译述中都能见到相似的论断。李璜晚年在台湾著文《忆陈寅恪、登恪兄弟》，回忆了1922年冬与曾琦（字慕韩）在德国和陈寅恪交往的情形："寅恪所专与我辈彼时所学皆不相类，然甚喜慕韩谈清季中兴人物曾国藩、左宗棠与胡林翼之学术及其政绩。且寅恪早对日本人之印象不佳，而对于袁世凯之媚外篡国，尤其深恶痛绝，并以其余逆北洋军阀之胡闹乱政，大为可忧，因甚佩慕韩内除国贼与外抗强权之论。不过，寅恪究系有头脑分析问题、鞭辟入里的学人，于畅饮淡红酒，而高谈天下国家之余，常常提出国家将来致治中之政治、教育、民生等问题；大纲细节，如民主如何使其适合中国国情现状，教育须从普遍征兵制来训练乡愚大众，民生须尽量开发边地与建设新工业等……我近年历阅学术界之纪念陈氏者，大抵集中于其用力学问之勤，学识之富，著作之精，而甚少提及其对国家民族爱护之深与其本于理性，而明辨是非善恶之切。酒酣耳热，顿露激昂，我亲见之，不似象牙塔中人，此其所以后来写出吊王观堂先生之挽词而能哀感如此动人也。"③

陈寅恪对时局的主见以其写于1945年夏的《读吴其昌撰梁启超传书后》一文为代表。其云："自戊戌政变后十余年，而中国始开国会，其纷乱妄谬，为天下指笑，新会所尝目睹，亦助当政者发令而解散之矣。自新会殁，又十余年，中日战起。九县三精，飙回雾塞，而所谓民主政治

---

① 卞僧慧：《陈寅恪先生年谱长编》，中华书局2010年版，第72—74页。
② 卞僧慧：《陈寅恪先生年谱长编》，中华书局2010年版，第77页。
③ 卞僧慧：《陈寅恪先生年谱长编》，中华书局2010年版，第79页。

之论，复甚嚣尘上。余少喜临川新法之新，而老同涑水迂叟之迂。盖验以人心之厚薄，民生之荣悴，则知五十年来，如车轮之逆转，似有合于所谓退化论之说者。是以论学论治，迥异时流，而迫于事势，噤不得发。"①如果将陈寅恪的这段话与前述严复对时局的一些论断相比较，也可看出他们之间的关联。严复说："世事江河日下，民生困苦，日以益深……鄙人自始洎终，终不以共和为中华宜采之治体……然今之所苦，在虽欲不为共和民主而不可……惟有坐视迁流，任其所之而已。呜呼！此吾辈身世，所为可痛哭也。"王毅已经指出："如果说陈寅恪的悲慨确是有感而发，并且被以后的历史证明有其根据的话，那么我们也许可以联想到，其实早在陈氏之前几十年，严复这位对中西社会和文化同样有着过人了解（与陈氏相比，他对于中西制度结构及其法理的探究更要深入得多），同样是与近代以来的变法维新有着血肉关联的思想家，就曾反复告诫过世人，要警惕在'新法之新'催动下得出'如车轮之逆转，似有合于所谓退化论之说'那样的逆向结果。在很长时间里，举世流行的热望始终都是笃信一种'非常可喜'的制度方案如何能够使中国迅速富强，甚至'超英赶美'；所以相比之下，能够看到'如车轮之逆转'之悖论的严、陈等人不仅寥若晨星，而且更落得悲剧性的宿命和无奈。"②

正如严复对新兴的国民党和共产党都有批评一样，陈寅恪对国共两党也有自己的看法。1940年3月22日，他出席中央研究院第一届评议会第5次年会，在重庆初次见到蒋介石，赋诗云："自笑平生畏蜀游，无端乘兴到渝州。千年故垒英雄尽，万里长江日夜流。食蛤那知天下事，看花愁近最高楼。行都灯火春寒夕，一梦迷离更白头。"③吴宓为此诗附注云："寅恪于座中初次见蒋公，深觉其人不足有为，有负厥职。故有此诗第六句。"④1941年陈寅恪再次由香港飞往重庆，用前韵再赋诗：

---

① 陈寅恪：《寒柳堂集》，三联书店2001年版，第168页。
② 中国社科院法学所王毅在《社会学研究》（2006—3）发表论文《严复对中国社会形态的认识与他对宪政法理的译介——纪念严译〈法意〉发表一百周年》，其注释［6］。
③ 陈寅恪：《陈寅恪集·诗集》，三联书店2001年版，第30页。
④ 吴学昭：《吴宓与陈寅恪》，清华大学出版社1992年版，第102页。

"海鹤飞寻隔岁游，又披烟雾认神州。江干柳色青仍好，梦里蓬瀛水浅流。草长东南迷故国，云浮西北接高楼。人间春尽头堪白，未到春归已白头。"①此诗反映了陈寅恪对当时重庆国民政府、南京汪伪政府和延安共产党领导的解放区政府三分天下的政治现实的忧虑和对中国未来前途的担忧。1952年胡厚宣在思想改造中交代，他在抗战期间"在重庆、成都讲《三国志》，有失体统……陈寅恪说现在是新三国：汪日，蒋美，共苏"。胡文辉博引当时知识界和国共两方人士的文字材料，证明陈寅恪在抗战时"有新三国论"②。1943年，他致陈述函云："近日学校无处不闹风潮，推原其故，盖贫无以为生，则不能安居乐业也。"③他还说："抗战前那一两年，上我的课的学生中有些人学得很好。后来有一天我去上课，他们忽然都不见了，我一打听，才知道是因为国民党要抓他们，都躲起来了。我由此感到共产党将要成功，因为好学生都到那边去了。"④谈到共产主义和共产党时，他说："其实，我并不怕共产主义，也不怕共产党，我只是怕俄国人……欧美、日本都去过，唯独未去过俄国，只在欧美见过流亡的俄国人，还从书上看到不少描述俄国沙皇警探的，他们很厉害，很残暴，我觉得很可怕。"⑤因为对苏俄充满警惕，他担心中共走上苏共的路。1945年日本投降后，蒋介石政府与苏联政府签订了《中苏盟约》，在国内包括中共和左翼知识分子都为此约欢呼叫好的时候，陈寅恪却赋诗云："目闭万方愁，蛙声总未休。乍传降岛国，连报失边州。大乱机先伏，吾生命不犹。可怜卅载后，仍苦说刀头。"⑥直接表达了他对战后苏联涉足我国东三省将给中国带来隐患的担忧。作为一个远见卓识的史学家，陈寅恪对当时的国运和世局有着非凡的预感。同年9月2日，日本向中国签订了降约。陈寅恪赋诗道："来日更忧新世局，

---

① 陈寅恪：《陈寅恪集·诗集》，三联书店2001年版，第30—31页。
② 胡文辉：《陈寅恪诗笺释》（上），广东人民出版社2008年版，第157—158页。
③ 陈寅恪：《陈寅恪集·书信集》，三联书店2001年版，第201页。
④ 卞僧慧：《陈寅恪先生年谱长编》，中华书局2010年版，第164页。
⑤ 卞僧慧：《陈寅恪先生年谱长编》，中华书局2010年版，第250页。
⑥ 陈寅恪：《陈寅恪集·诗集》，三联书店2009年版，第50页。

众生谁忏旧因缘。"①1949年之后，对历次政治运动和内政外交，陈寅恪都用诗歌表明了自己的看法和立场。具体可参看胡文辉著《陈寅恪诗笺释》。陈寅恪和严复一样，他对时局的看法，并不迎合权要，也不取媚时俗，而是基于自己的理性和睿智做出论断，历史已经证明了严复和陈寅恪对各自所处的时局的"别具主见"是有相当的前瞻性的。

四、独立和自由：陈寅恪对严复的继承和超越

独立和自由，在严复和陈寅恪所处的时代，既是国家、民族、社会等"国群"追求的政治目标，又是有远见的中国人对"个体价值"的体认与追求。1895年2月严复在《论世变之亟》中就指出：有无自由之观念，是西方社会与中国社会的根本不同之所在。西方社会的"命脉"是什么？他说："苟扼要而谈，不外于学术则黜伪而崇真，于刑政则屈私以为公而已。斯二者，与中国理道初无异也。顾彼行之而常通，吾行之而常病者，则自由不自由异耳。夫自由一言，真中国历古圣贤之所深畏，而从未尝立以为教者也。"②严复所关注的独立自由既涉及国家民族这一"群"的领域，也涉及个体这一"己"的领域。他所翻译的约翰·穆勒的《自由论》（即《群己权界论》）和孟德斯鸠的《法意》等，都一再强调"自由"对于"国群"和个体的重要性。与他对时局别具主见一样，"严氏之论自由，亦以稳健出之，欲于大群小己间立折衷至当之权界"③。在《政治讲义》中，严复指出，没有自由的国度，即使"其政为民所容纳，将其效果，徒使人民不得自奋天能，终为弱国"④。他认为，"国群"的自由就是"以国家的独立自主，不受强国干涉为自由"⑤。个体自由与"国群"自由是相互促进的，所谓"身贵自主，国贵自由"；"吾未见其民不自由者，其国可以自由也；其民之无权者，其国可能有权也"⑥。和严复一样，陈

---

① 陈寅恪：《陈寅恪集·诗集》，三联书店2009年版，第52页。
② 王栻主编：《严复集》第1册，中华书局1986年版，第2—3页。
③ 萧公权：《中国政治思想史》，新星出版社2005年版，第543页。
④ 王栻主编：《严复集》第5册，中华书局1986年版，第1284页。
⑤ 王栻主编：《严复集》第5册，中华书局1986年版，第1298页。
⑥ 王栻主编：《严复集》第4册，中华书局1986年版，第917页。

三立也推崇独立自由的精神，他在诗歌《寿左子异宗丞五十》中称赞左宗棠及其子弟道："有子起家仍患难，雄姿妙略见根原。破荒日月光初大，独立精神世所尊。"① 独立和自由，是陈三立和严复共同推崇的价值理念。严复之所以高度重视在中国倡导培植"自由"理念，是因为他认识到，个体和"国群"的"自由"与否，是中国社会是否已经走向现代文明的根本标志。严复尤其强调现代文明社会必须包容个体的思想言论自由和学术教育的自由。他认为："至于一国之学术，尤当离政治而独立。"② "学校性质与官署迥异，强令从同，立形窒碍。"只有学术独立、思想自由，才能使国家民族充满创造进步的活力。严复的这些观念由陈寅恪在他的一生践履中发扬光大。就个体的"独立""自由"而言，如果说严复本人尚不能完全摆脱功名利禄的羁绊，因此导致人格操守还有所遗憾的话，那么，陈寅恪则终其一生不但坚持学术独立和思想自由的观念，而且在出处行止上决绝摒弃了"功名利禄"和"升官发财"的生涯，以其人格操守的"独立"和"自由"超越了严复。

休谟指出："中国科学落后的原因乃在于其政治上和文化上的大一统使人们的思想得不到自由发展。没有思想自由，也就谈不到科学（至少谈不到近代科学）……科学从思想上、也从社会上对等级制度起着一种瓦解的作用……凡是在圣贤凡愚的品级观念和体制还在统治着的地方，近代科学在其中总是难以发展的……在中国，是伦理道德在君临着知识，知识本身并没有其独立的价值和地位，它的价值仅只存在于它为伦理服务，或者说科学为政治服务……中国传统知识分子所能走的唯一道路是功名利禄，或者说升官发财。"③ 1902年，陈寅恪13岁，随长兄陈师曾游学日本。著名的传教士李提摩太在上海遇见即将赴日的陈寅恪兄弟，对他们称赞道："君等世家子弟，能东游甚善。"④ 此时陈家经历了戊戌变法失败而遭受家难，但"国变家难"没有阻挡陈三立让子弟继续

---

① 陈三立：《散原精舍诗文集》（上），上海古籍出版社2003年版，第201页。
② 萧公权：《中国政治思想史》，新星出版社2005年版，第543页。
③ 何兆武：《历史理性的重建》，北京大学出版社2005年版，第186—188页。
④ 卞僧慧：《陈寅恪先生年谱长编》，中华书局2010年版，第48页。

向东洋、西洋学习的决心。这年夏天陈三立谒拜陈宝箴墓，自豪地吟诗"大孙羁东溟，诸孙解西史"①。在清廷尚未废置科举制度之前，作为传统的"世家子弟"，陈氏父子就已经自觉地不走传统的科举功名之路了，这足以见陈氏父子的世界眼光和超越时代的意识。陈寅恪并非不具备走入中国官场仕途的条件，他曾任蔡锷秘书（1915年，26岁），又和林伯渠等人一起在湖南省公署任职（1917年，28岁）；在清华国学院期间，他对院教务的一些建议及在王国维自沉后的善后事宜处理方面，皆表现出他颇为服众的行政处事能力，②但他终究拒绝成为宦海中人，"终乃决意以国史为己任，为国家学术之独立……方冀聚集同志，得英才而教育之"③。1931年5月，陈寅恪写下《吾国学术之现状及清华之职责》，指出："我国大学之职责，在求本国学术之独立"，中国学术独立与否，"实系吾民族精神上生死一大事者"。又言："今世治学以世界为范围，重在知彼，绝非闭户造车之比。"④可见，陈寅恪的"学术独立"绝非"学术孤立"。他是在世界眼光的观照下推动中国学术的独立自觉。所谓"既独具特色，不失故步，又不断前进，有足以与外界互相交流之新成就。如此则能并立于世界学术之林。庶不致相形见绌，匍匐以归矣"⑤。

坚持世界视野下的国家学术之独立，这是严复和陈寅恪共同的追求。这尤其表现在他们对中国语言的认识上。五四新文化运动中，古文和白话之争趋于激烈，严复表明态度说："北京大学陈、胡诸教员主张文白合一，在京久已闻之，彼之为此，意谓西国然也。不知西国为此，乃以语言合之文字，而彼则反是，以文字合之语言……就令以此教育，易于普及，而斡弃周鼎，宝此康瓠，正无如退化何耳。须知此事，全属天演，革命时代，学说万千，然而施之人间，优者自存，劣者自败，虽千陈独秀，万胡适、钱玄同，岂能劫持其柄，则亦如春鸟秋虫，听其自鸣自止

① 陈三立：《散原精舍诗文集》（上），上海古籍出版社2003年版，第56页。
② 卞僧慧：《陈寅恪先生年谱长编》，中华书局2010年版，第101—102页。
③ 卞僧慧：《陈寅恪先生年谱长编》，中华书局2010年版，第123页。
④ 陈寅恪：《陈寅恪集·金明馆丛稿二编》，三联书店2001年版，第361—363页。
⑤ 卞僧慧按语，见《陈寅恪先生年谱长编》，中华书局2010年版，第136页。

可耳。林琴南辈与之较论，亦可笑也。"① 他认为，不同国家的语言有自身的规律，文白之争殊为无谓，因为语言的兴废"全属天演"，"优者自存，劣者自败"，不必为此论战不休。1915年11月，严复为《马氏文通》作序，认为《马氏文通》总结了"文字言语之原则公例"，有助于"吾国进化"②。陈寅恪对胡适们一味鼓吹白话也很不以为然。但他对《马氏文通》的评价则没有严复那么高。作为通晓多种语言的语言学家，陈寅恪认为中国汉语属藏缅语系，而非印欧语系。基于印欧语系归纳出"文法"的《马氏文通》对于汉语而言，简直就是"不通"。他说："从事比较语言之学，必具一历史观念，而具有历史观念者，必不能认贼作父，自乱其宗统也。"③ 既有世界眼光，又能发覆汉语自身之规律，基于精粹的专业素养，陈寅恪在坚持国家学术独立方面对严复等前辈学人有了质的超越。

陈寅恪对"独立之精神，自由之思想"的持守贯彻于他的日常行止出处的自觉践履之中。陈寅恪对"假爱国利群、急公好义之美名，以行贪图倾轧之实，而遂功名利禄之私"的世道人心非常不满，认为都不是谋生的正道。他说："我侪虽事学问，而决不可倚学问以谋生，道德尤不济饥寒。要当于学问道德以外，另求谋生之地。经商最妙……若作官以及作教员等，决不能用我所学，只能随人敷衍，自侪于高等流氓，误己误人，问心不安。至若弄权窃柄，敛财称兵，或妄倡邪说，徒言破坏，煽惑众志，教猱升木，卒至颠危宗社，贻害邦家，是更有人心者所不忍为矣。"④ 1934年1月，清华大学因未派朱延丰留学而引起一场风波，朱延丰向校方状告系主任蒋廷黻。朱延丰是陈寅恪直接指导的学生，在教授评议会上推荐留学人员时，陈寅恪认为朱当时不必留学。他致信校长梅贻琦说明此事原委："朱君不派出洋事，当日教授会议时，弟首先发表，宜只派邵君一人。廷黻先生时为主席，询问大家意见，并无主张。弟发

---

① 王栻主编：《严复集》第3册，中华书局1986年版，第699页。
② 孙应祥、皮后锋编：《〈严复集〉补编》，福建人民出版社2004年版，第164页。
③ 陈寅恪：《金明馆丛稿二编》，三联书店2001年版，第251页。
④ 卞僧慧：《陈寅恪先生年谱长编》，中华书局2010年版，第71—72页。

表意见后，全体赞同，无疑异议。弟之主张，绝不顾及其他关系。苟朱君可以使弟发生出洋必要之信念者，必已坚持力争无疑也。至谓系主任与之有意见（无论其真与否，即使有之，亦与弟之主张无关涉），其他教授亦随同系主任之主张者，则不独轻视他教授之人格，尤其轻视弟个人人格矣。总之，此次史学系议决只派邵君而不派朱君一事，弟负最大最多之责任。"① 清华大学校长办公室为此特发通告："现查本届研究院历史系毕业生朱延丰，未经派遣出国研究，有所声辩，曾一再详为解说，恳切劝导，竟不自悟，反肆意攻讦历史系主任，复诬蔑本大学评议会。似此抹杀事实，淆惑观听，殊负本校多年教育之旨，良堪痛惜。是后该生如再有此类逾越常规之言动，本校为维持风纪，只得从严惩处，以端士习。"② 朱延丰虽因此事触怒陈寅恪，但陈寅恪对他"仍爱护教导如昔，朱君亦仍尊重先生"③。1942年陈寅恪还为朱延丰的论文《突厥通考》的发表作序。陈寅恪绝不允许轻视教授的"个人人格"，更不容忍"士习"之不端，对学生朱延丰的严格要求足窥一斑。他律己尤严。1936年4月8日他致信在南京的中央研究院史语所负责人傅斯年，坚辞史语所第一组主任之职。他在信中说，他不能南下开会是因为不愿意向清华请长假。不愿请假的原因在于：一方面不想少学生的课，另一方面更重要的是他发现清华理工科的教师全年都不请假，而文法科的教员请假颇多，"无怪乎学生及社会对于文法学印象之劣，故弟去学年全年未请假一点钟，今年至今亦尚未请一点钟假。其实多上一点钟与少上一点钟毫无关系，不过为当时心中默自誓约（不敢公然言之以示矫激，且开罪他人，此次初以告公也），非有特别缘故必不请假，故常有带病而上课之时也……又弟史语所第一组主任名义，断不可再遥领，致内疚神明，请即于此次本所开会时代辞照准，改为通信研究员，不兼受何报酬……因史语所既正式南迁，必无以北平侨人遥领主任之理，此点关系全部纲

---

① 陈寅恪：《陈寅恪集·书信集》，三联书店2001年版，第150—151页。
② 卞僧慧：《陈寅恪先生年谱长编》，中华书局2010年版，第160页。
③ 卞僧慧"按语"，见《陈寅恪先生年谱长编》，中华书局2010年版，第160页。

纪精神，否则弟亦不拘拘于此也。"①1936年4月13日，他再次致信傅斯年，再辞史语所第一组主任之职，并随信奉还史语所寄给他南下开会的旅费。②1942年，在抗战极其困难之际，陈寅恪一家颠沛流离至桂林，生计困难而至于"卖衣物为生，可卖者将卖尽矣"③。但为了在战乱中能够完成他的著述，他暂时受聘于广西大学。为此，他辞去在重庆的中央研究院总办事处寄来的专任聘书，以免尸位素餐。他致信傅斯年说："接到总办事处寄来专任研究员聘书，即于两小时内冒暑下山，将其寄回……弟当时之意，虽欲暂留桂，而不愿在桂遥领专任之职。院章有专任住所之规定，弟所夙知，岂有故违之理？今日我辈尚不守法，何人更肯守法耶？此点正与兄同意者也。"④1945年中央研究院和燕京大学都拟给陈寅恪发放补助金，但他特致信傅斯年说明道：两单位的表格都已填报寄去，"弟虽由两方皆报，但决不领重份，惟以何方较多者则取之耳"。⑤陈寅恪对"利禄"的取舍有着严格的标准。他希望知识分子能够经商，唯有在经济上能够独立自谋营生，治学才能既不必附庸于政治，也不必附庸于其他。1919年他向吴宓表示："又如顾亭林，生平极善经商，以致富。凡此皆谋生之正道。我侪虽事学问，而决不可倚学问以谋生，道德尤不济饥寒。要当于学问道德以外，另求谋生之地。经商最妙，Honest means of living（谋生之正道）。若作官以及作教员等，决不能用我所学，只能随人敷衍，自侪于高等流氓，误己误人，问心不安。"⑥作为现代知识分子，他超越了"君子言义不言利"的传统，并没有"不计其利"，但他要的是取之有道、名实相符的利。抗战期间，他从香港九死一生逃回内地后，因全家贫病交加，多次向傅斯年等交涉"名实相符"的

---

① 陈寅恪：《陈寅恪集·书信集》，三联书店2001年版，第50—51页。
② 陈寅恪：《陈寅恪集·书信集》，三联书店2001年版，第51—52页。
③ 陈寅恪：《陈寅恪集·书信集》，三联书店2001年版，第95页。
④ 陈寅恪：《陈寅恪集·书信集》，三联书店2001年版，第92页。
⑤ 陈寅恪：《陈寅恪集·书信集》，三联书店2001年版，第111页。
⑥ 卞僧慧：《陈寅恪先生年谱长编》，中华书局2010年版，第71—72页。

薪酬问题，①并称自己"好利而不好名"②，然而他绝不见利忘义。抗战期间，他一家困陷于香港，全家贫病交加，几陷于绝境。日伪以军币40万元重金为诱饵，威逼他出面创办东亚文化会、审查教科书，都被他坚决拒绝。③1943年当他听说顾颉刚等学界名流居然向蒋介石献九鼎，"惊怪不止"，作诗嘲讽道："沧海生还又见春，岂知春与世俱新。读书渐已师秦吏，钳市终须避楚人。九鼎铭辞争颂德，百年粗粝总伤贫。周妻何肉尤吾累，大患分明有此身。"④他感慨于顾颉刚等人不能顶住政治和生活的压力而屈从于蒋政权的"党化教育"⑤。他对始作俑于国民党的"党化教育"非常不满。1927年国民党北伐成功之际，他就对"党化教育"持警惕和拒绝的态度，力劝吴宓"隐居读书，以作文售稿自活"。两人相约不入国民党，"他日党化教育弥漫全国，为保全个人思想精神之自由，只有舍弃学校，另谋生活。艰难固穷，安之而已"⑥。陈寅恪拒绝服从"党化教育"以谋名利生计的思想贯彻他人生的始终。他深知，中国当代社会，如果没有政治体制确保个体的独立和自由，这个社会是无望迈向现代文明的；思想的独立和自由，依然是中国社会进步的前提条件。他基于理性的历史眼光和世界眼光而对时局所持之独立和自由的主见一直贯穿于一生，直到他逝世。⑦1953年，他再次重申自己的一贯思想："我的思想，我的主张完全见于我所写的王国维纪念碑中……我认为研究学术，最主要的是要具有自由的意志和独立的精神。所以我说'士之读书治学，盖将以脱心志于俗谛之桎梏'。'桎梏'在当时即指三民主义而言。必须脱掉'俗谛之桎梏'，真理才能发挥。受'俗谛之桎梏'，没有自由思想，没有独立精神，即不能发扬真理，即不能研究学术……独立精神和自由

---

① 陈寅恪：《陈寅恪集·书信集》，三联书店2001年版，第105—107页。
② 陈寅恪：《陈寅恪集·书信集》，三联书店2001年版，第94页。
③ 陈寅恪：《陈寅恪集·书信集》，三联书店2001年版，第84—88页。
④ 参看卞僧慧：《陈寅恪先生年谱长编》，中华书局2010年版，第216页。
⑤ 孙应祥：《严复年谱》，福建人民出版社2003年版，第393页。
⑥ 参看胡文辉：《陈寅恪诗笺释》（上卷），广东人民出版社2008年版，第178—182页。
⑦ 可参看陆键东著：《陈寅恪的最后20年》，三联书店1995年版；胡文辉著：《陈寅恪诗笺释》（上卷、下卷），广东人民出版社2008年版。

意志是必须争得，且须以生死力争……一切都是小事，惟此是大事。碑文中所持之宗旨，至今并未改易。我决不反对现在政权，在宣统三年时就在瑞士读过《资本论》原文。但我认为不能现存马列主义的见解，再研究学术。我要请的人，要带的徒弟，都要有自由思想、独立精神。不是这样，即不是我的学生。"①在生命的最后几年，他依然没有改变自己一生的宗旨。

相较于陈寅恪而言，严复晚年在"独立之精神"和"自由之思想"的人格持守上有所遗憾——他因与袁世凯等当轴者多有牵连，而被杨度列名"筹安会"。严复自己对被列名"筹安会"一事反省道："不幸年老气衰，深畏机阱，当机不决，虚与委蛇，由是严复之名，日见于介绍，虚声为累，列在第三，此则无勇怯懦，有愧古贤而已。"②"筹安会之起，杨度强邀，其求达之目的，复所私衷反对者也。然而丈夫行事，既不能当机决绝，登报自明，则今日受责，即亦无以自解。"③与杨度等人针锋相对。当时梁启超撰写了《异哉所谓国体问题者》这一雄文，说："常在现行国体基础之上，而谋政体政象之改进，此即政治家唯一之天职也。苟于此范围外越雷池一步，则是革命家之所为，非堂堂正正之政治家所当有事也。其消极的严守之范围则既若是矣，其积极的进取之范围则亦有焉。在甲种国体之下为政治活动，在乙种反对国体之下仍为同样之政治活动，此不足成为政治家节操之问题。惟牺牲其平日政治上之主张，以售易一时政治上之地位，斯则成为政治家之节操问题耳。"④严复虽然被杨度一起列名于"筹安会"，但他并没有"牺牲其平日政治上之主张，以售易一时政治上之地位"，以梁启超之论，严复作为政治思想家的节操是不成问题的，他是有别于一些"革命家"的，但他还是对自己做出了上述真诚的反省。针对梁启超的《异哉所谓国体问题者》在社会上造成的巨大

①　陆键东：《陈寅恪的最后20年》，三联书店1995年版，第111—112页。
②　王栻主编：《严复集》第3册，中华书局1986年版，第636页。
③　王栻主编：《严复集》第3册，中华书局1986年版，第631页。
④　梁启超：《饮冰室合集·饮冰室专集之三十三》，北京中华书局据上海中华书局1936年版影印，1989年版，第86页。

影响，袁世凯等三番五次或利诱或威逼严复撰文驳斥梁文，严复"终嘿嘿，未赞一辞"①。同年10月，袁世凯再次派人请严复"为文劝进"，严复"慨然曰：吾所欲言者，早已尽言之矣！必欲以吾为重，吾与袁公交，垂三十年，吾亦何所自惜。顾吾生平不能作违心之言，吾欲为文，吾无从着笔也。自是之后，闭门谢客，不愿与闻外事"②，坚决拒绝与袁氏集团同流合污。其后，袁世凯登基，严复"均未入场"观贺。1916年3月22日，袁世凯无奈之中下令撤销"承认帝位案"，举国要求袁世凯下台，但此时，严复却对此深不以为然。他坚持"吾曹以安国为前提"③，"天下重器，不可妄动，动则积尸成山，流血为渠"。他批评康有为、梁启超自戊戌变法以来的一系列过激主张，认为康有为"祸人家国而不自知非"，梁启超是"理想中人，欲以无过律一切之政法，而一往不回，常行于最险直线者也。故其立言多可悔，追悔而天下之灾已不可救亦"，坚持要"以存国为第一义"，认为"值此袁氏孤危戒惧之时，正可与之为约，公选稳健之人，修约法，以为立宪之基础，使他日国势奠定，国民进化，进则可终于共和，退则可为其复辟，（此时亦不相宜）似较之阳争法理，阴攫利权，或起于个人嫌隙之私，似有间也"④。1916年6月，袁世凯毙命后，段祺瑞政府决定惩办鼓噪恢复帝制的祸首，在京亲友强迫严复离京到天津暂避。但严复以"俯仰无愧作"泰然处之，说："复生平浪得虚名，名者造物所忌，晚节末路，固应如此。不过人之为此，或得金钱，或取好官，复则两者毫无所有，以此蒙祸，殊可唉耳。"⑤北洋政府的通缉名单上并无严复，这正如戊戌政变后，清廷的通缉名单上也没有严复一样，可见当时的执政者都明白严复的言行出处与当时之"革命家"或"阴谋家"是迥然有别的。他"生平不能作违心之言"，只是基于学识和理智坚定持守自己对时局的见解而已。1945年夏陈寅恪《读吴其昌撰

① 孙应祥：《严复年谱》，福建人民出版社2003年版，第452页。
② 孙应祥：《严复年谱》，福建人民出版社2003年版，第453页。
③ 王栻主编：《严复集》第3册，中华书局1986年版，第636—638页。
④ 王栻主编：《严复集》第3册，中华书局1986年版，第600—633页。
⑤ 王栻主编：《严复集》第3册，中华书局1986年版，第641页。

梁启超传书后》云："任公高文博学，近世所罕见。然论者每惜其与中国五十年腐恶之政治不能绝缘，以为先生之不幸。是说也，余窃疑之。尝读元明旧史，见刘藏春姚逃虚皆以世外闲身而与人家国事。况先生少为儒家之学，本董生国身通一之旨，慕伊尹天民先觉之任，其不能与当时腐恶之政治绝缘，势不得不然。忆洪宪称帝之日，余适旅居旧都，其时颂美袁氏功德者，极丑怪之奇观。深感廉耻道尽，至为痛心。至如国体之为君主抑或民主，则尚为其次者。迨先生《异哉所谓国体问题者》一文出，摧陷廓清，如拨云雾而睹青天。然则先生不能与近世政治绝缘者，实有不获已之故。此则中国之不幸，非独先生之不幸也。又何病焉？"[1]陈寅恪这段评价梁启超的文字，实可移置于严复。他如此同情理解梁启超，其于严复之同情理解也当如此。比照陈寅恪一生的持守，在践履独立之精神、自由之思想这一现代观念上，陈寅恪确实比严复决绝许多。作为陈三立、严复等人的晚辈后学，陈寅恪以他坚定的持守，继承并超越了严复、王国维等从传统向现代转型的前辈学人，将自己成全为真正现代意义上的学人。金岳霖在《晚年的回忆》中说："寅恪先生不只是学问渊博而已，而且也是坚持正义勇于斗争的人。"[2]他"不屈不挠地为国人立一典型，使天下后世知所矜式，其意义、其价值是无论如何估计也不会高的"[3]。

五、从"斟酌新旧间"到"相反而适相成"：严复和陈寅恪文化价值取向的意义

晚清以来，在激剧的社会变局中，如何对待中西文化，成了变革者必须直面的一个焦点问题。有识之士都认为应该"会通"中学西学，但如何"会通"？怎样才算得上是"会通"？认识却很不一致。康有为说："夫中学体也，西学用也，无体不立，无用不行，二者相需，缺一不可……

---

① 陈寅恪：《寒柳堂集》，三联书店2001年版，第144页。
② 《新华文摘》1995年第3期，第135页。
③ 李慎之著：《李慎之文集》第491页，2004年4月，北京，家刻本。又，本文也发表于《炎黄春秋》。

泯中西之界限，化新旧之门户，庶体用并举，人多通才。"①张之洞并不同意康有为式的"会通"，他批评了"恶西法者""略知西法者""溺于西法者"等"三弊"，认为"溺于西法者，甚或取中西之学而糅杂之，以为中西无别，如谓《春秋》即是公法，孔教合于耶稣，是自扰业。自扰者，令人眩惑狂易，丧其所守"②。这显然是在批评康有为式的"会通"。那么，张之洞又如何"会通"中西学的呢？他主张："中学为内学，西学为外学；中学治身心，西学应世事。"③他认为，法制、器械、工艺都是"可变"的，但伦纪、圣道、心术却是"不可变者"④。严复针对"中学为体，西学为用""西政为本，西艺为末""主于中学，以西学辅其不足"等几种论调，批评道："中学有中学之体用，西学有西学之体用，分之则并立，合之则两亡。议者必欲合之而以为一物。且一体而一用之，斯其文义违舛，固已名之不可言矣，乌望言之而可行乎？""其曰政本而艺末也，愈所谓颠倒错乱者矣。且其所谓艺者，非指科学乎？名、数、质、力，四者皆科学也。其通理公例，经纬万端，而西政之善者，即本斯而立。故赫胥黎氏有言：'西国之政，尚未能悉准科学而出之也。使其能之，其致治且不止此。'中国之政，所以日行其细，不足争存者，亦坐不本科学，而与通理公例违行故耳。是故以科学为艺，则西艺实西政之本。"⑤严复并不以"体用"来区隔中西学，而是认为中国的"旧学"和西方的"新学"，有各自的独立性，应"斟酌新旧间"。他认为，强合二者，不但无益，反而导致"两亡"。他说："悟向所谓合一炉而冶之者，徒虚言耳，为之不已，其终且至于两亡。"⑥他说在这点认识上，只有陈三立理解他（前文已述及）。这其实正是陈寅恪主张的"相反"而适"相成"者。什么是"相反"而适"相成"呢？陈先生认为宋儒用佛变儒的做法就是"相反

---

① 康有为：《奏请经济岁举归并正科并各省岁科迅即改试策论折》，转引自张之洞《劝学篇》，广西师范大学出版社2008年版，第126页。
② 张之洞：《劝学篇》，广西师范大学出版社2008年版，第130页。
③ 张之洞：《劝学篇》，广西师范大学出版社2008年版，第130页。
④ 张之洞：《劝学篇·变法第七》，广西师范大学出版社2008年版，第90—94页。
⑤ 王栻主编：《严复集》第3册，中华书局1986年版，第559页。
⑥ 王栻主编：《严复集》第3册，中华书局1986年版，第605页。

而适相成"。他说："宋儒若程若朱，皆深通佛教者，既喜其义理之高明详尽，足以救中国之缺失，而又忧其用夷变夏也。乃求得而两全之法，避其名而居其实，取其珠而还其椟。采佛理之精粹以之注解四书五经，名为阐明古学，实则吸收异教。声言尊孔辟佛，实则佛之义理，已浸渍濡染。与儒教之宗传，合而为一。此先儒爱国济世之苦心，至可尊敬而曲谅之者也。故佛教实有功于中国甚大。"①这里，陈寅恪明确指出，外来佛教之"义理详尽，足以救中国之缺失"，但又担心"用夷变夏"，使中国传统丧失殆尽，所以不得已采取了此两全之法，即"避其名而居其实，取其珠而还其椟。采佛理之精粹以之注解四书五经，名为阐明古学，实则吸收异教"。如此"相反而适相成"论，与"中体西用"论是根本不同的。在"相反而适相成"论中，"名"还是中国古学之名——如"四书五经"的文本，"实"却已经对外来的"异教"——即"佛理之精粹"有所摄取。话语还是中国固有的话语，但话语的内在意蕴已经添加了异域的新精神。宋儒如此"合而为一"，以致"爱国济世之苦心"，这种不得已的做法是"至可尊敬而曲谅之"的。在陈寅恪看来，中外不同文化的冲突碰撞，能够做到像宋儒这样"避其名而居其实，取其珠而还其椟"实属不易。有些论者把晚年推崇孔孟之道的严复视为"保守落后"，把陈寅恪也归结为"尚未摆脱传统士大夫思想的影响"的"中体西用"论者，对此，萧公权和王元化先生都有过精辟的辨析。萧先生指出："严氏维新主张之特点在办本末，明次第，而无取于支离鲁莽之躁进。故严氏对时人之主张骤变或革命者深致不满，而加以驳斥纠正……严氏据《天演论》以言变法，其结果遂成为一'开明之保守主义者'……逮严氏晚年，其对中西文化之态度，则发生根本变化。向之鄙中尊西者一转而崇中贱西……及民国改元以后，严氏之态度乃大变而为忠实之守旧者，力持保存国粹之说，以与五四之新文化运动相对抗……持此以与前者所言相较，是非顿异，判若两人。此殆环境所激，有为而言，非托根于《天演论》矣。"王元化说："我一向认为，'中体西用'的提出，是曾国藩、张之洞、李

---

① 卞僧慧：《陈寅恪先生年谱长编》，中华书局 2010 年版，第 73 页。

鸿章等面临西方船坚炮利、面临三千年未有之变局而刺激出来的一种民族忧患，因之是有其时代的特殊背景，它不能涵盖后来思想家所提出的问题。比如陈寅恪即使说过'议论近于湘乡、南皮之间'，以及'中体西用相循诱'这样的话，但陈的时代已不同于曾、张、李的时代，他所面临的问题和曾、张、李在他们那个时代所认识到并企图加以解决的问题，已经很不相同了。陈寅恪提出上述说法，可能更多是针对当时成为主流的以西学为坐标的观点。他一再强调的'独立之思想、自由之精神'，以及'不自由，毋宁死耳'，固然也可以说含有中国传统士人的某些精神因子，但更基本的精神显然是来自西方的自由思想资源。这是我不能同意用'中体西用'去简单概括陈寅恪、杜亚泉这一批人物的原因。"①王元化进而分析指出：在严复晚年的20世纪20年代前后，中国社会当时的思想可分为四派："一，认为中西文化各有不同特点，持调和论（杜亚泉）。二，认为中西文化绝无相同之处，西学为人类公有之文明，反对调和论（陈独秀）。三，虽不排拒传统，但以西学为主体，强调两种文化之共性，不重视中国文化的特性和个性（胡适）。——与胡适相反，以中学为主体，亦强调两种文化之共性，也不主张调和论（吴宓）。"②陈寅恪显然和吴宓是属于同一类的。他说："窃疑中国自今日以后，必须一方面吸收输入外来之学说，一方面不忘本来民族之地位。此二种相反而适相成之态度，乃道教之真精神，新儒家之旧途径，而二千年吾民族与他民族思想接触史之所昭示者也。"③这种"不忘本来民族之地位"，又能"输入外来之学说"认为中西文化"相反而适相成"的态度，正是对严复思想的直接继承和发展。所谓"相反而适相成"可具体见于严复教育子弟的做法上。"复教子弟，以现时学校之难信，故宁在家延师先治中学，至十四五而后，放手专治西文，一切新学皆用西书，不假译本，尔后相时度力，送其出洋，大抵八年而后卒业，至于所治何科，所执何业，亦就

---

① 王元化：《思辨随笔》，上海文艺出版社1994年版，第16页。
② 王元化：《思辨随笔》，上海文艺出版社1994年版，第17页。
③ 陈寅恪：《陈寅恪集·金明馆丛稿二编》，三联书店2001年版，第284—285页。

少年之所近而喜好者，无所专尚也。"①在严复看来，子弟教育的底色必须是"先治中学"，其后"放手专治西文"，全力吸收西学，最后子弟"所治何科，所执何业"，要根据他们自己喜好，不必拘于一端。这样的观念，借用王元化先生的话，即是"固然也可以说含有中国传统士人的某些精神因子，但更基本的精神显然是来自西方的自由思想资源"，是"中学"与"西学""相反而适相成"最好的实践。刘克敌论及陈寅恪对中西文化采取"以新瓶而装旧酒""取珠还椟"的立场时指出：20世纪30年代冯友兰等新儒家"提出对传统文化的'抽象继承法'，显然他们的用意就在于要在现代社会中重新阐释并建立新的文化规范，而其内涵和精神是承接传统文化的，也即为传统文化之旧酒制造一个恰当的新瓶。对此陈寅恪非常赞同，才欣然把自己的'旧酒'注入冯友兰的'新瓶'，希望冯友兰等人的尝试能够成功"②。

从严复的"斟酌新旧间"到陈寅恪的"相反而适相成"——基于传统又吸收异教，从而超越传统，使传统和现代文明合而为一，做到既"输入外来之学说"，又"不忘本来民族之地位"，这是严复、陈寅恪共同的文化价值取向。中国社会的现代转型成功与否，就看这个社会是否广泛拥有如此文化观念的公民们。培养造就这样的公民是中国社会稳健转型的社会基础，它应该成为各级教育的根本目标。王国维说："国家与学术为存亡，天而未厌中国也，必不亡其学术；天不欲亡中国之学术，则于学术所寄之人，必因而笃之。世变愈亟，则所以笃之者愈至。"③中国学术历来重视对家法和师法的继承，从郭嵩焘、陈三立、严复到陈寅恪，他们主张"独立之精神，自由之思想"既"输入外来之学说"，又"不忘本来民族之地位"的学统显然并没有断绝。陈三立《挽严几道》诗云："众噪飞扬成自废，后生霑被定谁贤。"毋庸讳言，陈寅恪就是"霑被"了严复思想而又能推陈出新的中国文化之"贤者"。作为"后生"之"贤"，陈

---

① 王栻主编：《严复集》第3册，中华书局1986年版，第624—626页。
② 刘克敌：《陈寅恪与中国文化精神》，福建人民出版社2009年版，第87页。
③ 王国维：《观堂集林》卷二十三《沈乙庵尚书七十寿序》，转引自许全胜撰：《沈曾植年谱长编》，中华书局2007年版，第478页。

寅恪承续了父辈们的学脉。他对"家法""师法"的继承和超越，为中国学人和中国学术的发展臻于新的境界树立了至可尊尚的范型。

从近代"革新派"到传统"保守派"

——陈季同、林纾、严复的心路历程

朱双一

在中国近代史上，福建出了四位在中西文化交流中做出重要贡献的文化名人，即陈季同、林纾、严复和辜鸿铭。其中前三人是福州人，后一位是厦门人。他们经历不同，专长各异，但有一点是相同的，即都是近代中国通晓西学而又热爱传统的典型。他们同时出现于福建，绝非偶然，而是与福建历史的和现实的社会、人文环境紧密相关。其中陈季同、林纾与台湾有直接的关系，严复引进的进化论等西方思潮对台湾文学作者有一定的影响；辜鸿铭也曾短期赴台游学讲演，[①]且其特异的思想意识和生命情态，在台湾不无与之相似者。这是因为台湾文人赖以成长的社会、人文环境，本来就与福建有很多相似之处。

一、提倡学习西方的革新派

陈季同（1851—1905），字敬如，福建侯官人，自小聪颖，读书一目数行。同治间，肄业于福州船政前学堂，习法文，选为翻译。朝议拟派使驻西洋各国，先遣人往探，众皆惮风涛，独季同请行，遂游历英、法、德、奥四国，后又多次充当外派官员之"舌人"，自兼习英、德、罗马、拉丁各种文字，并升驻德、驻法参赞，代理驻法公使兼比、奥、丹、荷四国参赞。又曾以法文译中国礼教并《聊斋志异》等书刊于巴黎。王松

---

① 连横：《雅堂文集》，《台湾先贤集（八）》，台湾中华书局 1971 年版，第 4988 页。

《台阳诗话》称："季同尝游历西洋，深悉外务；刘省三治台时，延为幕宾，凡与洋人交涉皆任之。乙未，台湾改立民主国，即陈季同先生所建议也。"①时唐景崧无坚守志，遽遁，季同率驾时、斯美等四轮船赴两江呈缴。在此前后，季同还协助李鸿章办理洋务，在治水、理财等方面时有卓见。②

陈季同较早接触西方，具有世界性的眼光，对于西方文明有相当的了解，因此对国内事务持革新派（陈季同称之为"民主派"）立场。他写道："在实际政治事务中，我们也存在着民主派和保守派。一些人总是守着本朝的古老传统，根本不愿向革新精神做任何让步……我们的民主派认为他们正在按照民众可能有所收益的方式推动着人民大众的利益……这些民主派人士都承认这样一个原则，有利于民众的就是好的。在许多情况下，他们不会以慎重为由反对改革，而保守派则认为旧的秩序神圣不可侵犯。"③

陈季同对于文学也持开放的态度。他曾对曾朴说："我们现在要勉力的，第一不要局于一国的文学，嚣然自足，该推扩而参加世界的文学……入手方法，先要去隔膜，免误会。要去隔膜，非提倡大规模的翻译不可，不但他们的名作要多译进来，我们的重要作品，也须全译出去。要免误会，非把我们文学上相传的习惯改革不可，不但成见要破除，连方式都要变换，以求一致。然要实现这两种主意的总关键，却全在乎多读他们的书。"④后来的辜鸿铭和林纾，正分别承担了将中国的文学作品"译出去"和将外国文学作品"译进来"的任务。而关于改革旧有习惯的说法，已见文学革命的端倪。

林纾（1852—1924），字琴南，号畏庐，福建闽县人。他出身贫寒，父亲因办理盐务船触礁沉没，赔尽家财，只身前往台湾谋生。1867年至

---

① 王松：《台阳诗话》，台湾文献丛刊第34种，"台银"1959年版，第55页。
② 摘录自陈衍：《福建通志列传选》，台湾文献丛刊第195种，"台银"1964年版，第303—307页。
③ 陈季同：《中国人自画像》，贵州人民出版社1998年版，第52—53页。
④ 《曾朴谈陈季同》，陈季同《中国人自画像》，黄兴涛等译，贵州人民出版社1998年版，第307页。

1869年和1878年10月至同年岁暮，林纾曾两度寓台。第一次16岁时，林纾到台湾探望父亲，并协助父亲经商，18岁返回福州结婚。第二年父亲病重辞世，林纾从此挑起家庭重担。台湾经历似乎给林纾留下了深刻的印象。他的小品、小说中，不乏写台湾事情的，如《牛三》《请旌有夫节妇》《蓝鹿州先生》《台湾蛊毒》《阿脂》《腰杆》等。1914年他在《贺林尔嘉四十寿辰》一诗中，还提到了"四十年前过板桥"的事情。

作为福州人，林纾有着鲜明的闽人性格和气质。如从小立大志，苦读圣贤书。外祖母所谓"孺子不患无美食，而患无大志"的教导，让林纾永铭在心。而小时在叔父箱子里发现的《毛诗》《尚书》《左传》《史记》等，更使他沉迷其中，手不释卷，甚至以"读书则生，不则入棺"为座右铭。这为林纾打下了坚实的中国传统文化的基础。林纾的启蒙老师薛则柯那满腹经纶、落魄穷困却不媚权贵，绝意官场的耿介、傲岸品格，也对林纾有深刻影响。此外，林纾狂放不羁，我行我素，不拘小节，疾恶如仇，却极重义气，对朋友忠贞不贰、一诺千金等，也极富闽人的个性特征。

林纾有此性格，又生活于中国内忧外患、动荡变革的时代，其家乡福建在这一时代变革中首当其冲，因此必然对民族前途命运多所思考。马江战役我国海军惨败，林纾和好友周莘仲（亦为台湾诗人）拟好状词，英勇无畏地在钦差大臣左宗棠马前拦路递状，上告当时主持军务者谎报军情、掩盖真相。其友人兴化知府张僖称："畏庐，忠孝人也，为文出之血性。光绪甲申之变，有诗百余首，类少陵天宝乱离之作。逾年，则尽焚之。"[①] 甲午战争后，时在北京的林纾与乡人陈衍等，向朝廷上书，抗议日本侵占我领土。他常与友人聚会，每议论中外事，慨叹不能自已，于是仿照白居易，以浅显直白的形式写下32首"新乐府"，并一改以前藏之箧中的谨慎，将它们付梓，成为林纾正式出版的处女集。这些"新乐府"既有忧国忧民、启发民智、变法维新、救亡图存、突破传统旧观念的思想内涵，甚至在艺术形式上也为后来文学革命时期的白话诗开了

---

① 张僖：《畏庐文集序》，林纾《畏庐文集》，《民国丛书》第4编第96册，上海书店1992年版。

先河。如自注为"激士气也"的《国仇》具有较宽广的国际视野，看出西方列强和日本联手瓜分中国的图谋，将波兰、印度作为前车之鉴，这与时人不满日本、却对西方列强存有幻想，可说高出一筹。又有《渴睡汉》，主旨在批评中国官员自高自大，故步自封，说明不应闭关自守，对于西方好的东西，如先进的科学技术，也应加以学习，才能自强自立。诗中写道：

> 渴睡汉，何时醒？王道不外衷人情……奈何大老官，一谈外国先冲冠……我闻西人外交礼数多，一涉国事争分毫。华人只争身份大，铸铁为墙界中外。挑衅无非在自高，自高不计公家害……若果赵家能自强，汴梁岂受金人踏……奉告理学人，不必区彝夏。苟利我国家，何妨礼貌姑为下。西人谋国事事精，兵制尤堪为法程。国中我自宗王道，参之西法应更好。我徒守旧彼日新，胁我多端气莫伸……

又有《兴女学》一诗，对比了西方和中国在女子教育方面的差异，指出女子受教育乃关系着子女的素质和国家的盛衰。中国传统观念轻视妇女及其教育，将造成极其不良的后果。而西方在这方面，有其可资借鉴之处。这首诗或许可与林纾的短篇文言小说《谢兰言》合起来阅读。小说描写的是台湾兵备道韩元化的独生子韩子羽与广东富商之女谢兰言两位出洋留学生自由恋爱的故事。小说塑造了得风气之先，走在时代前列，率先接受西方文化，懂得尊重女性的人物形象，特别是热情活泼而又稳重矜持的女留学生的形象。而他们的出现，与闽粤台等地率先受到欧风美雨的吹拂有关。根据小说中"时台湾新辟埠"以及提到1866年设立的马江船局等语，知此事大约发生于19世纪60年代末，正值林纾首度寓台时，当时就听到此故事，几十年后才写成小说，可见其印象之深。或者说，林纾当时在台湾，就已注意到留学西洋以及女子就学等事，并持认同的态度，后来维新变法时，更有了"兴女学"的疾呼和"群贤海上真先觉"（《兴女学》中的诗句）的感叹。

当然，林纾最大的贡献在于与精通法文的闽县人王寿昌（台湾著名小说家王文兴的祖父）合作，至少翻译了英、美、法、俄、德、日、比利时、瑞士、希腊、西班牙、挪威等11个国家98位作家的163种作品（未包括未刊作品）。林纾译书的动因，和当时中国先进的知识分子一样，是向西方国家寻找先进的精神武器。他称："恨余无学，不能著书，以勉我国人，则但有多译西产英雄之外传，俾吾种亦去其倦敝之习，追蹑于猛敌之后，老怀其以此少慰乎！"①对于欧西文化推崇人的自然情感之特色的敏锐艺术感知和倾心，使他超越了他所信奉的程朱理学，翻译了像《茶花女》这样未必符合儒家伦理道德的言情小说。由此可知，林纾在中国近代文化变革中，也曾站在时代潮流的前列。而这与他身为闽人，有较多的机会接触外来文化信息有关。

严复（1854—1921），字又陵，又字几道，福建侯官人。严复由于翻译《天演论》，鼓吹自强保种，而有"近代中国思想界的盗火者"之称。严复自幼诵读中国的经书典籍，打下深厚的国学根柢；又因家贫13岁便考入福州船政学堂，学习英文、算术、几何、代数、三角、微积分、电磁学、光学、音学、化学、地质学、天文学、航海术等众多西方近代自然科学课程，毕业后上"扬武"号军舰实习5年，其间更经历了1874年日本出兵台湾事件，目睹日本以"区区岛夷"藐视中华的现实，自然对船坚炮利深有体会，并受到从船政学堂起就浸渍其中的"强兵御侮""借法自强"等思想氛围的强烈熏染。25岁时，严复作为清政府派出的第二批留学生，赴英留学近3年，除了英文和西方近代海军知识外，还广泛阅读了西方哲学、政治、经济、法律、社会学等著作，对西学"黜伪崇真"的求真实用、政法"屈私为公"的求公利众，以及中西国民素质在智、德、力上的差别有深刻的印象。②正是这种认知，使严复能在当时中国士大夫看到的只是"坚甲利兵""声光化电"，国内的空气不外是"中学

---

① 林纾：《剑底鸳鸯·序》，林薇选注：《林纾选集（文诗词卷）》，四川人民出版社1988年版，第192页。

② 黄顺力：《严复与辜鸿铭文化心态的比较》，《严复与中国近代化学术研讨会论文集》，海峡文艺出版社1998年版。

为体，西学为用"一类论调的情况下，独辟蹊径，转而翻译介绍西方的政治、经济等学术思想和学说，为国人打开了思想启蒙的大门。他所译《天演论》中传达的进化论思想和自强保种精神，还深深影响了连雅堂、施士洁等台湾文人。

二、还原"他者"的本真面貌

然而众所周知，这几位主张开眼看世界、在中西文化交流中做出了突出贡献的福州文化人，同时又对中国古老传统情有独钟，有的甚至在晚年成为对抗新文化运动的著名"保守派"。陈季同对中国传统文化怀有深厚的感情，而这与他在西方的所见所闻有关。如同辜鸿铭发出"我不知西人之学，亦无以知吾周孔之道之大且极矣"①的议论一样，陈季同宣称："对现代文明了解得越多，我就越爱我们中国古老的制度，因为只有它真正实现了其所允诺的东西——和平与平等。"②在其《中国人自画像》《中国人的娱乐》等著作中，他不无自豪地向西方人介绍中国的传统文化，为当时中国的社会习俗和制度（甚至包括父母包办婚姻、纳妾、科举制度等现在看来存在弊端的社会习俗和制度）加以辩护，流露出对中国传统文化的倾心和热爱。

尽管中国的存立、富强始终是严复至死不移的追求，但从戊戌变法后，其思想逐渐趋于保守。1913年，严复带头发起组织孔教会，推崇四书五经、孔孟之道，提倡读经，抨击卢梭《民约》"其本源谬也"，宣称"拟草《民约平议》一通，以药社会之迷信"③。政治上，他成为拥立袁世凯之"筹安会"成员，对五四运动也极为反感。晚年他称："老夫年将七十，暮年观道，十之八九殆与前不同。以为吾国旧法断断不可厚非。"

① 辜鸿铭：《读易草堂文集·广学解》，黄兴涛等译：《辜鸿铭文集》（下），海南出版社1996年版，第233页。
② 陈季同：《中国人自画像》，黄兴涛等译，贵州人民出版社1998年版，第48页。
③ 《严复致熊纯如书札》，王栻主编：《严复集》第2册，中华书局1986年版，第333页。

他临终有遗嘱："中国必不灭，旧法可损益，而必不可叛。"①

　　同样的，到了五四新文化运动时期，林纾也成了封建复古派的代表，迂腐的卫道老人。他指斥新文化阵营"覆孔孟，铲伦常"，破坏礼法、国粹等。有论者指出："尽管林纾在变法维新的意识上是充满活力的，但就其所承担的文化源流来看，却没有随着时代运动本身发生明显的变化，他所尊奉的依然是程朱理学……他是在恢复和维护正统的前提下抨击时弊的，而并非想彻底抛弃自己所尊崇的既成经典规范。"②这样的说法有一定的道理。但也许不够有力，因为很难说清为何"尊奉程朱理学"这一点是始终不变的，但前后对待新事物的态度却有了180度的翻转，特别是早期对于"兴女学"之类新事物的热心；而单单归咎于"所承担的文化源流"没有变化这一主观原因，恐怕也不够完全。因为这些福建文化人的转趋保守，显然还有其他的缘由，特别是来自外部的客观的原因。

　　那这些原因又是什么呢？笔者以为，首先，与西方人视中国人、中国文化为"他者"，不了解甚至充满了偏见有关。这在陈季同的经历中表现得最为明显。旅居欧洲10年，陈季同发现中国是世上最不为人所知的国家，或者说是对其认知被扭曲了的国家。西方人对中国并不缺乏好奇心，一切来自中国的东西都格外吸引人。一个微不足道的小玩意，如一只透明的小瓷杯，甚至一把扇子，都会被视作稀世珍品。"从这种好奇和惊讶来看，人们可能把我们中国人想象成了一种被驯化了的类人动物，在动物园里表演着各种滑稽动作。他们总喜欢将我们置于幻灯之中。我们完全了解这种通常都伴随着展览的所谓真实描绘意味着什么。在展览中，中国人的形象大如屏风上画着的人物，小如糖浆上浮着的梅干，这就是四万万中国人？他们对中国这块土地的了解仅限于此！"在逐渐了解了西方人对中国的看法后，陈季同惊愕不已。在欧洲，他不仅常常被问及一些极为荒谬可笑、愚不可及的问题，而且发现，甚至那些自称要描述中国的书籍也谈到了许多怪诞不经的事情。如说中国人是习惯吃狗

---

　　① 严家理：《严复先生及其家庭》，《福建文史资料》第五辑，福建人民出版社1981年版，第88页。
　　② 冯奇：《林纾》，中国文史出版社1998年版，第11页。

肉的，中国人拿蛇卵、烤蜥蜴招待客人，中国人实行多妻制，中国人把孩子送给一些动物当食物，"对诸如此类的谬见义愤填膺是无济于事的，唯有摆出充足的事实，它们才会不攻自破"。

陈季同很快认识到，错误的形成来源于偏见。陈季同写道："没有什么东西比旅行笔记更为不完备和不可靠的了：对旅行者来说，第一个遇到的傻瓜往往就代表了一个民族的众生相。一个失去了地位的流浪者的一番谈话，很可能被当作宝贵资料。""旅行者碰上一个大块头，会在小本上记上：'这个遥远国度的人身材很高'，反过来，如果他碰上一个矮子，则写道：'在这个国家，人们只见到矮子，就像到了格列佛笔下的矮人国。'对风俗的记载也是一样。看到一种溺婴的情况，笔记本上决不会放过：'这些人真野蛮！'"陈季同还指出某些西方人对中国的描绘，出于敛财的目的："旅行尚未进行，而书已经写好。原因很简单，旅行的目的就是出书。只求弄出300页的印刷品，管它真实不真实！相反，为了书好卖，其中还必须掺些调味的佐料，诸如奇闻、恐怖、社会罪恶、恶意的诽谤或令人作呕的细节等。"在这种情况下，"所有这些笔记都将因此受到致命错误的歪曲和污染，毫无真实与准确性可言"。[①]

作者宣称写作本书的目的，就在阐明真相，纠正偏见："我打算在这本书中实事求是地描述中国——按照自己的亲身经历和了解来记述中国人的风俗习惯，但却以欧洲人的精神和风格来写。我希望用我先天的经验来补助后天的所得，总之，像一位了解我所知道的关于中国一切的欧洲人那样去思考，并愿意就研究所及，指出西方文明与远东文明之间的异同所在。"在书中，作者将与其读者结伴而行，"我介绍他认识我的朋友，让他分享我们的快乐。我会向他打开我们书籍的世界，教他掌握我们的语言，熟悉我们的风俗习惯。然后一道去各省旅游。一路上我们将用法语、英语和德语闲聊，谈论他的祖国和那些等待他归国的人。我们一起谈诗论赋，度过寂静明月之夜，聆听我们的诗歌那和谐的韵律，

---

① 陈季同：《中国人自画像》，黄兴涛等译，贵州人民出版社1998年版，第3—4页。

他会感到心荡神摇，如痴如醉"。如此，"然后他会对我们的文明产生好感，并在弥漫于其中的高尚和公正之中找到愉悦。如果他想找出某些事情来加以批评，则会铭记：这个世界上本没有完美无缺的东西，我们必须永远寄望于未来的改进"。作者这种以钢笔而非以毛笔来写的方式（意即用外国文字，"以欧洲人的精神和风格来写"），以及要向西方人介绍中国文明，使西方人感受中国文化的魅力，改变对中国的偏见的初衷，深深规范着本书的内容。

在《中国人自画像》中，作者介绍了"中国人的家庭生活""宗教和哲学""结婚""离婚""妇女""书面语言""社会阶层""报刊与舆论""史前时代""谚语和格言""教育""祖先崇拜""育婴堂""劳工阶级""诗经""娱乐""欧洲社会""古典诗歌""东方和西方""福州船政局"等。关于家庭，作者介绍说："在中国，有五条基本原则通过教育形成和保证了家庭关系的纽带，即：忠君爱国，孝敬父母，夫妻和睦，兄友弟恭，朋友有信。"并逐一详细介绍了这五个方面的内容。关于中国的宗教，作者写道："在中国，'士'这个阶层代表文化最高层次，它有自己的宗教，就是儒教，更确切一点地说是孔子的哲学。他的教义奠定了儒家学派的基础，它只阐明道德准则，而不涉及人类命运和神性的纯理论思辨。"这里对于中国儒教和西方宗教的根本区别，有很精辟的认知，这在当时是很难得的。

在书中，陈季同不时对西方人对于中国的偏见加以反驳。如《中国人自画像·离婚》一节中，对于欧洲许多关于中国对不贞妇女施加惩罚的谬论，包括小仲马的言论，加以驳斥。小仲马的《离婚问题》中写道：在Tonquin和中国，不贞洁的妇女会受到菲利娅（半人半马chrion的母亲）的惩罚。惩罚之后，一只专门训练用来执行死刑的大象会用鼻子将那个女人卷起，举到半空再摔下，然后踏碎。"我很高兴，这段话可以作为反驳自身的证词，其荒唐无稽超过了其可能性。从这个例子也可以看出西方人是如何描绘我们的行为和风俗的。事实上，中国的大象比法国还要少。北京或许还有二三只这种稀罕之物放在动物园里供人观赏。不过把中国描绘成一个野蛮的堡垒，正是一种时尚：如果世界上有野蛮不人道的风俗——猜猜在哪？当然在中国！"

然而，不可否认的，陈季同《中国人自画像》中也不乏对中国文化的溢美之词。如谈到中国人的婚姻习俗时，他宣称：中国女子出嫁不需要嫁妆。阿巴贡的豪言——"不要嫁妆礼"——在中国毫无意义。中国妇女没有继承权，金钱和她们没有关系，这"的确是中国最幸运、最明智的一种安排。它使得金钱婚姻无法存在"。中国和西方的区别在于：中国父母在儿子婚前要了解媳妇家的名声，打听姑娘的品行。西方人则要考虑嫁妆的多少以及能期望得到什么——对方亲属去世后能得到多少遗产。精确计算后一汇总，婚事就定下了——天作之合。陈季同将西方的婚姻称为"金钱婚姻"，认为之为对妇女的"最大侮辱"，宣称西方妇女不仅允许自己被人购买，甚至还常常大胆地出卖自己。婚姻在西方很脆弱，离婚经常出现，而中国的婚姻则要牢固得多，夫妻恩爱在中国备受尊崇。①这里所谓的"金钱婚姻"以及妇女被卖的情形，在中国也是普遍存在的，女性出嫁时备办嫁妆也是常见的，尽管穷人家可能备办不起嫁妆。作者这里的述说，难免有文过饰非之嫌。

又如，在有关妇女的话题中，作者表示要澄清将中国妇女视为"可怜的生物"的想象。针对中国妇女因缠脚几乎不能走路的说法，陈季同宣布："中国妇女和你我一样走路，她们甚至能踮着小脚跑动。"又称："增进女人的幸福是我们传统。"关于男女差别教育，陈季同认为这是顺应了自然法则："我们认为深奥的学问对于女人是无用的负担，这并不是羞辱她们，认为她们学习艺术和科学的能力比男人差，而是因为学问会使她们误入歧途。女人无须勤学以求完善：她们天生完美，学问既教不了她们优雅，也无法传授给她们温柔——而优雅与温柔正是大自然赋予女性、为家庭带来乐趣的两大法宝。关于纳妾，陈季同美其名曰："合法的情妇。"欧洲男子虽不可纳妾，但找情妇相当容易和普遍，"正人君子的面纱掩盖之下的欧洲人犯了更大的罪恶——私生子被抛向社会以

———————

① 陈季同：《中国人自画像》，黄兴涛等译，贵州人民出版社1998年版，第28—29页。

后，身上带着无法抹去的污点，无依无靠。我认为这些罪恶比纳妾制的残忍更加深重。而在中国，我们的社会制度最关注的是下一代的前途，人丁兴旺本身就是家族的荣耀。在这种制度下，非婚而生的孩子散居在外便违背了传统习俗。纳妾制就是为此而设，这样男人就没有借口出外猎奇了"。①陈季同由此断定，纳妾制巩固了婚姻的牢固性。

此外，作者还对中国的科举制度大加赞扬，称："我们的祖先洞察人心，明智地创立了这一套制度，它值得全人类的景仰，人类应该感激他们。"②陈季同断然否认中国有大量溺婴现象，将之称为在西方不断"撒谎"而变成"真理"的"谣言"，并认为中国农村收养童养媳、买卖女仆等，是一种"躲避贫困，保护女婴"的办法——"被卖的孩子由购买的家庭抚养，成为这个家庭的帮佣，直至她们长大成人。然后给她们订婚，让她们出嫁，成为自由人。这些买来的女孩能够获得女性可以得到的任何权利，她们的出身并不成为使其蒙羞的污点"。陈季同称："这些习俗使无数的家庭获益，促进了人丁的兴旺，我们必无保留地予以继承。"③当然，陈季同对中国文化中部分负面因素的赞扬或掩饰，是与作者的写作目的相关联的，我们应可相信作者的说法，这样做是出于"对自己祖国的偏爱"④。

《中国人自画像》中有《娱乐》一节，后来陈季同又写了《中国人的快乐》一书。如果说他的《中国故事》一书主要突出了中国人生活的日常细节，《中国人自画像》一书中描述了中国人的政治习俗与社会习俗，那《中国人的快乐》主要为描述中国人的小型公共节庆和私人的消遣娱乐，"就此书名而言，它属于人类学范围。实际上，它描写的是一系列种族现象：游戏、仪式、节庆"⑤。

值得一提的，是陈季同指出了此种"游戏"中含蕴的深沉的文化意

---

① 陈季同：《中国人自画像》，第36—37页。
② 陈季同：《中国人自画像》，第48页。
③ 陈季同：《中国人自画像》，第84页。
④ 陈季同：《中国人自画像》，第6页。
⑤ 陈季同：《中国人自画像》，第171页。

蕴。他说道："我们的喜悦和表现的方式，如果不是我们之中的自我的表达，还能是什么呢？当整个民族在他们的节日里以一定的方式欢庆时，这难道不是在提供一种民族良心的图画，一种对其最可贵的渴望与向往的概括吗？"①这就将游戏、娱乐与民族特性连接起来。《中国人的快乐》一书大约分为10章，每一章又有若干小标题。如《宗教和世俗的节日》一章介绍了龙舟赛、中秋节、灯节、双星节、花节、元旦、过年、仪仗队、佛教徒的庄重等；《乡野之乐》包括漫步与朝圣、沐浴、风筝、灯船、园艺、狩猎、垂钓等项内容；《永恒的女性》含：爱美之心、扇子、著名的美人、半上流社会的女子等；《正经之乐》包括：学生、赛诗、艺术家、弈棋；《餐桌上的快乐》包括饮酒之乐、茶会、筷子、菜肴；《灵巧招术》包括魔术、招魂、骨相学和手相学；《各种游戏》包括：东方的射戏、烛台、毽子、钱币；《赌博》包括纸牌、抽彩；《公共娱乐》包括戏剧、斗动物等。

在闽台文人中颇为流行的击钵吟，也被陈季同归入中国人纯洁天真的"正经之乐"中，向西方人介绍，"在文人圈里极讲究的娱乐中，作诗最受人喜爱"，他们不从事那些欧洲喜欢玩的娱乐活动，"当他们有空闲的时候，就轮流在各自的家里把朋友们聚集起来，一心一意进行诗歌比赛。因为中国没有公开的招待会和政治集会，也没有讲演会；于是，文学就成了人们的精神得以自由驰骋的唯一方式"②。这是一种具有竞技性质的集体活动。每位参赛者到场后，先抓阄选出"考官""抄写员""考生"等。一名考官随意翻开书的某一页，另一位考官任意指定一个行数，由此确定一句话、一个短语或一个字作为赛诗的题目。题目一公布，人们在桌上放一个考箱，上面栓一只铃，铃绳的一头有一根燃烧的香。半小时后，香燃断小绳，铃掉下来，发出一声铃响，比赛结束。抄写员拿出所有放入箱中的纸条，把个人的诗抄在同一张纸上，交给考官，以保证匿名评选。当考官选好后，他们便把阳台当作讲台，站在上面吟诵那些被评为最佳的诗歌。发完奖品，比赛更换考官后重新开始，直到晚上

---

① 陈季同：《中国人的快乐·序言》，《中国人自画像》，第171页。
② 陈季同：《中国人的快乐·正经之乐》，《中国人自画像》，第238页。

举行晚宴并结束聚会。①所写的诗有一定的规格,有的规定诗题上的字要分别嵌在诗句的某一位置,有的在对偶、押韵上有特殊要求,因此分为有凤顶格、燕颔格、蜂腰格、鹤膝格、凫胫格、雁足格、魁斗格、蝉联格、鹭拳格、八叉格、分咏格、笼纱格、晦明格、鼎足格、碎锦格、流水格、双钩格、唾珠格、柳暗花明格、鸢肩格等。②这么多的"花样",加上该社钟会规矩甚严,不许携带任何参考书籍,包括《辞源》亦禁止查阅,颇有短兵相接的味道,显然给"游戏"增添了许多刺激性和趣味性,令游戏者忘却诸多烦恼。

陈季同所以津津乐道于这些士大夫的游戏,是因为作者要向西方展示中国文化之宝。所有这些归结于全书的结尾——达观者之乐。在作者心目中,这或许就是中国文化的精髓。书的最后是作者引用一位"快乐的思想家"的一段话:

> 我不会为了显赫一时而毁誉终生,而更喜爱在闲暇之时,点燃小桌上的香炉,在桌前通过书来跟古圣贤对话。人们从中将找到比表面的快乐更令人着迷的坚实的快乐。任何人都能将他所看到和感觉到的东西写下来,而这并不花什么钱。诗歌、音乐、美女,都能在这些令人赞叹的篇章里听到和看到。要我风尘仆仆再到那使人忘却人格的地方,到那金钱主宰的地方去奔忙,又有何益呢?③

陈季同这样不无自豪地向西方人介绍中国的传统文化,为当时中国的社会习俗和制度加以辩护,流露出对中国传统文化的倾心和热爱。很显然,尽管陈季同对于中国传统文化的不无溢美之词的介绍,但这是有针对性的,即针对着西方对于中国的某种刻板印象。或者说,陈季同在一百多年前,就认识到跨文化交流中存在着某些盲点,由于误读、误解,

---

① 陈季同:《中国人自画像》,黄兴涛等译,贵州人民出版社 1998 年版,第 238—239 页。
② 参见陈世庆:《台湾诗钟今昔》,《台湾文献》第 7 卷第 1/2 期,1956 年 6 月。
③ 陈季同:《中国人的快乐·结尾》,《中国人自画像》第 291 页。

更加深了西方将东方视为"他者"的偏颇。为此，陈季同自觉地担当其向西方人介绍中国，以期增进了解，避免冲突，促进东西方交流的责任。

三、亡国危机产生的忧虑和戒心

　　然而陈季同的情况比较特别，因为能够担任外交使节出使西洋的毕竟是少数，更多的人只能面对和承受着内忧外患的本国时局的发展。从洋务到维新等中国近代改革运动，在闽台都有较长时间、较大力度的施行，其利弊缺陷，也有较明显的暴露，为人们所感受和认知。这或许也是闽台人士趋于保守的原因之一。辜鸿铭就曾批评洋务派大臣"但论功利而不论气节""但论材能而不论人品"[1]，指出他们操纵国家大权，假公肥私，口头上为了国家，实际上只考虑怎样从办洋务中捞油水，洋务运动成为许多官僚借以发财的机会；地方督抚各拥兵自重，"将士各为其领兵统帅，临阵必至彼此不相顾救"，"中国未经外人瓜分，而固已瓜分矣"[2]，为此他认为在此中国危乱之世，首要任务是坚持仁义之道以重振纲纪。无独有偶，丘逢甲为丘炜爰《菽园赘谈》所作序文，别出心裁地就"赘"字加以发挥，矛头也对准了中国近代变革中产生的一些弊端。他写道：

　　　当今天下而谈赘，则又何者非赘？三公九卿，翊天子治天下者也，今知政者仅权要数人，其他虽和战大事若罔闻焉，则大臣赘……中土吾土也，而公地焉，租界焉，捕房焉，船坞焉，矿地焉，山藏江堑，不敢自闬，环起要挟，予取予携，盖呼喝所加，无求而不得也，则主权赘……平等立约，与国所同也，独至吾国，不能从同，届期而修，只益彼而吾愈损，则约□赘……征税，吾自有之权也，而若或限焉，且非客卿，若即不能集事，则关政赘……讲制造者，历年成世，若人若物，仍事借材，言式则我旧而人新，言用则人利而我

---

① 辜鸿铭：《张文襄幕府纪闻·清流党》，《辜鸿铭文集》，岳麓书社1985年版，第8页。
② 辜鸿铭：《张文襄幕府纪闻·夷狄之有君》，同上书，第33页。

钝，糜以巨款，而但益虚费也。假以雄职，则只资盘踞也，则船政赘……陆师步伐，犹拾人唾余而不克自治，是旧额之靡新募之嚣，固未得整齐以理也，乃以陆将用长海军，甲船炮艇，不游历保商民，而以迎送奉大吏，南军北军，时而不联，仓卒遇战，陆溃而海亦败，或树降幡焉，用是重为天下傻笑，则兵政亦赘……是故今日而不谈则已，今日而谈赘，固天下有心人所同痛哭流涕长太息而不能已者也……①

从文中可看出，丘逢甲对于主权、民主等概念以及船政、兵政等近代科技的新事物，有着相当的了解，但他却从中敏锐地感受到了某些弊端，认识到中国单纯进行物质层面的"近代化"，并无法摆脱西方列强的欺凌，特别是拾人唾余，步人脚踵，人新而我旧，人利而我钝，永远无法走上富强之路。这种认识与固有的民族意识和传统文化修养相叠加，使他们对西方思潮和文化存在着严重的戒心，难以完全认同，进而采取对抗的姿态，也是很自然的。

虽然丘逢甲、辜鸿铭等并非福州人，但他们的感受应有普遍性。面对甲午战争后的中国处于维新变革、帝制瓦解的社会急剧变动时期，有些人特别是台湾文人，采取了比较积极的态度，甚至不同程度地融入祖国大陆的民主革命洪流中。以《剑花室诗集》《台湾诗乘》《台湾通史》等众多著作成为日据初期台湾最重要传统诗文作家的连横，即一明显例子。除了连雅堂外，蔡惠如更试图将祖国大陆的民主革命和新文化运动引入台湾。台中清水人的蔡惠如在日据初期变卖家产，内渡福州经营渔业。民国初年，来往于福建、东京、台湾之间，从事反日活动。1919 年在东京时参与组织"声应会""启发会""新民会"等，并在经营的事业失败、经济十分拮据的情况下，慨然捐出原拟带回福州的 1500 元筹办《台湾青年》，成为启发民智、开拓台湾新文化运动的先驱。

---

① 转引自松筠：《丘逢甲谈"赘"》，永安《龙凤》月刊第 1 期，1945 年 4 月，第 51 页。另汪毅夫《福建近代诗人在福建》第 38 页"首引"。

然而并非所有人都采取这种积极的态度。很多人面对混乱时局，只能徒呼无奈，内心隐藏着极大悲愤，却无从发泄，于是"躲进小楼成一统，管他冬夏与春秋"（鲁迅《自嘲》诗句），以消极的方式对抗之。安溪人林鹤年幼年时曾随父亲渡台，1892年再次渡台，承办茶厘船捐等局务，出入林时甫、唐景崧幕中。当时有所谓"无福不成衙"的说法，林鹤年也得以结交了福州许多诗文朋友。乙未内渡后林鹤年的许多诗作，即反映了他与在福建的"榕江旧友"如林琴南、郑星帆、王贡南、翁安宇、郭宾石、林仲良等的生活及相互交往的情况。《偕六弟重游榕江访翁六安宇兼视各友》诗中有云："兄弟天涯感，宾僚旧雨贤。江山闲觅句，风月不论钱。劳燕浮生计，相期共济川。"又云："城郭访无诸，先生尚草庐。法音恒渡海，宦贵卜充闾（安宇住法海寺宦贵巷）。哀乐中年酒，行藏万卷书。多君劳问讯，岛国近何如？"写的是一群劳燕分飞、落寞天涯的台北时旧友重聚一堂，仍不能忘怀于台湾，频频问讯台湾近况。另一位台湾内渡诗人施士洁也有《同学谢石秋茂才小聚荔园，时将由闽之沪，以诗录别，次韵送之》诗云：

> 榕荔城园话梓桑，匆匆琴剑去程长。了无干净中华土，剩有凋零大雅堂！乱世壮夫争逐鹿，穷途文士耻求凰。老瞫一掬临歧泪，权当离杯泛夜光。

又有《元夕》一诗，作于割台十年后的乙巳年（1905）元宵节，言简意赅，颇为感人：

> 杀气辽阳正渺漫，鹭门佳节醉乡宽。须眉落拓愁中见，骨肉团栾劫后难！浮白何人同领略？栖鸟与我共酸寒。可怜十度灯宵月，不同瀛南故国看！

该诗写的是日俄两国在中国的土地上展开分赃之战给中国人带来的苦难。当年中国不仅有外患，还有内乱，军阀混战，使得闽台文人们因此消沉、沮丧，郁郁寡欢。他们当中有的躲入酒乡，借酒浇愁。有的隐遁山林，自甘穷愁潦倒。林琴南在为福州籍的台湾诗人周莘仲的遗诗出版作序时写道："嗟夫！宿寇门庭，台湾今非我有矣。诗中所指玉山金穴，一一悉以资敌。先生若在，徒能为伯翊之愤耳，究不如其无见也。余杜门江干，以花竹自农，一锄之外了不复问。今校阅先生遗诗，感时之泪坠落如线，愈念先生于无穷矣。"① 正是这种处境和心情的写照。有了这段"一锄之外了不复问"的经历，心灰意冷，不复有改革的热情，思想转向保守，是有其可能性的。

不过更主要的原因，笔者以为还在于闽台人士在近代异族入侵中首当其冲的历史际遇中。这种际遇使他们对于外来侵略有着刻骨铭心的感受，从而也产生了强烈的担忧、焦虑和戒心，同时也对他们所认为的民族存亡的根本——中国文化传统——有了誓死维护的决心。晚年转趋保守的严复在《读经当积极提倡》中写道："大凡一国存立，必以其国性为之基。国性国各不同，而皆成于特别之教化，往往经数千年之渐摩浸渍，而后大著。但使国性长存，则虽被他种之制服，其国其天下尚非真亡……独若美之墨西、秘鲁，欧之希腊、罗马，亚之印度，非之埃及，时移世异，旧之声明文物，斩然无余。夷考其国，虽未易主，盖已真亡。""中国之特别国性，所赖以结合二十二行省，五大民族于以成今日庄严之民国，以特立于五洲之中，不若罗马、希腊、波斯各天下之云散烟消，泯然俱亡者，岂非恃孔子之教化为之耶！"② 这种"但使国性长存，则虽被他种之制服，其国其天下尚非真亡"的思想，使得中国传统文化因为这成为他们在深重的亡国危机中最后的寄望所在。他们没有认识到要避免中国的沦亡，需要自强自立，而中国落后的重要原因，在于封建帝制的腐败和思想文化的落伍，需要新的思想文化来加以冲击才有可能获得新的生机，这有着历史的局限，也是他们作为闽台人士的特殊遭遇和感受

---

① 林纾：《周莘仲广文遗诗引》，李家骥等整理《林纾诗文选》，商务印书馆1993年版，第110页。

② 严复：《读经当积极提倡》，王栻主编：《严复集》第2册，中华书局1986年版，第330页。

所致，如此才能理解为何近代中国的从"革新派"转变成"保守派"的著名文人中，这么多是闽台人士特别是福州人。总之，对于国家、民族存亡的强烈危机感，是他们很难接受"全盘西化"之类的主张，而表现出坚守传统的较为保守的文化性格的重要原因。

从严复的"三民"思想到孙文的"三民主义"

杨济亮

摘 要 福州船政学堂培养了中国现代第一位思想家——严复,他在维新运动中成为理论先锋,不仅提出了"三民"的思想,而且传播了西方社会进化论;当戊戌维新失败之后,孙中山先生坚定地走上了革命道路,不仅提出了"三民主义",而且通过辛亥革命,推翻了封建帝制,建立资产阶级民主共和国。两个伟大人物关于中国现代化道路的理论既有联系,又有侧重。研究他们的思想,对于今天中国的社会转型依然具有启示价值。

关键词 严复 三民 孙中山 三民主义

在沈葆桢主持下,船政学堂仅保留部分传统,挣脱封建的科举制度的束缚,大刀阔斧地进行一系列有效的教育改革,以自然科学、近代技术为主课的引进西方学制、课程、教材、教法和管理,聘请洋教习,派遣留学生,这种教育是中国亘古未有的,成为近代中国教育改革的一面旗帜。然而,船政学堂培养的留学生在社会科学上的贡献并不亚于自然科学。由于清王朝的腐败,沈葆桢的"以夷制夷"的目的并未达到,反而在甲申、甲午之后败给外国侵略者。而沈葆桢担心的"外国之习气变中国之性情"却在留学活动中不可避免地发生了,而且西方的政治、经济、法律等思想逐渐引进中国,开始触动中国先进知识分子的精神,其中当以严复的"天演"思想对戊戌维新、辛亥革命乃至新文化运动都有着深刻的影响。本文主要考究严复"三民"思想与孙文"三民主义"之间的联系。

一、船政学堂培育了中国现代第一位思想家

严复是船政文化培育出来的杰出人物，他13岁考入福州船政学堂，23岁派赴英国留学。严复在英国留学时，除了在格林尼茨海军学校学习外，还对资本主义国家的社会组织和各种资产阶级社会政治理论产生了浓厚的兴趣。他认为自然科学是富强之基，经济学与哲学是立国致富的主要理论依据。他挤时间阅读西方资产阶级理论家的名著，研究进化论，考察封建专制统治和资产阶级立宪政治的根本区别。通过接触资产阶级文明，开始领悟到"西洋学术之精深"，萌发了改造中国社会的愿望。他回国后先后在福州船政学堂和北洋水师学堂任教习，后著《论世变之亟》《原强》《救亡决论》《辟韩》等名作，并翻译《天演论》《群己权界论》《群学肄言》《社会通诠》《法意》等著作，将西方的哲学、政治学、经济学、社会学等思想名著，即所谓宣传"天赋人权"和自由、平等、博爱的"西学"介绍给国人。其中特别是赫胥黎的《天演论》一经出版，"物竞天择"进化思想即在中国思想界掀起振聋发聩的启蒙作用。严复宣传"西学"（新学）使其自己成为与"中学"（旧学）相抗衡的首要代表人物，为中国民主革命做出重要贡献，影响了孙中山、胡适、陈独秀、鲁迅、毛泽东等一大批人。

二、严复的"三民"思想

在甲午战争后期，清政府决定与日本签订卖国条约，严复在《原强续篇》中强烈主张与日本作战到底，反对签约卖国；1897年，严复和夏曾佑、王修哲在天津创办了《国闻报》，成为居北方舆论界主导地位的报纸。在不到一年的时间里，严复连续发表了20多篇文章，抨击时政，并在《国闻报》上发表《拟上皇帝书》，谈论富国强兵方略，认为中国积贫积弱，"由于内治者十之七，由于外患者十之三"。他提出改革要治"本"与治"标"结合，治"标"包括经武、理财、择交、善邻。治"本"包括立政、养才、风俗、人心。严复认为仅仅学习和引进西方利器，是治标不治本，要彻底改造国民的素质，造就出具有近代思想、强健体魄和良好

道德的新型人才才是根本。严复在《原强》一书中，认为当时中国民族危亡的主要原因在于"民力已茶，民智已卑，民德已薄"，针对这种情况，他提出"三民"的变法自强纲领，主张要"鼓民力"，非先禁缠足和鸦片不可；要"开民智"，非提倡西学不可；要"新民德"，非改变中国封建专制主义政治制度不可。有学者称此"三民"为启蒙"三民主义"。

1.严复把"民力"即人的体质放在"三民"的首位。严复是中国近代史上称自己民族为"病夫"的第一人。自儒家成了中国传统社会统治阶级"官学"后，先秦时期"以力相高"的"武士风范"在中国从此消失，以至于民族体魄严重损害，精神溺溺不振，科举教育培养出的"四体不勤，五谷不分"的旧人才，在国难当头，没有能力与外敌对阵。严复主张"鼓民力"，即"以康强之体，贮精湛之心"。他认为身体健康为第一要义，是智育、德育的基础，他率先提出了"增强国民体质"的口号，并警示国人如不改变，中国必将亡国灭种，沦为西方列强奴隶。严复还提出了禁鸦片、戒女子缠足、妇女优生优育等实际措施。1904年清政府颁布的学制改革章程中，把体育列为学校教育的课程，从此在中国教育中便有了学校体育。

2."开民智"，民智乃富国之原，只有提高国民的智力，才能以智取胜。开民智，在严复看来，就是要设学堂，以西学为指导，彻底改造中学，以消除我国积贫积弱的现象。严复认为，以八股考试为核心的科举制度是"民品之劣、民智之卑"的根源，对人才培养具有"锢智慧""坏心术""滋游手"的破坏力，当面对社会问题及外敌入侵时，学子缺乏分析、解决实际问题的能力。他强调应注重学习西方的自然科学和重实证的治学方法，培养具有主动探索知识能力并掌握西学知识结构的新式人才，通过人才使中国强盛。这些观点构成了严复以培养人才为目标的"教育救国"思想。在他看来，当时中国最要紧的是传播西学，使中国的知识分子全力学习，吸收西学，以促使他们觉醒，这与严复自幼接受西方教育的独特经历和学养相关。他主张不论中体、中用，西体、西用，只要有利于现代化，就都是构架新文化的质素。他竭力提倡科学，认为中国人只要认真将科学方法学到手，就可以研究自然现象，就会有发明创造，就会国富民强。

3. "新民德"，由于受斯宾塞等西方哲学家的影响，严复在中国道德史上第一个提出"新民德"课题。他认为个体品质"优异有助于群体力量的增强"，"国，拓都也；民，幺匿也，社会之变相无穷，而一一基于小己之品质"[1]，他竭力提倡民主，认为人民才是国家的主人，而国君只不过是人民的公仆。他说："吾未见其民之不自由者，其国可以自由也。其民之无权者，其国之可以有权也……""斯民也，固斯天亡之真主也"，"毁民权者，天下之至愚也"。

同时，出于保种救国的时局急迫，严复认为当时中国"所急者乃国群自由非小己自由也"。只有国家不受强国干涉，独立自由时，才能真正实现国民自由，因此，他强调爱国。他深刻地指出，"凡国成立，其外患深者，其内治密；其外患浅者，其内治疏，疏则其民自由，密者反是"，因为"国于天地，必以求存为先。求存则武备不得不修，武备修则治权不得不大，治权大者，所干涉多而放任少也"。从根本上来说，严复还是把个人自由变成一个促进"民智民德"以及达到存续国家目的之手段。

严复批判传统的"中体西用"的文化教育思维，指出其把传统道德化视为不能更改的国情。"中学有中学之体用，而学有西学之体用，分之则并立，合之则两亡"，严复高倡"以自由为体，以民主为用"，他认为，西方富强本质是"于学术黜伪而崇真，于刑政则屈私以为公"，也就是"科学的求真精神"和"政治上的民主"，近代中国真正需要的是"科学与民主"。从这一层面来看，实际上严复开启了五四新文化运动中科学与民主两面旗帜。严复的"新民德"就是要用资产阶级的自由、平等和民主政治来取代中国封建主义的伦理道德和封建宗法制度。

严复"新民德"的思想对梁启超的"新民说"、孙中山的"心理建设"以及五四时期的"新道德运动"都有一定影响。梁启超在1902年发表《论公德》一文中批评中国传统独善其身之私德，缺人人相善其群之公德，但

---

[1] 严复：《译余赘语》，刘梦溪《中国现代学术经典·严复卷》，河北教育出版社1996年版，第119页。

其在1904年发表《论私德》又承认了儒家道德向近代转化的价值和作用。

三、孙中山的"三民主义"

孙中山早年曾在英美及受英国殖民统治的香港学习，非常痛恨帝国主义对中国的侵略和清政府的卖国政策。19世纪90年代，帝国主义对中国的侵略不断加剧，中国的民族危机日益加深。这时，以康有为为首的资产阶级改良派开始活跃在政治舞台上。1894年，孙中山在康有为变法思想的影响下北上天津，上书李鸿章，提出"人尽其才，地尽其利。物尽其用，货畅其流"的改革纲领，但是遭到了李鸿章的冷遇。从此，孙中山放弃了改良思想和行医职业，坚定地走上了革命道路。1894年，孙中山建立了中国第一个资产阶级的革命团体兴中会，提出了"驱除鞑虏，恢复中华，创立合众政府"的革命主张，这是资产阶级革命派提出的建立资产阶级共和国的最早方案。1895年，兴中会准备在广州发动起义，起义未发动就被镇压。孙中山流亡海外，后经日本去欧美进行考察。通过考察，他"殊多心得，始知徒致国家富强，民权发达，如欧美列强者，犹未能登斯民于极乐之乡也；是以欧洲志士，犹有社会革命之运动也，予欲为一劳永逸之计，乃采取民生主义，以与民族、民权问题同时解决"，这就形成了"三民主义"的雏形。

孙中山融会中华传统文化，竭力鼓吹张扬"天下为公"的文化精神，这与历史上"天下者，天下人之天下"表述一脉相承。而"三民主义"正是这一思想的现代阐述。它批判地承袭了农民战争和维新运动的积极内容，从西方借取了民主主义思想素材，成为中国近代社会中具有比较完全意义的民主革命纲领。孙中山力图通过民族、政治、社会三大革命打通中国走向近代化的道路，挽救沉沦在即的民族和国家。通过后来的革命实践，"三民主义"得到丰富和发展。在同盟会的政纲中，"三民主义"被完整地表述为"驱除鞑虏，恢复中华，创立民国，平均地权"4句话。它表达了资产阶级在政治上和经济上的利益和要求，反映了中国人民要求民族独立和民主权利的共同愿望，推动了资产阶级民主革命运动的发展。应该说"三民主义"是当时最进步的思想。

（一）"三民主义"的内容

首先是民族主义。民族主义的基本内容就是"驱除鞑虏，恢复中华"，就是用革命手段推翻清政府的统治。面对中国人在西方列强侵略面前所表现出的浑浑噩噩、萎靡不振的状况，孙中山融合了中国历史上反对民族压迫的传统的民族思想、欧美资产阶级革命时期的民族主义思想，将民族问题作为"三民主义"的首要问题提出来。民族主义将推翻清王朝，同建立统一民族国家及共和制度相结合，因而被赋予了新时代的挽救民族危亡的新内容和新含义。由于清王朝是一个由满族贵族"宰制于上"的封建专制政权，还因为它已经成为"洋人的朝廷"。"反满"口号之所以具有广泛的动员意义，原因就在于此。避免中国被瓜分、共管的厄运，孙中山把"外邦逼之"和"异种残之"并列为民族主义"殆不可须臾缓"的基本原因。"非革命无以救垂亡"，而革命必须"先倒满洲政府"；孙中山揭橥民族主义，号召"驱除鞑虏，排满兴汉"。他把满族统治者称为"外国人""异种""东北一游牧之野番贱种""篡权的外来人"，呼吁废灭鞑虏清朝，建立一汉人的民族国家。①严复批评了"华夷之辨"的观念，不同意革命派的种族革命理论。他在《原强》中指出："今之满、蒙、汉人，皆黄种也。由是言之，则中国者，邃古以还，固一种之所君，而未尝或沦于非类，区以别之，正所见隘耳。"意即历史上不存在亡国于异族的问题，若强调满汉之辨恰恰是狭隘的表现。他不相信革命党人鼓吹民族主义能救国："民族主义将遂足以强吾种乎？愚有以决其必不能者矣。"②严复的见解是有道理的，但孙中山也有利用华夷观念而革命的策略需要。

20世纪初，梁启超曾提出中华民族的概念。辛亥革命后，孙中山接受了这个概念，也提出了"五族共和"的主张。其实，在中华民族作为国族认同方面，辛亥那一代人不仅开创于初始，而且还在政治、制度、政策乃至文化诸层面有持续的探索性实践。孙中山指出："共和者，我国治世之神髓，先哲之遗业也。我国民之论古者，莫不倾慕三代之治，不

---

① 《孙中山全集》第1卷，第88、220、232、273页。
② 《社会通诠》"按语"，《严复集》第4册，第926页。

知三代之治实能得共和之神髓而行之者也。勿谓我国民无理想之资，勿谓我国民无进取之气，即此所以慕古之意，正富有理想之证据，亦大有进步之机兆也。"正是这一对"共和"的阐释，表达了他继承儒家理想的志向，奠定了他的大同世界的思想基础。

其次是民权主义。以"创立民国"为内涵的民权主义，是"三民主义"学说的核心部分。其基本含义就是进行政治革命，推翻封建帝制，建立资产阶级民主共和国。民权主义从理论上解决了当时革命派迫切需要解决的夺取政权与建立政权的问题。民权主义反映了中国人民反对封建专制统治的愿望，对促使民主共和的观念深入人心起了推动作用。1911年，辛亥革命爆发。1912年2月12日，清朝统治寿终正寝，统治中国两千多年的封建君主专制制度被推翻，这是孙中山"三民主义"实践取得的最大成果。在"三民主义"的指导下，孙中山领导颁布了《中华民国临时约法》，这是中国历史上第一部资产阶级民主宪法，它对建立资产阶级共和制度、反对封建专制制度具有进步意义，大大推动了中国民主化的进程。辛亥革命开启了共和之门，迈出了走向共和的第一步。

另一方面，由于"三民主义"自身具有局限性，对汉族地主阶级抱有不切实际的幻想，这就为汉族的旧官僚、地主、军阀混入革命阵营以可乘之机。在它指导下的资产阶级一系列的斗争都无法取得彻底的胜利。就以孙中山自己为例，他对"五权宪法"的创建寄予很高期望，曾经明确揭示："以三民主义为立国之本原，五权宪法为制度之纲领。"但对于这个理念，连孙中山自己也还缺乏相关的架构设计。直到1920年在广州召开非常国会并就任非常大总统之后，孙中山才逐步把"五权宪法"从抽象理念形成完整的国家体制框架。概括起来是：1.以"权能分离"作为理论基础；2."五权分立"具体化，成为行政、立法、司法、监察、考试五院政府的架构；3.进一步确定县一级实行选举、复决、罢官、创制等直接民权，每县选代表一人，组成国民大会代表全国人民行使政权，并授权中央政府行使治权。他清楚地意识到中国民主政治建设所面临的种种问题。他认为，中国的民主建设不可能一蹴而就，必须要有一个渐进的过程，由此他提出了革命程序论，将民主建设分成军政、训政、宪政三个时期，规定了不同时期的行动纲领，以此确保民主革命能够有序进行。

但是，孙中山却未能在生前实施自己的方案；而国民党定都南京以后，所谓"五权分立"的推行也是举步维艰，其后逐步演变得荒腔走板，更非孙中山所能预料。"五权分立"为了防止西方议会、政党政治的弊端，将考试权从行政权中分出，纠察权从立法权中分出，借以寻求更为完善的权力相互制衡。国民党内外"三民主义""五权宪法"的服膺者也并非都是虚应故事，其中确实有些忠贞之士满心期望通过"五权宪法"的实施，把中国引向民主与法治的进步道路。但是，任何良好的民主政治设计，都改变不了国民党政府"党治""军治""独治"的严酷事实，"五权分立"的政治架构只能流于虚有其表的形式。这种披着"五权宪法"外衣的威权统治，在1949年以后随着国民党在大陆的失败而退守到台湾。直到蒋介石去世后，迫于内外形势的急速变化，蒋经国在临终前解除了党禁、报禁与戒严，这才结束了蒋家王朝的威权统治。正是在此以后，"五权宪法""五权分立"才真正在台湾地区受到全面检验与不断修正。

最后是民生主义。这是孙中山最具前瞻性的思想遗产，也是当时最为曲高和寡的政治主张，但在百年之后却成为中国与世界面临的最为紧要的严重问题。孙中山师法亨利·乔治与约翰·穆勒，同时又从中国传统的大同思想以及"均田""公仓"等方案中受到启发，提出"平均地权"，即核定全国地价，现有的地价归原主所有，革命后因社会进步所增长的地价归国家所有，由国民共享，做到"家给人足"。以"平均地权"为核心内容的民生主义，是孙中山"三民主义"中最具有特色的部分，是他的"社会革命"纲领。孙中山认为，在民族、民权革命成功之后，实行民生主义，就可以"思患预防"资本主义贫富两极分化的弊害。孙中山自信"可举政治革命、社会革命，毕其功于一役"，孙中山确认"实业主义为中国所必须"。他认为中国的近代化是历史的必然趋势，《实业计划》一书就是发展社会经济的宏伟蓝图。他把发展社会经济的途径归结为"节制资本"和发展"国家社会主义"，即将"不能委诸个人及有独占性质"的"大实业"（如铁路、电气和水利等）"皆归国有"，因为这既可"防资本家垄断之流弊"，又得以"合全国之资力"。他多次解释民生主义就是社会主义，并每每强调其限制资本主义的意旨。"民生"一词，从经济而言，涵盖发展与分配两个方面，这就是孙中山所说的"欧美强矣，其民实困"。20世纪初始，中国资本主义还处于极为幼弱的时期，1905年提倡"节制资本"诚然是"睹其祸害于未萌"，但现今对于中国而言则早已是严酷的现实。民生主义与我们共产党人所提的"一个中心"一致，与"三个有利于"相吻合，充分体现孙中山忧国忧民的价值观。

（二）新三民主义的产生

正当孙中山先生准备誓师北伐的时候，陈炯明在英帝国主义的支持下，发动了武装叛乱，以4000兵士猛攻总统府，企图致孙中山夫妇于死地。此时，被孙中山寄予厚望的美国政府，不仅没有给孙中山一点经济上的支持，反而乐意看到广州政府被颠覆。美帝国主义欺骗了孙中山。

1917年俄国取得了十月革命的胜利，孙中山开始将向西方学习的目光转到俄国，产生了"想同列宁直接联系，交流革命经验"的想法，争取列宁对中国革命的帮助，希望从俄国十月革命社会主义胜利的经验中找到中国革命的出路。孙中山晚年眼界的开阔，得力于伟大导师列宁的巨大推动。列宁为世界上被压迫的民族打不平，提倡被压迫的民族自决。他提出改变中国的现状，必须恢复中国的民族主义和民族地位，使全国四万万人团结起来，"结成国族团体"，并联合世界被压迫民族，"共同用公理去打破强权"。1919年中国爆发了五四运动，这对孙中山思想的发展产生了深刻的影响，他进一步认清了帝国主义及其中国反动统治者的真面目，其思想已从最初的依靠会党、依靠军阀继而依靠帝国主义经济援助中挣脱出来。"革命行动而欠缺人民心力，无异无源之水，无根之木。"因此革命党要想"立于不败之地，今后奋斗之途径，必先要得民心，要国内人民与吾党同一个志愿，要使国内人民皆与吾党合作，同为革命而奋斗"，"革命方可以决其成功"①。

1924年1月，中国国民党第一次全国代表大会在广州召开，大会通过了著名的《中国国民党第一次全国代表大会宣言》。在这篇宣言中，孙

---

① 《孙中山文集》，团结出版社1997年版，第1009页。

中山重新解释了"三民主义"。民族主义，一是"免除帝国主义之侵略"，使中华民族独立于世界；二是"中国境内各民族一律平等"，反对民族压迫。民权主义，以实行普遍平等的民权主义为主要内容，人民"不但有选举权，且兼有创制、复决、罢免诸权"。民生主义，一曰平均地权，二曰节制资本。规定"农民之缺乏田地沦为佃户者，国家当给以土地，资其耕作"，反对土地权"为少数人所操纵"。稍后他又提出"耕者有其田"的原则；反对私人资本"操纵国计民生"。经过这样重新解释的"三民主义"便是新三民主义。新三民主义最大特点就是它是"联俄、联共、扶助农工"的"三民主义"。它也和中国共产党的民主革命纲领若干原则基本一致，所以新三民主义成为第一次国共合作的政治基础。"只有这种三民主义，中国共产党才称之为"中国今日之必需"，才宣布"愿为其彻底实现而奋斗"①。中国共产党的早期领导者人瞿秋白、恽代英、张闻天等也都对"三民主义"思想进行过关注和解读。

四、严复与孙中山救国思想实践的比较

中国现代化的两位先驱者严复和孙中山都曾对洋务运动寄予希望，但两人均经历凄凉，李鸿章让严"总办学堂，不预机要，奉职而已"，对孙干脆拒之门外。严、孙两氏所受的羞辱，与其说是遭李鸿章的冷遇，不如说是李所代表的官僚政治拒绝了超越洋务派的改革要求。当洋务派的改革计划因甲午炮火付之一炬时，他们毅然寻求取代洋务派单纯经济现代化路线的体制外改革方案。严侧重于文化启蒙，孙则更关注建立取代专制政体的现代政府，但两者均突破了"中体西用"的樊篱。

（一）20世纪初，严复与孙中山曾在伦敦就改造中国的问题进行辩论。严复认为中国根本问题在于教育，中国民品之劣，民智之卑，害者除于甲将见于乙。这次辩论表明了严与孙现代化思想的两点分歧：第一，严主张渐进，孙主张激进；第二，严主张启蒙，孙主张实行。但区别是相对的。正是渐进与激进的并行互补，启蒙与实行的双重变奏，交织成

---

① 毛泽东：《新民主主义论》。

了20世纪之交近20年时间里雄浑的现代化旋律。严复主张的启蒙与孙中山主张的实行，是交替互补的。孙中山专注于实行，但在经历民国初年的挫折后，也认识到了启迪民众的重要性。严复致力于启蒙，但没有脱离中国士大夫入世的传统，仍究心于政治斗争的风浪。他哀叹"四十不官押皋比"，奔波南北四进科场以求仕达，连辞校长职务不专心于教育事业，被拉入"筹安会"则身于政治漩涡的中心，都表明实行的洪波始终萦环于启蒙家的情怀。严复的启蒙宣传对孙中山所领导的民主革命起了必不可少的推动作用，严复传播的人类进化的道理是孙中山"三民主义"产生的理论基础。而孙中山的革命实践大大拓展了启蒙思潮的影响力。

孙中山认为中国应直接采用民主共和政体，不必先经君主立宪政体。严复不同意给资产阶级的两种政体形式作出美恶的价值判断。他认为："制无美恶，期于适时。"① 认为不仅民主共和政体不适时，甚至实行君主立宪也为时尚早，理由是中国国民民智未开。

他们一个以为实行民主共和为时尚早，一个认定建立民主共和其时已至，那么，时代潮流又做了何种选择。历史嘲弄了改良派，也嘲弄了革命派。一方面暴力革命推翻了清王朝，改良派寄希望于清廷实行君主立宪的要求为历史大潮淹没；另一方面，共和国转眼间徒具形式，形成了制度和价值观念的脱序，共和政府成立了，但皇权思想和臣民心理还根深蒂固。

（二）孙中山在倡导民族主义的同时，把弘扬民族精神作为革命党人进行民族革命、复兴中华民族的精神动力，注重对传统文化的更新改造，从而把对于民族主义的倡导、民族精神的弘扬，建立在发展民族文化传统的基础上。孙中山在文化问题上强调取中西文化而融贯之却是一以贯之的方针。1905年他在东京对中国留日学生说："中国的文明已有数千年，西人不过数百年，中国人又不能由过去之文明而为近世的文明；所以人皆说中国最守旧，其积弱的缘由也在于此。"但只要"取法西人的文明而用之"，然后渐渐发明，则不难"转弱为强，易旧为新"，"一切旧物又何难变为新物"。1911年在回国前的一次演说中宣布："将取欧

① 《宪法讲义》，《严复集》，第2册，第240页。

美之民主以为模范，同时仍取数千年旧有文化而融贯之。"1923年他更明确地提出："发扬固有之文化，且吸收世界之文化而光大之，以期与诸民族并驱于世界。"①

几次革命相继失败后，孙中山开始重视通过文化革新实现人的现代化以推动中国社会结构现代化的启蒙主题。孙中山非常重视对士兵、国民的教育，强调"革命事业产生于革命精神"②。他认为，"如果没有革命精神，就是一生学到老，死记得满腹的学问，总是没有用处"。由此他精心构建了以爱国主义为核心的团结统一、自强不息、改革创新、无私奉献、博爱大众等高尚道德精神。自由平等是近代民主政治的原则和基础，也是孙中山投身革命之初就非常推崇的价值观念。在实践中，民国时期的风俗改造、建立社会公德及中小学修身课程中的"公民教育"，促进了近代社会与人的精神转型，而且当时的媒体与教育界重视规范日常公共生活中的行为习惯，改良不良风俗。

五四运动后有一股潮流全面否定儒家思想。孙中山一方面对新文化运动给予了充分的肯定，另一方面，对许多知识分子，尤其是青年，盲目追随所谓新文化，对我国的传统文化失去信心，全面否定儒家思想的行为，进行了义正词严的批评。他指出："近年来欧洲盛行的新文化……都是我们中国几千年以前的旧东西……我们中国的新青年，未曾过细考究中国的旧学说，便以为这些学说就是世界上顶新的了，殊不知道在欧洲是最新的，在中国就有了几千年了。"他还针锋相对地指出："讲到中国固有的道德，中国人至今不能忘记的，首是忠孝，次是仁爱，其次是信义，其次是和平。这些旧道德，中国人至今还是常讲的。但是，现在受外来民族的压迫，侵入了新文化，那些新文化的势力此刻横行中国。一般醉心新文化的人，便排斥旧道德，以为有了新文化，便可以不要旧道德。不知道我们固有的东西；如果是好的，当然是要保存，不好的才可以放弃。"孙中山先生还指出："仁爱的好道德，中国现在似乎远不如

---

① 《孙中山全集》第7卷，第60页。
② 李时岳、赵矢之：《孙中山与中国民主革命》，辽宁人民出版社1981年版，第206页。

外国。中国所以不如的缘故，不过是中国人对于仁爱没有外国人那样实行，但是仁爱还是中国的旧道德。我们要学外国，只要学他们那样实行，把仁爱恢复起来，再去发扬光大，便是中国固有的精神。"这与如今的"以人为本"在思想精髓上是如此接近。孙中山先生还对传统儒家伦理道德进行了重新阐述，提出要忠于国家，忠于民族，忠于人民，而不应忠于一姓一家。

由此可见，严复与孙中山二人改造国民道德劣根性的具体方案不尽相同，具体而言严复主要主张"新民德"，孙中山则主张启发国民心性等。在利己与利他论上，严复主张合理利己主义，孙中山主张利他主义。严复晚年的思想偏向传统文化，但他仍然信仰西方文化民主与科学的基本精神。他的立足于西方理论基础之上的君主主义与复辟势力立足于封建纲常名教之上的君主主义有着本质的不同。他仍相信科学，只是在唯科学主义的前提下给宗教的存在留下了余地，在相信天下事理多可以科学通之的前提下怀疑科学能解决人生观的一切问题，"不敢将幽冥之端，一概抹杀"[1]。孙中山所提倡的民族精神内容极为丰富，既有在革命斗争实践中形成的精神品德，诸如爱国主义精神、革命精神、科学精神、民主精神等，又有从传统民族文化遗产中挖掘出的精神美德。严复与孙中山都在一定程度上发生了对西方文化由敬慕到怀疑，对传统文化由离异到回归的变化。严复晚年提倡尊孔读经，孙中山晚年提出恢复"一切国粹"与"国有道德"，[2]反映了这种变化。

参考文献

[1]桑兵：《孙中山的活动与思想》，中山大学出版社2001年版。

[2]吴剑杰等：《中山及其思想》，武汉大学出版社2001年版。

[3]俞祖华：《严复与孙中山的现代化思想比较》，《中州学刊》1994年第5期。

---

① 《与诸儿书》，《严复集》第3卷，第825页。

② 《孙中山选集》下卷，第648—649页。

严复手批"编订名词馆"的
一部原稿本之发现

黄兴涛

　　1909年9月，清朝学部曾专门特别成立一个编订名词馆，负责编纂和统一各科新名词，为普及新式教育、发展新学术和推动宪政服务。严复被任命为编订名词馆的总纂。

　　长期以来，学界仅知道当年学部正式定稿的一部分学科名词对照表的铅印本或抄写本，而严复主持名词馆时曾编纂的那些最初的"原稿本"，却一直未见踪影。人们一般只是从章士钊的有关回忆里，得知曾有过编纂原稿存在，且严复在这些原稿本上，还曾进行过一些"审改"。章士钊的回忆文章题为《孤桐杂记》，1925年8月发表在《甲寅周刊》上。文中提到说："七年（1918），愚任北大教授，蔡（元培）校长曾将（严复）先生名词馆遗稿之一部，交愚董理。其草率敷衍，亦弥可惊。计先生藉馆觅食，未抛心力为之也。"1943年，章士钊在其名著《逻辑指要》里，谈到"逻辑"一词的由来及英译汉的准确问题时，曾又一次提到过此事，还引述严复在《逻辑学名词中英对照表》原稿上反对将Logic译为"辩学"或"论理学"的一段批语："此科所包至广，吾国先秦所有，虽不足以抵其全，然实此科之首事。若云广狭不称，则辩与论理亦不称也。"不仅如此，章氏还特别加括号说明，"此数语吾从名词馆草稿得之，今不知藏何处"①。

---

① "逻辑丛刊"《逻辑指要》第一章"定名"，三联书店1961年版，第2页。

后来，《严复集·编后记》的作者在引述完章士钊的上述文字之后，接着写道："也有人说，这工作并不草率，是认真的。无论草率还是认真，总还有这么一堆稿子，可我们现在连它的下落也不知道。"[①]的确，假若能看到当年严复审校的那些最初的原稿本内容，能将其内容与定稿铅印本加以参照，或许有望掌握对其工作进行合理评价更为切实有力的证据。

根据章士钊提供的信息，笔者去查阅《北京大学日刊》，从中找到了进一步的线索。发现1918年3月25日该刊曾专门刊登一个"北京大学启"，提到一年前即1917年2月间，教育部"曾经检具前清编订名词馆所编各科名词表草稿五十六册"，函送北京大学，"分交文、理、法、工各科学长会通教员详加讨论，冀收整齐划一之效"一事。一年以后，恰逢全国教育会联合会向教育部提交"请划一科学名词案"，教育部遂将此一提案一并交给北京大学，函请其"并案核查办理"。当时的北大校长为蔡元培，他特别要求学校各科主任"查此项名词表草稿，业经分别发交各科研究所，应请贵主任会同教员诸君，从事讨论，无任盼祷"[②]。由此可知，前述章士钊的那些回忆，基本上还是可靠的。

只可惜，当年北大各科研究所的主任们如何具体讨论这些问题，后来这56册原稿是否又曾返还教育部？我们均已无法得知了。从章士钊的回忆来推论，此事很可能最终不了了之。笔者曾顺此线索到北京大学图书馆去查找过这些原稿本，结果也一无所获。

难道当年清末学部编订名词馆所编纂的那些对照表的原稿本，就真的完全烟消云散了吗？据笔者所知，非也。

一、编订名词馆留下的一部原稿本：《植物名词中英对照表》

实际上，清末严复总纂的那些名词对照表的原稿本，并非一部也没有留下。早在2007年，笔者就曾见到过一部原稿本——《植物名词中英

---

① 《严复集》第 5 册，中华书局 1986 年版，第 1587 页。
② 《本校致各研究所主任函》，《北京大学日刊》1918 年 3 月 25 日。

对照表》，但这些年一直忙于其他研究，无暇继续追踪，加之还想就此问题进行更为综合性的整体探讨，故迟迟没有着手讨论其"原稿本"问题。这次，借闽都文化论坛召开之机，笔者对有关的前期成果全面搜索，发现至今仍然无人提及这部文献的"原稿本"性质及其历史内涵，于是便有了在本次论坛上加以披露的想法。

多年来，笔者一直研究近代中国的新名词问题，对于清末学部的名词编订一事持续关注，也很早浏览过中国国家图书馆所藏当年编订名词馆遗留的部分成果，但却没有留下什么深刻印象。2007年，拙作《清末新式学堂的伦理教育与伦理学教科书探论》一文要最后定稿，需补充学部所编的那部《伦理学名词对照表》的内容。在查阅此稿的同时，笔者一鼓作气，把中国国家图书馆所藏的"学部编订名词馆"所编其他各科"名词对照表"也一一翻检，并详细做了笔录。那次，笔者惊喜地发现，在数种"名词对照表"的定稿铅印本中，竟然还保留了一本当年严复审校的原稿本，这就是前文提到的那部《植物名词中英对照表》。国家图书馆的目录索引里，标注此书为"普通古籍""抄本、橙丝栏""抄写地不详""抄写者不详"。著者标为"魏易"，附加款目则写明是"学部编订名词馆编"。

但查阅原文，即不难判断，该文献实际上是魏易编纂并提交给总纂严复审核的《植物名词中英对照表》的正式稿本，而非抄本。这种稿本形制，应当是清末学部编订名词馆统一订做的，其封面上设有"编纂""分校""覆校""总校"4栏。"编纂"栏内填名"魏易"，或为魏易本人所填；"总校"栏里，则是严复本人那为人所熟悉的惯常签名。"分校"和"覆校"栏都空着，可见这两项工作，实际上当时并未有人做。换言之，当时各科名词的编订，主要只由该科编纂者和总校者严复两方共同负责而已。可惜最近笔者再到国家图书馆重检该稿本时，此一封面业已不存，只剩下一角残片了。另外，从该稿上所留的"长乐郑振铎西谛藏书"的藏书印可知，它在进入国家图书馆之前，曾为著名学者、福建长乐人郑振铎先生所收藏。

该稿本内有两页扉页，一页为"编纂日期表"，红格红字，纵向列

有"成书日期""名词馆呈丞参堂日期""呈大堂日期""大堂发还日期""付印日期"和"印成日期"等6栏。表上"日期"和"备考"栏内都空着，却可推知其最初设想是要计日程功、以求速成的；另一页则专为学部堂官和丞参审查该稿所设计，正面印着"正堂唐""左堂宝""右堂李"的字样和日期栏，背面印有"候补参议李""丞参上行走严"等12名学部丞参的"位分"，表明此稿原是准备供他们验收和签发意见之用。但从这些信息也可判断，该稿本的制作，已非荣庆和严修掌管学部期间，实已进入唐景崇为尚书、宝熙和李家驹为左右侍郎的时期了。因此，该稿本完成的具体时间，当不会早于1910年4月。

　　稿本的正文部分，每页都有统一格式，左边书眉，统一印制有"学部编订名词馆"字样；右边靠格则统一纵向列有"定名""西文原名"和"简明注释"3栏，也是统一印制，均着红色以清眉目。"定名"栏下，

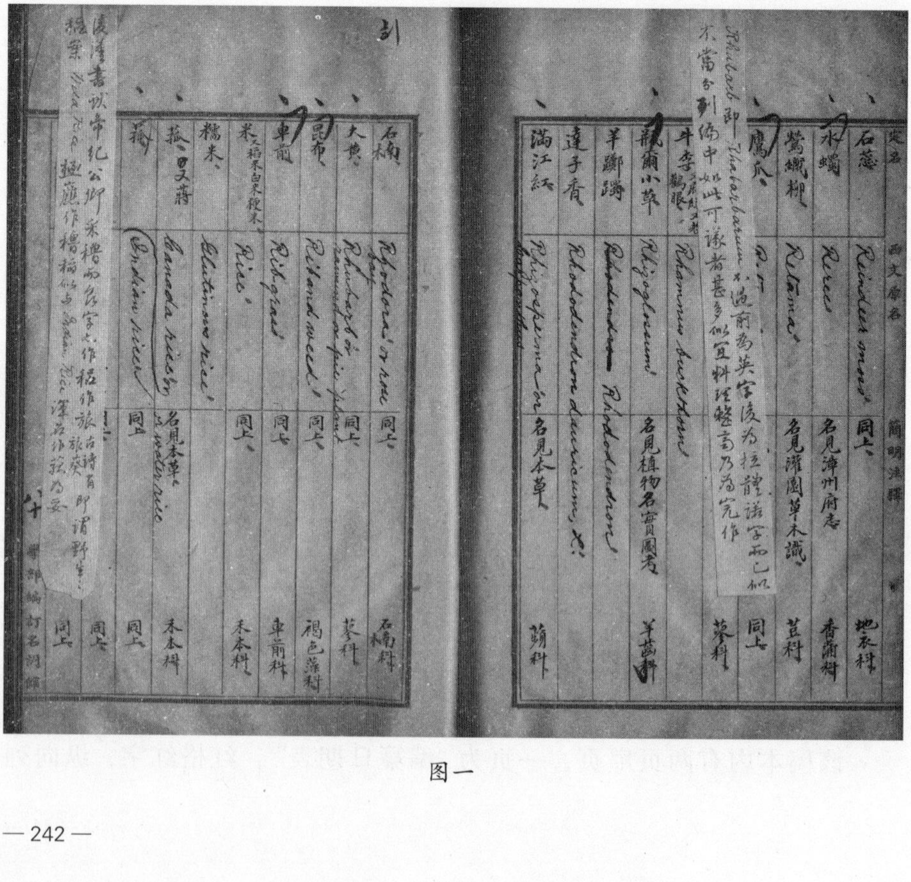

图一

书写中文名词确定下来的名称;"西文原名"栏里,基本所列为英文;"简明注释"栏中,则标明所定之名的中文文献来源,同时也标明其植物所属分科。

该稿本正文部分的文字,当为魏易本人用黑色墨笔书写(这从后来其回应严复批语的说明文字同正文书体一致,可知);批语,则为严复用红笔书写。较长一点的批语,严复均用白色矩形纸条写好后,贴在文本顶端空白处,让其自然垂下。

综观上述内容,可以断定,这一文献无疑就是章士钊的回忆中所提到的那种学部编订名词馆的"草稿",也即是定稿之前经严复审校过的正式原稿本。像这样的原稿本,据前面提及的"北京大学启"所知,总共应该有56册。遗憾的是,目前笔者还只是见到了这一册。

该稿的原编纂者魏易(1880—1930),浙江余杭人。年轻时,他曾到上海圣约翰大学的前身——梵皇渡学院就读,掌握了英语。后遇林纾,与其合译《黑奴吁天录》一书,一举成名。1902至1904年间,他曾与林纾一道,在严复所主持的京师大学堂译书局任职,并与林纾再度合译过《民种学》一书,接触到一些与植物学相关的人类学知识。在《植物名词中英对照表》中,魏易对所订名词的选用,基本本着"中国所素有者,悉从其旧,余则或为中国旧译之名,或为日本所译之名",唯其合理即行采取的原则。其所用参考书,除了中国旧有的《本草》和《广东新语》等典籍外,主要使用了日本学者松村任三所编的《本草辞典》、《植物名汇》、日本积文社发行的《理科辞典》及英国"登而司氏"所译的《华英文康熙字典》等书。从该书总的质量来看,编者魏易虽做出了一定努力,参考了不少中外植物文献,但他本人并非该门类的专业学者,其原稿本身也还较为粗疏。

二、从严复的批语看其作为总纂的审校工作

《植物名词中英对照表》稿本,总共103页(每页双面),据笔者初步统计,其中一共就有严复所贴批条42张。每张均为白条红字,贴在建议改动或有问题的地方。这还不包括他在"定名"或"简明注释"栏里直

接改动或增补的红字。这些批条，有批评魏易态度马虎，勘对不精、译名重复、格式不够规范的；有纠正或提醒其原稿体例不统一、前后译名不一致，归类不合理的；有直接改正错字、删除赘字，或提出疑义与之商榷的，诸如此类，不一而足。由此见严复的总纂态度，尚可称得上认真，审校也算是尽职尽责。这与沈国威等利用严复家信等得出的结论，或可以相互印证。

比如，在稿本的"凡例"后面，严复就曾以批条的形式，严肃批评魏易的编纂不规范，体例不合式、不统一的问题，指出："此编每以中国一名，当西国之数名，致满纸重复，殊非洁净体裁，鄙意宜行复勘。其一名者，悉列于下第二格中方合；又西国一物而中国数名者，亦应刊诸第一格中，为或体，庶与他科编法一律。"此种批评，十分对症。在该原稿中，以一个中文词对译多个英文词的情况，的确非常普遍。如以一"菰"对译的英文词，就达近10个；以"木贼"对译的英文词也很多。反过来的情况也存在。

在这方面，严复提出的不少具体批评和建议，多被魏易接受。像严氏多处批评该稿"往往以西文原名有二字，则据之分见两部，如African lilac，既见于A部，其后复见于L部"这种做法不妥，要求其必须全行校过，"令归一始合"（见该稿第2页，以下直接称第几页）；又批评其把非"别名"而是说明文字的内容混入"定名"栏的做法不可取，认为这些内容"不宜列诸或体，以乱其例"（第6页）；还建议其把有别于一般植物的"油"类和"酒"类等再生物删去，不必一并列入（第62页），等，魏易在严复的批条上，或表示"已删去""已照改"，或表示"是极"。

类似批评，还包括提出条目编纂体例上，英文与拉丁文应统一规范，有些可同类归并，次要者应作为别名处理等意见。如关于稿中"大黄"对应词的排列，严复就认为："rhubarb即rhabarbarum，不过前为英字，后为拉体诸字而已，似不当分别。编中如此可议者甚多，似宜料理整齐，乃为完作。"（第79页）。

在表述严谨方面，严复也提出较高要求，并作出示范。如"凡例"部分，魏易原标明："编中植物俗名，采自俄人披雷氏所著之《铅椠汇存》。"严复则将其改为："编中植物俗名，系采用法人帛黎氏所汇集者，见《铅椠汇存》"。显见严复比魏易更确切地知道该书的作者情况，故能纠正其国籍错误。同时这一修改还表明，魏易所采用的植物译名只不过是《铅椠汇存》中的某一部分内容而已。这就增加了其表述的严谨性和准确性。

在稿本中，严复还曾纠正过一些名词对译错误或不妥处。如魏易将荸荠（water chestnut）与菱角（water caltrop）完全不加区别，统一定名为"芰"，就遭到他的纠正。严指出："芰即今呼菱角也，《说文》芰菱也，又云菱芰也。楚谓之芰，秦谓之薢茩……其物与荸脐、乌芋、马蹄刺然异物。"他要求魏易："water chestnut究竟是菱角是荸脐，请再订定。"（第99页）在古汉语中，芰或菱角，的确与荸荠并不相干。至今，尽管仍有把"water chestnut"译为"菱"或"欧菱"者，但这或可视为历史的误会。

严复发现原稿定名的另一处错误，是魏氏把"rape"的译词定为"菘"。他正确地考证指出，"菘，即今常见之白菜"，这与"rape"（今译"油菜"）其实不同。不过，严复也未能给出正确译法，反而陷入了另一歧途：他推测"rape与turnip（萝卜）同用，似系一种食根之菜"（第77页）。

不过，上述两例，编者魏易本人都没有直接表明认可。他明确表示赞同的是严复对其所译"nut"为"榛壳斗"的修改。严复写道："Nut is a generic name，今以榛而独当之，非是。记前已以榛为filbert nut矣，如必为之立名，似不如即用科名壳斗"。魏易在批条上回应道："是极。"（第60页）

至于严复纠正原稿中的文字错误的例子，就更多了。如魏易把与"胡臭橙"对应的"seville"误写成"serville"，严复就纠正道："seville记是斯巴尼地名，其地产橙，遂以名之。若serville一名，恐必误字，祈考订。"（第86页）。他如改"牛脂芳"为"牛脂肪"（第15页），改"乌臼"为"乌桕"等，所在多有。

说到严复中西名词对译的旨趣，他对"蒲桃"一词运用的看法，或当引起应有的关注。严复反对魏易把"rose apple"和"malabar plum"两物都译成"蒲桃"。他案曰:"蒲桃见史汉,乃葡萄原字,不知与rose apple 是同物否?应细考。"(第5页)又批语道:"蒲桃名见史汉,的系古葡萄字。 诗文中往往尚作古名,今用以名plum李属,虽有所本,尚恐未安。"(第 72页)。然而这次,魏易却未能完全接受严复的意见,他在严复审改的 批条上回应道:"蒲桃与蒲萄恐非同物,易谨注。"(第5页)

如今,蒲桃一词似乎早已成为"rose apple"的固定译法,从表面上 看,魏易好像更为在理。但实际上后来流行开来的,却也未必最初就是 最为合理的,有些不过是约定俗成而已。在当年选词对译"rose apple" 时,严复作为一个具有相当学养的古文家,深知以中国文人学者熟悉的 水果葡萄别名——"蒲桃"来对译它,容易造成误解,故提出疑义,未尝 没有引人深思之处。又如,魏易将"thistle"译为"蓟",现在也已流行, 而当时严复觉得"蓟"在中国古代作为地名的含义过于凸显,宁愿以一 个同音的古字来加以代替(第93页),似也可作如是观。当然,古"蓟" 字也曾很早就被用作为植物名,《尔雅·释草》中已有出现,严复似未曾 提及此点,故此例与前例尚略有不同。

从严复的有关批语中,我们也能较多看到他作为一个古文家,处处 以追求古雅为是的文人习惯。如他强烈建议译"wild rice"为"稆稻",而 不译作"菰",即为一例(见该稿第80页)。他把"烟草"(tobacco)改为 "蔫草"(第94页),把"罂粟"改为"莺粟"(第66页),把"鸡屎籐"改 为"鸡矢籐"(第67页),给"绶草"一词另加两个古雅难识的别名(第89 页),等等,也都可为证,有的还不免弄巧成拙。其最终的结局,多难 逃不流行之命运,似乎只有"鸡矢籐"(或藤)的竞争力稍好一点。

在近代中国,严复不仅是杰出的思想家,也是知识广博的人文社会 科学家,因早年学海军的缘故,其在工学方面也颇为专业。但他对于植 物学却并不内行。这不仅表现在他对植物学分科知识缺乏了解上,也表 现为他对中国传统植物典籍的陌生上。严复在审校过程中,更多依赖的 还是《说文》和《尔雅》等传统字书。正因为如此,当他看到魏易将紫檀 标为豆科时,便立马诉诸旧有的生活常识批示道:"紫檀当系木本之植物, 而属豆科,是亦足疑!"(第78页)殊不知紫檀正是豆科植物也;当他注意到"马铃薯""甘薯"（Spanish potato）等带有"potato"的植物却分列不同科属时，又马上表示疑惑说："同为potato，而所属有茄科、豆科、旋花、天南星诸科科异，此亦可疑处，祈再细检也。"（第74页）殊不知，马铃薯属于茄科、甘薯属于旋花科，正是不同科属也。

由于不熟悉中国传统的植物典籍和相关的精确知识，在拟定中文植物名词的时候，严复的批语有时也同样难免出现失察和自以为是的情形，如他反对将"oldman's beard"译成"女萎"，即为典型例子。严复在批条中写道："常俗萎葵二字，每相讹乱，其实萎者蔫败之义，葵者草木之名。女萎恐当作女葵。祈再考。"（第65页）其实，"女萎"作为蔓生植物之名，在古代荆襄地域即已有之，成书于东汉的《神农本草经》里便载有此物。《本草经集注》和《本草纲目》均认为其就是"萎蕤"。因严复古代植物知识不足，此处不免有想当然之嫌。

与此相似的例子还有，严复在批评魏易关于"稻""稷""粟"的英文词对译不妥时，竟将稻、粟混为一物，强调"在田谓之稻，其实谓之粟，既舂谓之米，故三者异名而同物，皆rice也"。对此，魏易明显不服，他在严复的批语下面申辩道："五谷稻黍稷麦粟，似稻粟自有分别，请核示。"（第56页）

在严复的批语中，我们还可以看到他对日本名词一向的"反省"态度，其受命主持编订名词馆，这也是其直接动机之一。从他极度反感该稿本采用"睡莲"一词，不难窥见其此一心见之一斑。严复愤愤表示：

> 查通篇遇吾国所谓扶渠莲花者，上必著睡字，不知何本，想必从东文而来。但中国实无此称，似无取用夷变夏。今案，莲花为物，汉人通名扶渠，其花谓之菡萏（未发）、夫容（已发），其实谓之莲，其茎谓之茄，其叶谓之荷，其本谓之蔤（在水中者），其根谓之藕。古人于此花诸部，立名特详，然无所谓睡莲者，殆不足用也。（第99页）

其实，"睡莲"一词本乃中国创造，并非日本所产，唐代的《酉阳杂俎》、明代的《三才图会》和清代的《广东新语》里，均有使用，并且记述了其习性。南方流行的有别于"lotus"的"水莲"名物，亦与之相关。魏易以"睡莲"译对"water lily"，正是采用了中国旧称，且延续至今。在这点上，严复的批评当有失察和偏激之处。

结　语

研读《植物名词中英对照表》这部严复当年批改的原稿本，一方面可以部分地见证严复多方面的知识兴趣和学问水准，其敢于断制的性格和注重多采用中国固有古雅文词的偏向，还有他对待此事较为负责的态度；另一方面，也具体地看到了中西名词编订工作的难度、具体过程和审校特征，尤其是编纂者和总纂之间那种彼此交换意见、双向互动的真实情形。这对于我们了解严复主持名词编订馆的实际状况，透视他关于中外名词对译的具体认知及其丰富内蕴，均不无裨益。遗憾的是，我们虽然有幸见到《植物名词中英对照表》的原稿本，而它后来据以定稿的铅印本却反而无缘得见了，这与其他学科名词编订的定稿铅印本得以留存，而原稿本或已散佚的情形正好相反。否则，我们对其彼此互动的最终结果，当可揭示得更多一点，认识也可更深入一些。

此外，透过严复审改的这部原稿本，我们还可发现当年学部编订名词馆工作的一个重大缺陷，那就是每个学科只有靠个别编纂者本人努力，仅总校者严复一人最终把关而已，甚至连"分校"和"覆校"的环节都没有设置，就更谈不上集体磋商和讨论审定的科学程序了。对于审定名词这样严肃而重要的工作之内在要求来说，如此行事，诚可谓太过草率。如果把章士钊批评严复的"草率敷衍，亦弥可惊"8字，用在清末学部身上，庶几乎真实不爽。处于革命风起、王朝统治临近崩溃的边沿，清廷实际上已经没有耐心、经费和能力来维持名词编订这样一类带有基础性质的科研工程。其进展和结局，实在也不是严复一个人的博学和负责与否所能决定和改变的。

最后，还有一点值得一提。在这部《植物名词中英对照表》的原稿中，严复那精心书写的42张批条本身，也是近代中国书法史上珍贵的存世墨宝。在学部编订名词前后的那几年，正是严复一生中潜心于书法的重要时期之一。其行书用笔娴熟而自然，结体也潇洒而优美，称得上是他本人遗留至今的书法精品。以往，《严复翰墨》和《严复墨迹》等书的编者，都未曾刊印过这些批语。希望有条件的出版社，能够将此一原稿本影印出版。同时建议国家清史编委会正在新编的《严复全集》，最好也能够将此稿全部，或至少严复的批语部分收录进去，以方便读者和研究者们使用。

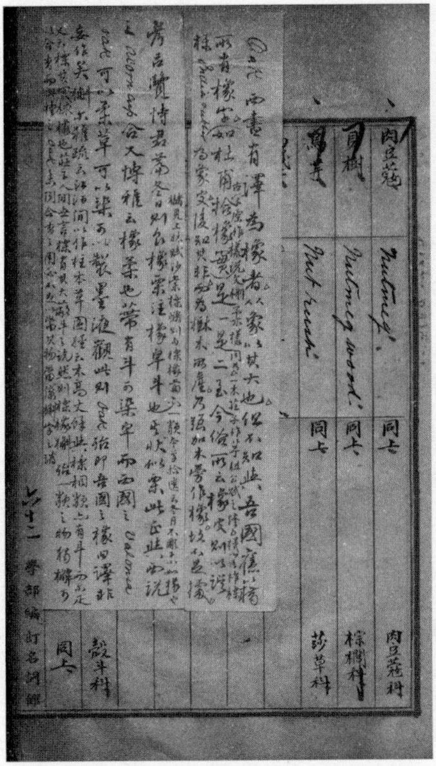

图二

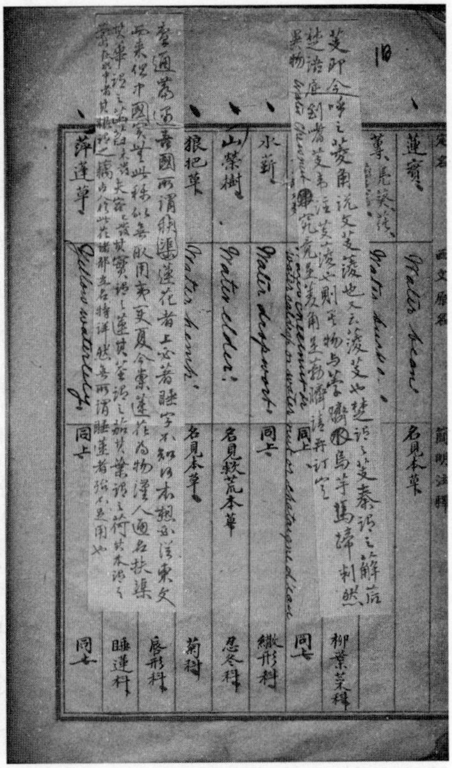

图三

严复与"一带一路"

——对港口海湾的重视与海外港口的建设

戚庆雨

摘 要 作为近代中国著名的翻译家、思想家、教育家，福州人士严复，蒿目时艰。严复重视中国沿海的港口海湾，反对俄、德、法等国割占中国海湾基地，然却不能为晚清政府采纳。今天的中国比以往更加重视海洋，出台多种关于海洋的法律法规，建设海军保护中国的海洋权益和海外利益。随着"一带一路"的建设，中国在海外积极参与港口和海外军事基地的建设来为国家发展服务。从晚清到当今中国的海洋现状，反映了中国国力的增强与对海洋的重视。

关键词 严复 港口海湾 "一带一路"

改革开放以来，中国的面貌日新月异，近40年的改革开放所取得的辉煌成就证明了改革开放的道路是伟大与正确的。今天的中国已经成为世界第二大经济体，并且今后可能会超过美国而成为世界第一大经济体。特别是加入世界贸易组织之后，中国为世界经济的发展贡献巨大，2008年世界性的经济危机之后，世界经济一片萧条之象，经济增长乏力，然而中国经济的持续高速发展让世界看到了希望。当然，中国的经济也或多或少的受到了世界性的经济危机影响，但是中国的发展劲头依旧迅猛。随着"一带一路"倡议的提出，中国在海外的经济利益较之以往更大，中国在海外的利益并不会止于目前所见，还会随着中国经济的发展与"一带一路"的深入建设而有所增长。

一、严复力争中国维护自己港湾

严复于近代中国的翻译界、思想界、教育界贡献颇著，同时严复也被称为"海军元老"，不仅是因为他作为福州船政学堂第一批赴英留学生，更是由于他学成归国后在福州船政学堂和北洋水师学堂教书育人，特别是在北洋水师学堂，严复于此任教长达20年，培养了一大批北洋水师将领。海军专业出身的严复，对港口海湾很重视。

甲午一役，北洋覆灭。集全国之力建造与苦心经营的北洋海军在威海卫一战中丧失，多年经营的港口与炮台也毁灭。中日《马关条约》中国除巨额赔款外，还要割让中国台湾岛及所有附属各岛屿、澎湖列岛和辽东半岛，俄、法、德鉴于在中国的各自利益反对日本割占，以"赎辽费"换取日本对辽东半岛的放弃。俄、法、德也以干涉"还辽有功"索取利益，其中德国则要求租借胶州湾，而俄国除了在东北要求修筑铁路等利益外，提出还要替中国"代保"旅顺大连湾。

严复忧国忧民，得知俄国要为中国"代保"旅顺大连湾之事，两度发文反对。是时，社会有种说法：俄人与中国交谊情深，能劝说日本放弃辽东半岛，俄人不向中国需要兵饷，此外俄人还提出要为中国"代保"旅顺大连湾，替中国守卫北洋的门户，有不利于中国的国家，俄人必替中国抗拒之，从此之后中国可以高枕无忧了。[①]严复揆诸事实一针见血地指出了俄国的真是目的是"必谓今日俄人之待我也，实有贪我旅大之心，而以代守为名，以久距为实际，此犹是旁观深文之词，吾亦不敢谓俄人之必如是也"[②]。严复虽然不敢肯定俄人是不是想实际占领旅顺大连湾，但他接着质问道，如果俄人是"代守"的话，那么"代守"必有交换之日，以中国实力自守，那中国能够自守的实力怎么衡量，又以何日交给中国自守为期限，提出"假以此诘吾中国之政府，度必相顾默

---

① 王栻：《严复集》，中华书局1986年版，第459—460页。
② 王栻：《严复集》，中华书局1986年版，第460页。

然，不能作一言以相答也"①。从严复之疑问中可以看出，俄人名为"代守"，实为占据。如果俄人实际占有旅顺大连湾，而中国空有其名的话，外国视之，必定想再从中国争取权益，英国提出要舟山岛，日本提出占威海卫，法国则会提出距厦门或者三沙澳其中一处。究其因果，"英日之欲得舟山、威海，因于俄人之代守旅大；俄人之代守旅大，因于德人之距占胶澳，此目前之近因也。德人之距占胶澳，因于妒俄、法之得利益于中国，妒俄、法之得利益，因于辽东之役同施而异报，此往事之原因也"②。在严复看来，打开这一系列连锁反应的关键钥匙在于解决德国的问题，而现下的中国因为前与日本甲午一战败于日本，所以导致目前德国提出要据占胶澳的无理要求中国政府不敢反对，不敢再与德国一战，严复将德国与日本的内外情况相比较之后，认为德国和日本不一样，德国是不敢与中国开战的。严复深入分析内部原因：德国距离中国数万里，到达中国耗时多；德国的船煤船坞要依赖他人供给；德国不像日本一样，德国内顾多忧；德国是除了英国之外在中国利益最多的国家，若开战，德商不同意。外部原因：德国与法国是世仇，虽表面与俄法联盟，实为不得已的表现，暗地里与意、奥合纵却是德国的本意。此外，德国此前与英国在非洲有过过节，德国皇帝威廉二世更是对英国恨之入骨。③一旦有警，中德开战，德国而言，内忧外患，孰胜孰负，尚未可知。严复总结道："夫不与德人战，则胶州必不还；胶州不还，则俄人代守旅大之师必不退；旅大之俄师不退，则英、日舟山、威海之请必亟，此吾向者所谓待盗之戮而死者也。"④

严复之论，揆诸实际，为洞察之见，然而弱国无外交，晚清的国运却不是掌握在自己的手中。严复虽然重视港口、海湾，反对俄人占据旅大，反对德人占据胶澳，但是却于时势无补，文人的呐喊在晚清终究只能是呐喊，帝国主义仍然还是占据了中国诸多港口海湾，瓜分中国，从

---

① 王栻：《严复集》，中华书局1986年版，第460页。
② 王栻：《严复集》，中华书局1986年版，第461—462页。
③ 王栻：《严复集》，中华书局1986年版，第463—464页。
④ 王栻：《严复集》，中华书局1986年版，第464页。

中国土地上攫取利益。

二、对海洋与海军重视

海洋是天堑，海洋是通途。以前的中国视海洋为天堑，今天的中国视海洋为通途。不难发现，中国对海洋较之以前更加重视，近几年中国的海军建设也取得了令人骄傲的成绩，中国海军装备的发展近年来可谓是突飞猛进。今昔相比，以前中国的海军发展缓慢，究其原因一方面是因为对海洋的重视不够，另一方面是海军建设受制于技术与经费。

（一）海洋法律法规的出台

今天的中国对海洋尤其重视，中国业已颁布了各种关于海洋的法律法规。

具体法律有：《中华人民共和国政府关于领海的声明》《中华人民共和国领海及毗连区法》《中华人民共和国专属经济区和大陆架法》《中华人民共和国海洋环境保护法》《中华人民共和国环境影响评价法》《中华人民共和国渔业法》《中华人民共和国野生动物保护法》《中华人民共和国矿产资源法》《中华人民共和国可再生能源法》《中华人民共和国海上交通安全法》《中华人民共和国海域使用管理法》《中华人民共和国港口法》《中华人民共和国测绘法》《中华人民共和国物权法》。

涉海行政法规有：《中华人民共和国渔业法实施细则》《中华人民共和国水生野生动物保护实施条例》《中华人民共和国渔港水域交通安全管理条例》《中华人民共和国对外合作开采海洋石油资源条例》《中华人民共和国涉外海洋科学研究管理规定》《中华人民共和国海洋石油勘探开发环境保护管理条例》《中华人民共和国防止船舶污染海域管理条例》《中华人民共和国海洋倾废管理条例》《中华人民共和国防止拆船污染环境管理条例》《防治海洋工程建设项目污染损害海洋环境管理条例》《防治海岸工程建设项目污染损害海洋环境管理条例》《防治陆源污染物污染损害海洋环境管理条例》《铺设海底电缆管道管理规定》《中华人民共和国水下文物保护管理条例》《外商参与打捞中国沿海水域沉船沉物管理办法》《中华人民共和国船舶和海上设施检验条例》《中华人

民共和国航道管理条例》《中华人民共和国海上交通事故调查处理条例》《中华人民共和国国际海运条例》《中华人民共和国自然保护区条例》《基础测绘条例》《中华人民共和国航标条例》。

部门规章有:《中华人民共和国海洋石油勘探开发环境保护管理条例实施办法》《中华人民共和国海洋倾废管理条例实施办法》《铺设海底电缆管道管理规定实施办法》《海洋行政处罚实施办法》《海底电缆管道保护规定》《委托签发废弃物海洋倾倒许可证管理办法》《海域使用管理违法违纪行为处分规定》。

国务院法规性文件有:《国务院关于国家海洋事业发展规划纲要的批复》《国务院关于国土资源部〈报国务院批准的项目用海审批办法〉的批复》《国务院关于国土资源部〈省级海洋功能区划审批办法〉的批复》《国务院关于印发全国海洋经济发展规划纲要的通知》《国务院办公厅关于沿海省、自治区、直辖市审批项目用海有关问题的通知》《国务院办公厅关于开展勘定省县两级海域行政区域界线工作有关问题的通知》《国务院关于全国海洋功能区划的批复》《国务院办公厅关于印发国家海洋局主要职责内设机构和人员编制规定的通知》。

在地方海洋法律法规中,海域使用类有:《辽宁省海域使用管理办法》《河北省海域使用管理条例》《天津市海域使用管理条例》《山东省海域使用管理条例》《江苏省海域使用管理条例》《上海市海域使用管理办法》《浙江省海域使用管理办法》《福建省海域使用管理条例》《广东省海域使用管理条例》《广东省铺设海底电缆管道管理办法》《广西壮族自治区海域使用管理办法》《海南省实施〈中华人民共和国海域使用管理法〉办法》《大连市海域使用管理条例》《青岛市无居民海岛管理条例》《厦门市海域使用管理规定》《厦门市无居民海岛保护与利用管理办法》《宁波市无居民海岛管理条例》。

海洋环保类:《辽宁省海洋环境保护办法》《山东省海洋环境保护条例》《江苏省海洋环境保护条例》《浙江省海洋环境保护条例》《福建省海洋环境保护条例》《广东省实施〈中华人民共和国海洋环境保护法〉办法》《深圳经济特区海域污染防治条例》《上海市金山三岛海洋生态自

然保护区管理办法》《海南省海洋环境保护规定》。

从以上各级人民政府、各种各类的关于海洋权益的保护法律文件中可见中国对海洋十分重视。

（二）中国海军装备的发展

中国海军，发展迅猛，天之骄子"辽宁号"航空母舰早已服役并逐渐形成战斗力，在刚刚过去的庆祝香港回归祖国20周年庆典中，作为庆典的重要组成部分之一，辽宁舰成功访问了中国香港，并对香港居民开放参观，受到了香港居民的热烈拥护和各界的一致好评。此外，第一艘国产航母山东舰也于不久前下水。能独立设计并建造航母是一个国家综合国力的象征，同时也是一个国家工业化水平的重要标志。根据联合国产业分类，中国是全球唯一一个拥有联合国产业分类中的全部工业门类的国家。中国拥有39个工业大类，191个中类，525个工业小类，在中国能找到联合国产业分类所列举的全部工业门类，中国的工业之强由此可见，航母建设所需更是工业中的高精尖技术。中国的海军装备已基本实现国产化。此外，中国军费也较充足，2017年中国军费开支超过1万亿元人民币，近年来中国军费开支基本上维持在GDP的1.3%左右。须知，中国不论是经济崛起还是军队崛起走的都是一条和平崛起道路，不会对其他国家和地区产生威胁，并且中国还为世界和平做出了重要贡献，力破国外某些国家和地区所谓的"中国威胁论"之说。中国人民深深明白，中国是一个有着悠久历史的国度，近代中国饱受太多压迫与屈辱，受尽了各种剥削，惨痛的历史经验告诉我们，中国要有而且必须要有一支强大的军队来保卫自己的国家，来维护中国的和平发展。国虽大，忘战必危；国虽强，好战必亡。

三、"一带一路"的海外保障

"一带一路"倡议的提出，将中国与沿线国家和地区紧密地联系在了一起。陆地上开通了中欧班列，中国制造的产品通过一列列国际班车走向欧洲大陆，同时也将欧洲的产品带回中国，彼此互通有无。中国海上运输也迅猛发展，在2015年和2016年的世界十大港口排名中有7个港口来自中国。此外，中国企业也积极参与海外港口基地等设施的建设。

（一）海外港口的建设

希腊比雷埃夫斯港。作为地中海上的国家，希腊自古就有众多海岛星罗棋布，岛屿林立，天然良港众多，海运极为便利。而比雷埃夫斯港是希腊最繁忙的港口，在欧洲来说也算得上是较大型的港口。中远集团已完成对该港口港务局67%股份的成功收购，作为"一带一路"建设在欧洲的重要支点，比雷埃夫斯港会是中国产品走向欧洲的一个重要跳板，会更好地为中国企业与"一带一路"建设所服务。

巴基斯坦瓜达尔港。作为中国唯一一个全天候战略合作伙伴关系的巴基斯坦，中巴友好经历了历史与实践的检验。由中方承包经营的巴基斯坦瓜达尔港口更是一个成功合作的典范，瓜达尔港口对中国来说可谓意义非凡。长期以来，中国从中东地区进口的石油资源须过马六甲海峡，中国石油进口对马六甲海峡依赖非常严重，受制于人。瓜达尔港口的建设大大缓解了中国对马六甲海峡的依赖，中国进口石油自此可直接到达瓜达尔港口，然后通过管道输入进中国境内。中巴两国都异常重视瓜达尔港口的建设与安全，中巴都派遣武装力量保卫该港口，从而保证该港口的安全与正常运行。

斯里兰卡赫班托达港。赫班托达港位于全球最繁忙的东西方国际航道印度洋。斯里兰卡运输部长曾表示，斯政府最终同意以10.12亿美元出售赫班托达港的营运权，85%的股权售给中国国营的中国招商局港口控股有限公司，剩余的股权属于斯里兰卡港口管理局。中国方面负责港口的营运，斯里兰卡负责港口的安全。斯运输部长解释，这样做将缓解外界对于"中方可能不当使用港口"的疑虑。另外，中方同意在10年后把股权占比减至65%。该港口的地理地位非常重要，赫班托塔港位于斯里兰卡最南端，是中斯两国在"21世纪海上丝绸之路"框架下互利合作的重点区域。从世界地图上看，赫班托塔港紧邻亚洲至非洲航运线，作为连接南亚、东南亚以及中东、东非地区的重要航运枢纽，该港被寄予世界航运中心的厚望。[①]

俄罗斯扎鲁比诺海港。多年来，中国一直苦于在东北亚地区没有港口，束缚了中国海运的进一步发展。随着全球气候变暖，北极地区一些不能通航的海域也可以航运，北极地区的航运优势逐渐得到世界各国的重视。扎鲁比诺海港是俄罗斯远东地区一个天然的不冻港，港口运输条件得天独厚。俄罗斯中国合作开发的扎鲁比诺海港位于俄罗斯远东滨海边疆区东南部，距离中国边境18千米，有铁路、公路与俄内陆和中国吉林省珲春市相连。粮食码头是扎鲁比诺港的重要组成部分，将为中俄粮食贸易提供优良的运输基础，有助于确保中国和亚洲的粮食安全。

（二）海外军事基地的建设

吉布提共和国吉布提军港。上文提到，近年来中国海军发展迅猛，不同于美国，美国在全球拥有众多的海外军事基地，从而确保了美国可以在全球范围内进行军事物资补给和军事打击，而中国此前受制于没有海外军事基地，一定程度上限制了中国的海军远洋活动，而吉布提军事基地的建立缓解了这一压力。吉布提共和国位于非洲东北部，东南与索马里接壤，南部和西部与埃塞俄比亚毗邻，北部和东部濒临亚丁湾，隔曼德海峡与也门相望，是红海通往印度洋的门户。可见吉布提的战略地位之重要，法国、美国、德国、日本等国家均在此地建立了军事基地。中国在此地建立军事基地可谓是应时之需，应事之求，中国早已参加联合国在索马里海域的打击海盗和护航任务，为中国和世界其他国家的货船提供人道主义护航以及解救帮助该海域所经货船所遇到的麻烦，受到了联合国和世界各国的肯定，中国充分展示了一个大国的担当与责任。而吉布提军港距离索马里海域较近，可就地为中国护航编队提供补给，从而更好地为世界服务。另一方面，吉布提军事基地也可为中国远洋舰队提供支持，为舰队补给、停靠、维修提供应有保障。中国两栖船坞登陆舰井冈山舰和海军半潜船东海岛船已停泊吉布提军港。吉布提军港是

---

① https：//ifeng.com/shareNews?forward=1&aid=cmpp_030180051505692&aman=410H134O720s911K768#backhead。

中国第一个海外军事港口，随着中国海军走向深蓝，"一带一路"建设使中国在海外利益加大，中国需要不止一个海外军事基地来维护和保障中国的海外利益。这些海外的港口与军事基地的建设都在为"一带一路"建设所服务，海外港口是"翅膀"，海外军事基地则是保障。

综上所述，百年前福州人士严复已经深刻认识到港口的重要性，尤其是军事港口对一个国家安全保卫的重要性，严复两度发文反对俄人"代保"大连湾，认为如果俄人"代保"大连湾会引起一系列的连锁反应，然而弱国无外交，晚清的国运又岂是晚清政府所能控制的？晚清已矣，严复已往，然历史尤可鉴，知往而鉴来者。今天的中国不仅确保了自己国土上的港口基地安全建设，还随着"一带一路"的发展在海外建设了港口和军事基地，用来保卫中国在海外的利益。中国的发展是对世界发展的贡献，中国的崛起是对世界崛起助力，中国已走向世界，世界需倾听中国。

参考文献

［1］王栻：《严复集》，中华书局1986年版，第460—464页。
［2］凤凰新闻。

从叶向高到严复：阳岐陈文龙信仰的

台湾因素新探

刘　涛

摘　要　围绕陈文龙信仰发源地福州市仓山区盖山镇阳岐村，运用历史学背景的历史人类学的研究方法，从福州陈文龙信仰发展的关键历史时期明代出发，在还原阳岐地方社会历史变迁的基础上，揭示了福州陈文龙信仰形成的因素。从中发现福州陈文龙信仰的台湾因素自明末叶向高起，历经郭尚先、林则徐、沈葆桢、陈宝琛等与台湾有渊源的历史名人，陈璧、刘冠雄、刘传授、曾毓隽、柯鸿年、罗仪程、萨镇冰等福建船政学堂相关的历史人物，下至民国初年国族认同运动历史背景下严复倡修尚书祖庙。以期达到还原闽都文化在海峡两岸关系中的历史地位，为新时期福州陈文龙信仰研究起到抛砖引玉的作用，推动新形势下闽都文化与台湾渊源研究的进程。

关键词　尚书祖庙　台湾因素　闽都文化　严复　历史情境

目前，学术界关于福州陈文龙信仰的研究，已取得了一定研究成果。如黄向春《地方社会中的族群话语与仪式传统：以闽江下游地区的"水部尚书"信仰为中心的分析》一文运用历史人类学的研究方法，较为系统地考述了"水部尚书"陈文龙信仰在闽江下游的形成过程，从地方社会族群的话语权与仪式传统切入，为后学提供了新的研究路径。但是，却未根据福州陈文龙信仰发源地阳岐村，围绕陈文龙信仰形成的明代这一关键的历史时期，结合明代重要方志所载阳岐地方社会叙事文本，揭示文本背后蕴含的闽台因素。陈春阳《陈文龙由抗元英烈到三种神灵研究》一文，根据《明史》记载发现，明朝弘治年间福州陈文龙信仰从"淫祀"走向"正祀"，提出了陈文龙的"水部尚书"封号是私谥的观点，简述了出入福州的莆仙商贾自明代以降至民国时期参与陈文龙信仰的过程。但是，却仍然停留在重述文本阶段。肖群英《祖先神明，民族英雄——陈文龙崇拜与莆田玉湖陈氏家族的文化实践》一文，运用人类学的观点较为系统地研究陈文龙信仰，却存在局限莆田一地，未能跳出莆田范畴，未在全球史视野下深入研究。颜钲烽《知行有别：严复的民间信仰活动》一文中根据孙应祥所著《严复年谱》，重述了严复、严琥父子在重修尚书祖庙中产生的历史作用，却未针对严复曾经的台湾之行以及严琥与台北板桥林家的联姻深入探讨。实际上，严复此举并非仅仅是"对传统文化有着特殊的情愫"，而是与"闽人尚巫"有关。严孝潜《严复倡议重修阳岐尚书庙》一文较为详细考述了严复倡议重修尚书祖庙的过程，披露了严复家人此间的一些史料，对严复致信邀请参与重建尚书祖庙的福州籍乡贤做了注释，为后学研究奠定了基础。但是，却未能从严复身处的民国初年强调国族意识的这一历史背景出发进行深入探索。

　　基于阳岐陈文龙信仰的台湾因素长期停留在重述文本记载层面，未能全面揭示福州陈文龙信仰的历史地位，无法发挥福州陈文龙信仰的重要作用，本文将在闽都文化研究理论的指导下，参考、借鉴环境史、海洋史、民族学、人类学等学科研究成果，运用历史学背景的历史人类学研究方法，搜集、整理新旧方志、正史、年谱、族谱等史料基础，结合阳岐田野考察，围绕陈文龙信仰在福州形成的关键历史时期明代，从《八闽通志》《闽书》的解读切入，揭示阳岐地方社会历史变迁中陈文龙信仰形成的历史情境，重新论述尚书祖庙的台湾因素，由此填补相关学术研究的空白。

一、阳岐陈文龙信仰的基础

（一）林垌、唐子野是阳岐陈文龙信仰的文化基础

阳岐村，位于今天的福建省福州市仓山区盖山镇，是严复的故里。明代时先后隶属福州府怀安县、侯官县。该村境内的尚书祖庙是福州陈文龙信仰的发源地。

根据《闽书》记载，福州府侯官县杨崎有杨崎山：

> 杨崎山，夹江崎立，连延起伏，虽不甚高，殊有形胜。杨，或作阳。山中，唐子野隐居处也。子野父周，行贾杭州。子野年十三，从之。其父时就他郡，命子野守舍。适王伾微时，覆舟于罗刹江，子野行见之，奋臂曰："能生人者，予百金。"于是渔者竞援之伾。子野即出舍中，装直百金，予渔人。其父归，大异之。子野曰："身得义名，令父丧赢，非孝也。"去为人仆赁。主人微闻救伾事，义之，阴倍其债，乃为小贾。小贾之息，得过当，愈于父。久之，致蓄藏，以其半奉亲甘毳，以其半散之贫交昆弟。乃折节读书，治《左氏春秋》。后伾为散骑常侍，使人召之，则亡矣。令福州观察处置使物色之，使者得之阳崎江上。伾命随之至深山中，家徒四壁，几上《周易》一卷。子野佯喜，设脱粟食，约曰："旦日雪霁，会于传舍。"及旦，传舍长展车待，移夕不至。使者还驰，至子野家，书币封识如故，而子野已行矣。①

从中可知《闽书》作者何乔远对"杨崎山"有所考证，发现"杨"字一作"阳"字，即"阳崎山"，从"阳岐山"来看，可知"岐"字在明代又作"崎"字。该书虽然是私人所修地方志，但是从时任福建巡抚熊文灿、曾任内阁首辅大学士叶向高为之作序的情况来看，可知其记载具有一定官方色彩，较为可靠。

---

① 何乔远：《闽书》卷3《方域志》第1册，厦门大学古籍整理研究所与历史系古籍整理研究室《闽书》校点组校点，福建人民出版社1995年版，第70页。

唐子野所处的时间，从文中所述"王伾微时"，据《旧唐书》卷一三五的《王伾传》记载：其"始为翰林侍书待诏"，在"顺宗即位"之前，即唐德宗统治时期（779—805年在位）。严复入闽开基始祖严怀英在唐僖宗年间（885）随王审知入闽，应是阳岐史前史的叙事文本雏形。虽然无法考证唐子野故事的真实性，但是唐子野故事出现在明末，可见反映了明末阳岐的地方社会族群的心态。

"子野父周"，即唐周，"行贾杭州"指的是唐周在杭州经商。按陈文龙在南宋首都临安（今浙江省杭州市）就义、葬于临安，可知文中所述"杭州"应与之有关。唐周"行贾"，与下文的"小贾"，均与杨岐山相邻的杨岐江位于通往兴化（今福建省莆田市）的客商必经之路有关，尚书祖庙移建化船道即兴化道。按"罗刹江"为钱塘江的别名，虽然唐代罗隐所题《钱塘江潮》中有"罗刹江边地欲浮"的诗句，但是根据明人陶宗仪《辍耕录》所载《浙江潮候》称："浙江一名钱唐江，一名罗刹江。所谓罗刹者，江心有石，即秦望山脚，横截波涛中。商旅船到此，多值风涛所困而倾覆，遂呼云。"从"商旅船"，可知其可与唐子野以及杨岐山及其相关的兴化府商人即莆商相呼应。何乔远应主要参考了陶宗仪所著。

"年十三"，可知其时唐子野未成丁，其父唐周"时就他郡"即前往他处，"命其守舍"即留守杭州家中，代行当家之事。按"十三"，在福建沿海沿江一带有"十三条船"的故事。明代戴燿曾任两广总督十一载，却长期讹传为十三载，应与其水上人后裔以及水军出身、以及在任期间奏请设置水军有关。[①]虽然福建汉族有福州人、兴化人等六大民系之分，水上人由于所处位置的不同分别融入当地民系，但是却仍有水上人的共性。

王伾"覆舟"，指翻船，与下文的"渔者"，以及唐子野被发现在"阳崎江上"，可知均与水有关。按水上人有船户、"渔疍"，以及伐木的"木疍"之分，可知此与水上人具有渊源。从陈文龙庙一般地处水边，又被奉为"水部尚书"，视为水神，流传有"巡海"习俗。可见此应是陈文龙

---

① 详见拙文考述：《明代两广总督戴燿年谱》，《闽台文化研究》2018年第4期。

信众基础的反映。

唐子野未因与王伾素不相识对王伾落水视而不见，反而积极请渔民搭救王伾，可知其具有爱心。唐子野在渔民施救王伾后，遵守诺言，支付酬金，与严复既发心重兴尚书祖庙，遂全力以赴力促完成重修工程有着异曲同工之妙。唐子野不拘"义名"，反而出于孝道，甘愿"去为人仆赁"，可见其具有孝心。所谓"主人微闻救伾事，义之，阴倍其债，乃为小贾。小贾之息，得过当，愈于父。久之，致蓄藏"，虽然未指明姓名，但是其意思毋庸置疑指的就是上苍，即孝感动天，有贵人知遇相助。唐子野在"致蓄藏"后，再"以其半奉亲甘毳"，又"以其半散之贫交昆弟"，可见其之大爱不仅有此前的对素昧平生之人的博爱，还有孝顺长辈的亲亲之爱，以及对亲朋好友的乡党之爱。这一文本叙事应是民间故事，源自何乔远搜集，在明代曾经在杨岐山一带长期流传，自然对杨岐山人严复产生了深远的影响。

唐子野的"折节读书"，是杨岐山民众信奉"学而优则仕"的状元陈文龙的基础。唐子野所治《左氏春秋》，从关羽有夜读《春秋》之说、关羽在明代被卫所军户奉为"军神"，结合严复入闽开基始祖追溯王审知入闽，即王审知的部将来看，虽然福建百姓谱系祖溯光州固始县的现象，实际上是福建百姓在历史上编户齐民历史过程的反映。但是，严复是军人后裔应是毋庸置疑的。根据水上人在明初被大量编入军中来看，严复就读于福建船政学堂，包括严复在内的海军将领对陈文龙的崇拜，应与之有关，可视为严复崇奉陈文龙的历史文化底蕴。

"后伾为散骑常侍"，即唐顺宗即位，王伾出任左散骑常侍。时为唐僖宗永贞元年（885）。"使人召之，则亡矣"，可知指的是王伾在长安使人前往唐子野经商之地，也就是王伾的故里杭州寻找唐子野，然而唐子野却不见踪影。王伾继而派人前往唐子野的故里福州寻找，才在阳崎江上寻找到唐子野，跟随其进山，实际上是水上人的上岸路线。

从唐子野所藏"《周易》一卷"，按古代堪舆参考了《周易》，可知其与《闽书》所载杨崎山"殊有形胜"有关。唐子野不想仕宦而选择"金蝉脱壳"，与严复先祖自唐代起至民国长期繁衍于此有关，严复应据此对照自己的谱系。

从自然地理角度来看，杨岐山周边有"凤冠山，在阳崎山西。群山之间，沃野千余顷。有三小阜鼎立，田中者，为柯屿，一名台屿，一名瓜屿。宋建州司户陈嘉言，于中阜筑书隐堂焉"①。从中可知，与杨崎山相邻的凤冠山，流传着宋建州司户陈嘉言隐居山中的说法。从"书隐堂"3字字义可知，其于此读书隐居。陈嘉言曾担任建州司户，为科举出身，明清时期朱熹所作《四书章句集注》成为科举考试的教材，于此应有此渊源。朱熹出生在建州尤溪，于建阳考亭讲学，曾到访怀安（今福州一带），赋诗《晚发怀安》。

有关史料记载：又有"仙崎山，与阳崎对峙，或曰阴崎也"，"南北行者，必由此山之涯以济"，"元郑潜置义渡焉"，"至正中，为福建监察御史。历官泉州路总管。致仕，寓居爪山，买田建学，教育后进"。从"至正中"郑潜曾任"泉州路总管"，可知其为宋元时期世界最大的港口泉州刺桐港所在地的"父母官"。其寓居仙崎山"教育后进"，也是走科举之路。其"有子居贞，见缙绅"，可知也是"学而优则仕"之人。仙崎山虽然未云山名"仙"字由来，但是从"仙"字与道家相近，在福建多与"尚巫"习俗有关，是福建道教文化底层的反映。陈文龙是民间信仰，其文化底层自然也是"仙"。

查福建现存较早的地方志《八闽通志》卷四《地理》记载：时属福州府怀安县的"杨崎山，夹江峙立，不甚高，而连延起伏，形势可观。宋林垌居此，释褐状元，今人犹以状元名境"。按"杨崎山"就是"杨岐山"，可知阳岐山的"岐"字在明初曾写作"崎"字。在明代，"阳"字多作"杨"字。我们从中发现《闽书》所载的"唐子野"其人及其"隐居处"之说未见《八闽通志》。于此却出现了此处是宋释褐状元林垌所居的说法。

据《八闽通志》卷四十七《选举》中《科第》一栏记载：宋嘉泰三年（1203），"两优释褐，林垌，侯官人，国子司业，湖北提刑"。从中可知，林垌，为南宋嘉泰三年（1203）的"两优释褐"即"释褐状元"。其曾任国

---

① 何乔远：《闽书》卷3《方域志》，第70页。

子司业，按南宋首都临安府，其国子监位于临安府，林垌曾在临安为官。

所谓"今人"，按《八闽通志》在明成化乙巳年（1485）始修，至弘治己酉年（1489）修纂而成，在弘治庚戌年（1490）刊行于世，可知此"今人"指的是弘治己酉年（1489）年间，其时阳岐山已有状元崇拜，虽然并非陈文龙的进士第一名的状元，而是林垌所得"释褐状元"，但是却带有"状元"二字，可见其时已出现"状元"崇拜的雏形，为日后崇拜陈文龙奠定了基础。

据此可知，严复故里在陈文龙信仰从"淫祀"走向"正祀"的明代，经历了明代中期的南宋"释褐状元"林垌的信仰，再到明代中后期的"义贾"唐子野的变迁。

（二）阳岐交通与水利工程是阳岐陈文龙信仰的社会经济基础

《八闽通志》卷四《地理》有"杨崎江，在九都、十都。上接洪塘江，历凤冈至杨崎，纳永福溪及浯溪之水，达于西峡江"的记载。

"洪塘江上接马滨江"，"马滨江，纳螺女江，纳建、延之溪，而入于海"。①

螺女江，即螺江，无论是《搜神记》还是《方舆胜览》《太平广记》所述，实则是水上人的叙事文本。

永福溪，即永福县，今永泰县前身，在南宋乾道年间（1166—1172）曾有"七年三状元"之说。

"浯溪"，"原出爪山之阳"。②

上述"建"，指的是流经建宁府的建溪，建州为其前身。"延"，即延平府，朱熹讲学的武夷山（旧名崇安）时属该府崇安县。爪山，除了元代郑潜寓居于此外，又有宋潘柄居之。潘柄是怀安县人，16岁成丁时与兄潘植同往武夷山追随朱熹游学，学者称之为"爪山先生"。

从《八闽通志》卷二十二《食货志》所载阳崎在明代中前期就出现了

---

① 何乔远：《闽书》卷3《方域志》，第73页。
② 何乔远：《闽书》卷3《方域志》，第76页。按，《八闽通志》误作"瓜山"，应以《闽书》所载为是。

名叫"阳崎浦"的水利工程，其"长十五里，其间又或散入小浦，八、九都民田皆仰溉此水"。

无论是"十都民田仰溉此水"的吴山浦，还是可溉"七八都民田"的凤岗浦均与阳崎浦，"俱通阳崎江潮"。从中可知阳崎江潮早在明代中期就事关福州府怀安县的七、八、九、十都百姓的命脉，由于陈文龙的"水神"属性，决定了陈文龙信仰在阳崎发源后，围绕杨崎山与阳崎江在阳崎浦周边的吴山浦、凤岗浦所在地吴山、凤岗，迅速形成信仰文化圈。可见陈文龙信仰的社会基础。

（三）叶向高曾影响阳岐地方社会

据《闽书》记载："皇朝万历四十年，巡按陆梦祖改官道，出此江之山"，并摘录了叶向高所作记文。内有"胜国以前，行者皆由此渡"，"其后，以兵乱，榛芜间逢虎暴，乃徙而由峡路。虽稍夷，每值风波，辄葬鱼腹。即近者，隆万间，大比之年，生儒溺死。以千百计"，因此"移渡于阳崎江"，在陆梦祖的大力推动下，由此形成了"往来于兹者，江行如徒，徒行如市，阳侯不惊，猛兽屏迹"。为此，叶向高"再拜稽首曰'公恤我闽，出之蛟宫蜃窟，而登康庄。敢不世世拜赐'"。[①]

作为读书人的翘楚、在科举考试中独占鳌头的陈文龙，自然被"生儒"所关注，尤其是在关键的"大比之年"，在"不计其数"的生儒"溺死"之际，更是令他们对曾经举兵勤王、文武兼备的陈文龙萌生了景仰之意。

叶向高是福州府福清县（今福清市）人，并非其时隶属侯官县人，于此却发出了"我闽""世世拜赐"心声，可见叶向高其时超越某县一域的桑梓情怀。对于严复而言，叶向高的这一情怀，对严复应产生了一定的影响。

二、台湾因素始终贯穿尚书祖庙

（一）尚书祖庙的台湾因素实则始于叶向高

---

① 何乔远：《闽书》卷3《方域志》，第74—75页。

叶向高早在万历初叶就关心台湾，力主捍卫台湾澎湖主权，与明代首位收复台湾的沈有容密切交往。就在叶向高为阳崎江万历四十年（1612）改道作记之际，仍述及台湾安危，可见叶向高为之撰写碑铭的历史情境带有台湾渊源因素。

叶向高，据《明清历科进士题名碑录（科）》记载，其是"福建福州府福清县军籍"①，也就是出身明代卫所军户。根据严复族谱《阳岐严氏宗系略记》记载，严复的入闽始祖严怀英追随王审知入闽，曾以军功获封。虽然族谱记载未必完全可信，但是从中仍可见阳岐长期存在尚武之风，由此拉近了严复与叶向高的距离。

叶向高曾为《闽书》作序，其与何乔远为挚友，有藏书之缘。严复作为叶向高的福州后学，自然对《闽书》记载有所关注。

何乔远《闽书》是记载台湾的重要史料，按该书记载琉球，清代册封琉球王国国王的船队曾将陈文龙视为"水神"。清道光十八年（1838），曾作为清廷代表册封琉球国王的林鸿年为尚书祖庙题刻。林鸿年与陈文龙具有同样的状元功名，又是陈文龙祖籍莆田的后裔，与陈文龙同为身在福州的莆田人，林鸿年也应参考了《闽书》的记载。何乔远与曹学佺是挚友，又均与张燮密切交往，都是叶向高的好友。曹学佺的《石仓文稿》、张燮的《霏云居续集》均是明代记载台湾的重要史料，对清代、民国时期的福州应产生了一定的影响。

（二）尚书祖庙相关的历史名人具有台湾渊源

曾为尚书祖庙撰写楹联的历史名人中，除了上述的林鸿年以外，又有王仁堪、郭尚先、林则徐、萨镇冰、叶大庄、严叔夏等人。

王仁堪是状元出身，虽是王审知的福州后裔，但是从其曾高悬科名牌匾于台湾知名人士王金平的祖籍地漳州市台商投资区角美镇白礁村（时属泉州府同安县）的王氏宗祠来看，其与台湾具有谱系渊源。从严复曾邀请陈宝琛为尚书祖庙捐款，陈宝琛的妻子王眉寿是王仁堪的胞姐，从陈宝琛之女陈瑜贞嫁给板桥林家林熊祥来看，王仁堪又是陈宝琛的台

---

① 《明清历科进士题名碑录》第 2 册，华文书局 1969 年影印本，第 986 页。

湾女婿的妻舅。

郭尚先祖籍莆田，来自陈文龙的故里。据考，其在"临没，犹系心台湾滋事，索观邸报，曾无一语及家事也"。从中可知郭尚先忠君爱国，拳拳爱国心，其与林则徐曾围绕台湾问题拉近了两人之间的关系。

此外，据林则徐为其父林宾日所撰《诰封通奉大夫、江宁布政使显考旸谷府君行状》记载，其"系出九牧林，先世由莆田徙居福清县之杞店乡，国初再徙省治"。九牧林源自莆田，可知其来自陈文龙祖地。此"国初"指的是清朝初年。可见其祖先在清初由福清迁居省城福州，在叶向高为阳崎江撰写碑铭的万历四十年（1612）仍是福清人。作为福清籍代表的叶向高，在福清乡民中具有极高威望，其时林则徐先祖应在惠泽福清的阳崎江的改道工程从中获得恩惠。据考，叶向高、叶成学父子的阳崎江改道工程所经路线为"仓前桥—侯官白鹭铺—阳岐渡口—闽县蒙山—侯官大田驿—福清常思铺、宏路铺、假面铺、渔溪驿—兴化府—泉州府—漳州府—广东潮州府"。先从福州府侯官县的阳岐渡口出发，经叶向高的福清故里，通往陈文龙的故里兴化府，再从阳岐江的郑公渡兴修者的仕宦地，又是郑成功故里的泉州府通往漳州府，漳州府其时境内有月港，自嘉靖二十六年（1547）起，至崇祯六年（1631）"闽人通番皆自漳州月港出洋"。由于漳州月港是世界大航海时代中国重要的对外贸易港口、出洋口岸，[①]因此，叶向高、叶成学父子的这一工程具有一定的历史地位，影响深远。林则徐应从中加深了对"水神"陈文龙的了解，激发了为阳岐故里的尚书祖庙撰写楹联的意愿。

叶大庄与严复同为阳岐人，与严复过从甚密，其所建的玉屏山庄是严复之子严叔夏与台湾台北板桥林家的林慕兰婚房所在地，因此作为见证福州与台湾联姻之地的山房老主人，自然也就增添了台湾渊源。

萨镇冰曾在严复倡议重修尚书祖庙的活动中为之捐款。他是海军名将，陈文龙又是"巡海"的"水神"，萨镇冰应因此与陈文龙信仰结缘。萨

---

① 福州与漳州月港的渊源关系，详见拙文论述：《明代闽都文化名人曹学佺游记背后的故事——大航海时代福州人移民东南亚考》，福州闽都文化研究会编：《闽都文化与开放的福州》，海峡文艺出版社 2019 年版，第 350—369 页。

镇冰毕业于福建船政学堂，福建船政学堂是台湾近代化的开始，自然具有台湾渊源，而台湾岛及其附属各岛屿、澎湖列岛在甲午海战中清廷战败后割让给日本，曾任北洋水师帮统的萨镇冰对保境安民的"水神"陈文龙自然有一种特殊的情感。

（三）尚书祖庙的船政学堂渊源是其台湾渊源的重要组成部分

据考，在严复倡议重修尚书祖庙的活动中，有陈宝琛、陈璧、刘冠雄、刘传铭、曾毓隽、柯鸿年、罗丰禄之子罗仪程等人名列严复所撰募缘名单。

陈宝琛来自与阳崎江相关的螺江，有"螺洲陈氏"之称，由此对陈文龙信仰具有亲缘关系。陈宝琛之妹陈芷芳嫁给了板桥林家林尔康，所育千金即林慕兰。学界历来在探讨陈宝琛、严复与板桥林家的联姻中就联姻论联姻，而未回到历史现场发现严复募缘陈宝琛的背后具有台湾渊源，且陈宝琛早在清末曾应台湾首任巡抚刘铭传的邀请前往台湾。

陈璧对福建船政的创办立下汗马功劳，自然因福建船政学堂也就具有台湾渊源。

刘冠雄、刘传铭、曾毓隽、柯鸿年、罗丰禄先后毕业于福建船政学堂，与萨镇冰相似，也都具有台湾渊源。虽然名列募捐名单的是罗丰禄之子罗仪程，但是在罗仪程所面对的群体，即其父执一辈面前，自然是围绕福建船政学堂渊源拉近相互之间的关系，严复与罗仪程联系应从罗仪程作为福建船政学堂的子弟出发，自然也就具有台湾渊源，尚书祖庙的重修也由此具有台湾因素。因此，应回到历史现场加以研究，不能仅仅停留在注释、重述文本记载这一层面上。

三、台湾渊源是严复倡议重修尚书祖庙的爱国精神的重要组成部分

（一）严复曾因沈葆桢与台湾结缘

严复早在清末曾前往台湾勘测，其时追随沈葆桢前往。沈葆桢为林则徐的外甥兼女婿，自然受到其深远的影响，其曾为尚书祖庙题匾"明镜高悬",应是对其任职的认可。

沈葆桢在台湾任职期间曾为郑成功、靖江王朱术桂奏请清廷为之追赠谥号。郑成功、朱术桂反清复明,陈文龙为抗元的南宋忠臣,清朝与元朝在其时的汉人心目中均被视为外族。从中可见沈葆桢为尚书祖庙题字应与其台湾任职有关,他为尚书祖庙题字具有台湾因素。

（二）"台湾女婿"严琥参与重修尚书祖庙

严琥,字叔夏,又有严叔夏之称。其为尚书祖庙所撰楹联,他是"台湾女婿",而且又是极具爱国情怀的板桥林家的女婿。其时台湾尚在日本占据时期,因此严琥在其所撰楹联中难免流露出借古喻今之情。

例如,严琥所撰楹联中的"心伤国难",中国在甲午海战中战败,而导致台湾在《马关条约》中被割让给日本,因此也是"国难"之时。其时,可与严琥所撰楹联的内容"倾亡一死成大义"与之相对的即板桥林家林维源,其在台湾被割让给日本后内渡大陆,在民族大义层面上,可与陈文龙"义举"相媲美。

（三）严复喜获长孙,即"台湾外孙",促进了重修尚书祖庙的进程

据考,严复自1919年1月17日起,曾应阳岐乡民请求,倡议重修尚书祖庙,为尚书祖庙作募捐。到了1921年7月4日,严复最后一次查看尚书祖庙工程。1919年1月1日,严复为其子严琥"在阳岐玉屏山庄娶妻台湾林氏",此"台湾林氏"即台北板桥林家千金林慕兰。长期以来,这一记载仅被作为严复年谱中的一条史料,作为严复倡议重修尚书祖庙期间的一个事件加以记述,并未引起应有的重视,未回到历史现场,即联系尚书祖庙的台湾因素。

严复曾在1920年10月30日"见吾长孙",此长孙严觊祖,即是严侨,是严琥与林慕兰所生之子,可知严复倡议重修尚书祖庙期间,先后与台北板桥林家联姻,并喜得闽台爱情结晶严侨。虽然严侨并非长房长孙,但是作为严复生前所得的长孙,在家族中仍然具有重要的地位,由此坚定了严复重修尚书祖庙的决心。严侨父母在严复倡议重修尚书祖庙期间结成秦晋之好,并生严侨,尚书祖庙自然具有台湾因素的印记。

四、结语

综上所述，我们获得了以下3点结论。

第一，尚书祖庙所具有的台湾因素是福州海洋历史文化底蕴的反映，并非始于清代，实际上源起于明万历四十年（1612）年间的叶向高，历经清末民初为尚书祖庙的楹联作者群体，至民国初年严复倡修尚书祖庙。

第二，以往学术界在与尚书祖庙相关的历史名人论述中，往往忽视了其台湾渊源的考述，如郭尚先、林则徐、沈葆桢、严复等历史名人已有论述，却局限于就历史人物本身而论述，未能根据其参与尚书祖庙的重修从中发现历史人物之间的关系，及其相关的尚书祖庙具有的台湾因素。福建船政与台湾之间的关系学术界早有论述，却未能从尚书祖庙相关的历史人物，如萨镇冰、刘冠雄、刘传铭、曾毓隽、柯鸿年等当年毕业的福建船政学堂学子，以及大力支持福建船政学堂的陈璧、福建船政学堂子弟罗仪程等人的福建船政学堂及其台湾渊源入手进行深入探讨。

第三，新时期尚书祖庙研究方面，亟须深入挖掘，重新解读，全面深入探索其意涵。应从福州陈文龙信仰重要历史时期出发，回到历史现场，揭示陈文龙信仰的发源地阳岐的社会历史变迁，分析其形成陈文龙信仰的原因。通过在解读特定历史时期文本背后历史情境的基础上，方能发挥历史学背景的历史人类学研究方法的优势，在重写阳岐及其尚书祖庙陈文龙信仰的历史变迁，结合陈文龙信仰相关的莆田等地的比较视野下的研究，方能体现福州在陈文龙信仰所具有的重要历史地位。跳出阳岐及其尚书祖庙范畴，在全球史视野下深入研究，参考、借鉴环境史、海洋史、民族学、人类学等学科的研究成果，方能达到更好地传承与发展陈文龙文化，推动海峡两岸民间信仰的研究进程，为闽都文化全面深入研究服务的目的。

参考文献

[1]林山：福州涉台文物图录[M].福州：福建美术出版社2010年版。

［2］林山主编：闽都文化概论［M］.福州：福建人民出版社2011年版。

［3］黄向春：地方社会中的族群话语与仪式传统：以闽江下游地区的"水部尚书"信仰为中心的分析［J］.历史人类学学刊，2005，3，（1）：115—154。

［4］肖群英：祖先神明民族英雄——陈文龙崇拜与莆田玉湖陈氏家族的文化实践［D］.厦门：厦门大学硕士学位论文，2009。

［5］陈春阳：陈文龙由抗元英烈到三种神灵研究［J］.福州：福建师范大学福清分校学报，2007，（4）：70—73。

［6］颜钲烽：知行有别：严复的民间信仰活动［J］.陈支平主编：闽台文化研究，2018，（4）：46—47。

［7］严孝潜：严复倡议重修阳岐尚书庙（《严复的一些史实》之四十九）［J］.价值中国网，http：//www.chinavalue.net/General/Blog/2014-8-17/1074560.aspx。2014-08-17/2019-05-01。

［8］林星：严复与台湾［J］.福州：中共福建省委党校学报，2010，（12）：103-108。

［9］游德馨：台湾近代化始于马尾船政——沈葆桢肇始的福建船政、保台建台伟业140周年纪念［J］.北京：炎黄纵横，2014，（6）：16—20。

［10］潘健：沈葆桢保台思想管窥——以"牡丹社事件"后为郑成功正名为中心［M］.福州：福建省社会主义学院学报，2016，（2）：49—54。

［11］杨国桢：林则徐与台湾［J］.厦门：台湾研究集刊，2004，（3）：78—86。

［12］蔡清德：郭尚先在闽行迹、书法交游及与台湾书法之关系述论［J］.福州：东南学术，2013（5）：219—225。

［13］张帆：陈宝琛台湾问题论析［J］.福州：福建论坛（人文社会科学版），2001，（6）：99—101。

［14］徐心希：福建船政与台湾的近代化［J］.厦门：台湾研究，

2006，（3）：54—58。

［15］林秋明：叶向高、叶成学父子对福清水利的贡献［N］.今日关注，2018-09-12。

［16］林秋明：叶向高力主捍卫台澎［M］.福州：福建乡土，2008，（3）：15—17。

［17］林娟：闽台一脉相承的水部尚书神缘［N］，北京：中国台湾网，2012-03-13/2019-04-25。

［18］任翔群：水部尚书镇海王册封琉球［J］.福州：福建论坛（文史哲版），1996，（1）：74-75。

［19］陈支平：福建六大民系［M］.福州：福建人民出版社2000年版。

后 记

　　为响应福州市委市政府推进文化自信自强，打响闽都文化国际品牌的号召，深入挖掘闽都文化内涵，提高闽都文化国际影响力，闽都文化研究会整理了历届闽都文化论坛有关严复的论文，共18篇，汇编成册。以纪念这位独领时代风骚，虽谢世百年，但终将被世人永远铭记的福州先贤。

　　在福州市委宣传部的支持和鼓励下，闽都文化研究会各部门协同合作，共同努力使本书尽快出版。不足之处，还请指正。

编　者

2023 年 10 月